U0597021

李健华名师工作室

高中物理
教学方略

李健华◎主　编
许子栋　陈美玲◎副主编

东北师范大学出版社
长　春

图书在版编目（CIP）数据

高中物理教学方略 / 李健华主编. — 长春：东北师范大学出版社，2021.7

ISBN 978-7-5681-7598-2

Ⅰ. ①高… Ⅱ. ①李… Ⅲ. ①中学物理课—教学研究—高中 Ⅳ. ①G633.72

中国版本图书馆CIP数据核字（2021）第149183号

□责任编辑：石　斌　　□封面设计：言之凿

□责任校对：刘彦妮　张小娅　　□责任印制：许　冰

东北师范大学出版社出版发行

长春净月经济开发区金宝街 118 号（邮政编码：130117）

电话：0431-84568115

网址：http：//www.nenup.com

北京言之凿文化发展有限公司设计部制版

北京政采印刷服务有限公司印装

北京市中关村科技园区通州园金桥科技产业基地环科中路 17 号（邮编：101102）

2022年4月第1版　2022年4月第1次印刷

幅面尺寸：170mm × 240mm　印张：15.5　字数：242千

定价：45.00元

编 委 会

主　编：李健华

副主编：许子栋　陈美玲

编　委：彭春晖　李荣庆　李海斌　李华清
李满堂　李文光　凌枫林　罗小勇
宋美梅　吴周文　刘　勇　钟文祥
连亨业　曾清波　肖新平　张幼林

目录

CONTENTS

第1章 直线运动

1.1 有关速度、加速度的理解

1.1.1 要点点精

1. 平均速度与平均速率

平均速度是位移与时间的比值，即 $\bar{v}=\frac{x}{t}$；而平均速率是路程与所用的时间的比值，即 $v=\frac{s}{t}$。它们的区别在于平均速度是矢量，而平均速率是标量。一定要注意平均速度的大小不一定等于平均速率，只有物体做单向直线运动时二者才相等。

2. 瞬时速度与瞬时速率

瞬时速度是指物体通过某一位置（或某一时刻）的速度，是矢量，具有瞬时的性质，能够准确反映物体的运动快慢。瞬时速率是指瞬时速度的大小，为标量。

3. 平均速度与瞬时速度

平均速度反映的是一段时间或一段位移内运动的快慢，与一段时间或一段位移相对应；瞬时速度反映的是物体在某一瞬间的运动快慢，通常与某一位置或某一时刻相对应，能够准确地描述物体运动的快慢和方向。

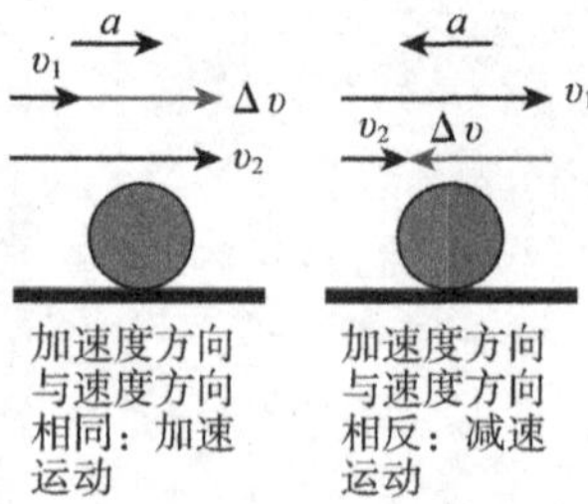

图 1－1

4. 速度、速度的变化与加速度三者区别

加速度是描述物体速度变化快慢（不是大小）的物理量，即 $a=\frac{v-v_0}{t}$。

而速度表示物体运动的快慢，速度的变化量 Δv 是描述速度的大小和方向变化的物理量，速度的变化量等于末速度减初速度，故加速度与速度、速度的变化量三者大小或方向没有必然的联系。加速度方向与 Δv 的方向或合外力的方向相同。

速度为零，加速度可能很大，不为零。加速度为零，速度可能很大，不为零。速度变化量很大，加速度可能很小。速度变化量很小，加速度可能很大。

1.1.2 典例精讲

【例 1】 下列关于速度和速率的说法正确的是（　　）

①平均速率为平均速度的大小。②速率为瞬时速度的大小。③对于运动的物体，一段时间内其平均速率不为零。④对于运动的物体，一段时间内的平均速度不可能为零。

A. ①②　　B. ②③　　C. ①④　　D. ③④

【解析】 ①平均速率等于路程与时间之比，平均速度为位移与时间之比，平均速度的大小不一定等于平均速率，故①错误。②速率就是瞬时速度的大小，所以②正确。③对于运动的物体，某段时间内的路程不可能为零，所以平均速率不可能为零，故③正确。④对于运动的物体，若某段时间内的位移为零，则平均速度为零，故④错误。故选 B。

【例 2】 一辆汽车沿直线从 A 地到 B 地，前一半段路程的平均速度为 v_1，后一半段路程的平均速度为 v_2，则全程中的汽车平均速度是多少？如果前一半时间的平均速度为 v_1，后一半时间的平均速度为 v_2，那么整个时间段内的平均速度是多少？哪种情况下平均速度更大？

【解析】（1）设前一半路程为 x，时间为 t_1，后一半路程为 x，时间为 t_2，则

$$\bar{v}=\frac{2x}{t_1+t_2}=\frac{2x}{\frac{x}{v_1}+\frac{x}{v_2}}=\frac{2v_1v_2}{v_1+v_2}。$$

（2）设全程的时间为 t，则

$$\overline{v'}=\frac{v_1\times\frac{t}{2}+v_2\times\frac{t}{2}}{t}=\frac{v_1+v_2}{2}。$$

对两种情况下的平均速度作差有：$\overline{v'}-\bar{v}=\frac{v_1+v_2}{2}-\frac{2v_1v_2}{v_1+v_2}=\frac{(v_1-v_2)^2}{2(v_1+v_2)}\geqslant 0$，即 $v_1\neq v_2$时，第二种情况下的平均速度更大。

1.2 四个运动模型的理解

1.2.1 要点点精

1. 匀速运动

加速度为零（物体合外力为零），运动过程中速度不发生变化，不仅速度大小不变，方向也始终相同。

2. 匀变速直线运动

加速度 a（物体受到的合外力保持不变）恒定不变的直线运动，其速度均匀变化，$v-t$ 图像是一条倾斜的直线。

3. 自由落体运动

只受重力（加速度为 g）作用，初速度 $v_0=0$ 的匀加速直线运动。

4. 竖直上抛运动

只受重力（加速度为 g）作用，初速度竖直向上的匀变速直线运动。竖直上抛运动有以下两个重要特点：

时间对称：通过任意相同段所用时间相等。如：物体上升过程中从 $A\to C$ 所用时间 t_{AC} 和下降过程中从 $C\to A$ 所用时间 t_{CA} 相等。

速度对称：通过任意相同位置的速度大小相等，方向相反。如：上升经过 A 点的速度与下降经过 A 点的速度满足对称性，即两个速度大小相等，方向相反。

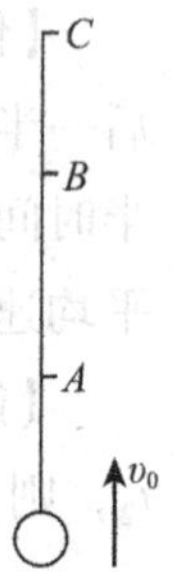

图 1-2

5. 匀加速运动与匀减速运动规律

加速用"+"，减速用"-"，数据全部代入正值。即物体做匀加速运动时采用"+"，做匀减速运动时采用"-"，加速度 a 值均代入正值。

$$\begin{cases} v = v_0 + at \text{（速度公式）} \\ x = v_0 t + \frac{1}{2}at^2 \text{（位移公式）} \\ v^2 = v_0^2 + 2ax \text{（速度位移公式）} \\ x = \frac{v_0 + v}{2}t \text{（推论公式）} \end{cases} \xrightarrow{v_0 = 0} \begin{cases} v = at \\ x = \frac{1}{2}at^2 \\ v^2 = 2ax \\ x = \frac{v}{2}t \end{cases} \xrightarrow{\text{自由落体}} \begin{cases} v = gt \\ h = \frac{1}{2}gt^2 \\ v^2 = 2gh \\ h = \frac{v}{2}t \end{cases}$$

$$\begin{cases} v = v_0 - at \text{（速度公式）} \\ x = v_0 t - \frac{1}{2}at^2 \text{（位移公式）} \\ v^2 = v_0^2 - 2ax \text{（速度位移公式）} \\ x = \frac{v_0 + v}{2}t \text{（推论公式）} \end{cases} \xrightarrow{v = 0} \begin{cases} v_0 = at \\ x = \frac{1}{2}at^2 \\ v_0^2 = 2ax \\ x = \frac{v_0}{2}t \end{cases} \xrightarrow{\text{竖直上抛}} \begin{cases} t = \frac{v_0}{g} \\ h = \frac{v_0^2}{2g} \end{cases}$$

6. 匀变速直线运动中间时刻的速度与中间位置的速度

$v_{\frac{t}{2}} = \bar{v} = \dfrac{v_0 + v}{2}$　　　　$v_{\frac{x}{2}} = \sqrt{\dfrac{v_0^2 + v^2}{2}}$

总有：$v_{\frac{t}{2}} < v_{\frac{x}{2}}$

7. 初速度为零的匀加速直线运动的特殊规律

（1）时间等分

① $1T$ 末，$2T$ 末，$3T$ 末，……，nT 末的瞬时速度之比为

$v_1 : v_2 : v_3 : \cdots : v_n = \boxed{1 : 2 : 3 : \cdots : n}$

② 在 $1T$ 内，$2T$ 内，$3T$ 内，……，nT 内的位移之比为

$x_1 : x_2 : x_3 : \cdots : x_n = \boxed{1^2 : 2^2 : 3^2 : \cdots : n^2}$

③ 在第 1 个 T 内，第 2 个 T 内，第 3 个 T 内，……，第 n 个 T 内的位移之比为

$x_{\mathrm{I}} : x_{\mathrm{II}} : x_{\mathrm{III}} : \cdots : x_{\mathrm{N}} = \boxed{1 : 3 : 5 : \cdots : (2n-1)}$

（2）位移等分

① 运动了前 x，前 $2x$，前 $3x$，……，前 nx 的瞬时速度之比为

$v_1 : v_2 : v_3 : \cdots : v_n = \boxed{1 : \sqrt{2} : \sqrt{3} : \cdots : \sqrt{n}}$

② 运动了前 x，前 $2x$，前 $3x$，……，前 nx 的所用时间之比为

$t_1 : t_2 : t_3 : \cdots : t_n = \boxed{1 : \sqrt{2} : \sqrt{3} : \cdots : \sqrt{n}}$

③ 通过连续相等的位移所用时间之比为

$$t_{\mathrm{I}}:t_{\mathrm{II}}:t_{\mathrm{III}}:\cdots:t_{\mathrm{N}}=\boxed{1:(\sqrt{2}-1):(\sqrt{3}-\sqrt{2}):\cdots:(\sqrt{n}-\sqrt{n-1})}$$

1.2.2 典例精讲

【例 1】 下列说法中正确的是（　　）

A. 若物体在任意相等时间间隔内的位移相等，则物体做匀速直线运动

B. 若物体所受合力与其速度方向相反，则物体做匀减速直线运动

C. 若物体的加速度均匀增加，则物体做匀加速直线运动

D. 若物体运动速率始终不变，则物体所受合力一定为零

【解析】 物体的位移在任意相等时间间隔内都相等，因为位移是矢量，有方向，因此物体做匀速直线运动，A 选项正确；如果作用在物体上的力与速度相反，则物体将做减速运动。但是，如果作用在物体上的力的大小发生变化，则物体做变减速运动，所以 B 错误；物体做加速度均匀增加的运动，是变加速运动，不是匀加速运动，所以 C 也不对；物体的速率不变，可能是速度大小不变，而方向发生变化，比如匀速圆周运动，D 选项错误。

【例 2】 取一根长约 2 m 的细线，5 个铁垫圈和一个金属盘。将第一个垫圈固定在管线末端，隔 12 cm 再固定一个垫圈，然后固定剩余垫圈之间的距离分别为 36 cm，60 cm 和 84 cm，如图 1－3 所示。现站在椅子上，抬起管线的上端，使管线自由垂下，且第一个垫圈紧靠放在地面上的金属盘内，放手后开始计时，如果不考虑空气阻力，则第 2、第 3、第 4 和第 5 个垫圈（　　）

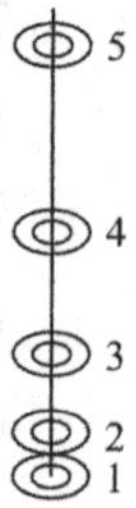

图 1－3

A. 落到盘上的声音时间间隔越来越大

B. 落到盘上的声音时间间隔相等

C. 依次落到盘上的速率关系为 $1:\sqrt{2}:\sqrt{3}:2$

D. 依次落到盘上的时间关系为 $1:(\sqrt{2}-1):(\sqrt{3}-\sqrt{2}):(2-\sqrt{3})$

【解析】 应用逆向思维，反过来看，垫圈做初速度为零的匀加速运动，依题意知垫圈之间的距离满足 1∶3∶5∶7 的关系，因此时间间隔相等，A 错误，B 正确；每个时刻结束时的速度之比应为 1∶2∶3∶4，并且连续下降的时间关系为 1∶2∶3∶4，因此，C 和 D 是错误的。

1.3 运动图像的理解及应用

1.3.1 要点点精

1. **位移图像与速度时间图像（六看：点、线、面、轴、斜率、截距）**

比较问题		$x-t$	$v-t$
图像		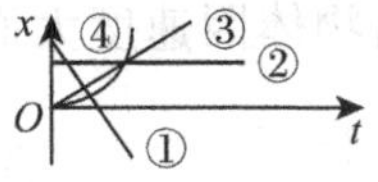 其中④为抛物线	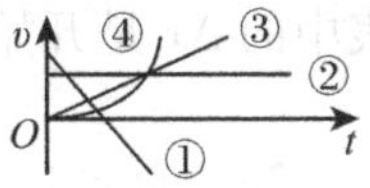 其中④为抛物线
物理意义		反映的是位移随时间的变化规律	反映的是速度随时间的变化规律
物体的运动性质	①	表示从正位移处开始一直做匀速直线运动并越过零位移处	表示先沿正向做匀减速运动，再反向做匀加速运动
	②	表示物体静止不动	表示物体沿正向做匀速直线运动
	③	表示物体从零位移处开始沿正向做匀速运动	表示物体从静止开始沿正向做匀加速直线运动
	④	表示物体做匀加速直线运动	表示物体做加速度逐渐增大的加速运动
斜率的意义		斜率的大小表示速度的大小 斜率的正负表示速度的方向	斜率的大小表示加速度的大小 斜率的正负表示加速度的方向
图像与坐标轴围成“面积”的意义		无实际意义	表示相应时间内的位移

（注意：$a-t$ 图像中“面积”表示速度的变化量 Δv）

$v-t$ 与 $x-t$ 图像的要点如下：

（1）交点：$v-t$ 图像中交点对应速度相同；$x-t$ 图像中交点对应位置

相同。

（2）拐点：$v-t$ 图像中拐点对应加速度变化；$x-t$ 图像中拐点对应速度变化。

（3）面积：$v-t$ 图像中面积对应位移；$x-t$ 图像中面积无实际意义。

（4）截距：$v-t$ 图像中纵截距对应初速度；$x-t$ 图像中纵截距对应初始位置。

（5）斜率：$v-t$ 图像中斜率对应加速度；$x-t$ 图像中斜率对应速度。

2. 利用速度时间图像解决相遇及追及问题

讨论追及、相遇的问题，其实质就是分析两物体能否同时到达相同位置，关键要抓住速度相等是相距最远、最近或相遇的临界点，巧用速度时间图像能够使问题获得快速求解。

（1）速度小者追速度大者

说明：

① 表中的 Δx 是开始追及以后，前面物体因速度大而比后面物体多运动的位移；

② x_0是开始追及前两物体之间的距离；

③ v_1是前面物体的速度，v_2是后面物体的速度。

<table>
<tr><th>类型</th><th>图像</th><th>说明</th></tr>
<tr><td>匀加速追匀速</td><td>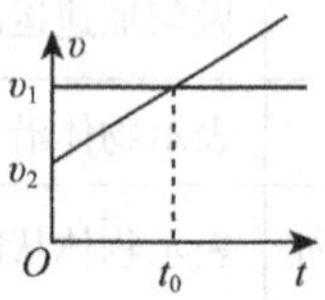
</td><td rowspan="3">① $t=t_0$以前，后面物体与前面物体间的距离增大；
② $t=t_0$时，两物体相距最远为 $x_0+\Delta x$；
③ $t=t_0$以后，后面物体与前面物体间的距离减小；
④ 能追及且只能相遇一次</td></tr>
<tr><td>匀加速追匀减速</td><td>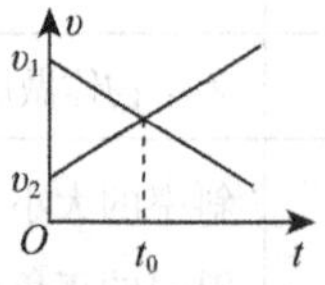
</td></tr>
<tr><td>匀速追匀减速</td><td>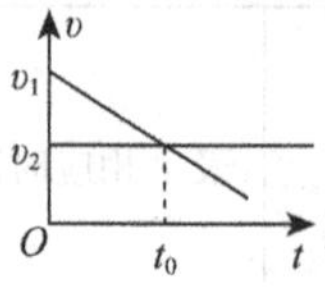
</td></tr>
</table>

（2）速度大者追速度小者

说明：

① 表中的 Δx 是开始追及以后，后面物体因速度大而比前面物体多运动

的位移；

② x_0是开始追及前两物体之间的距离；

③ $t_2-t_0=t_0-t_1$；

④ v_1是前面物体的速度，v_2是后面物体的速度。

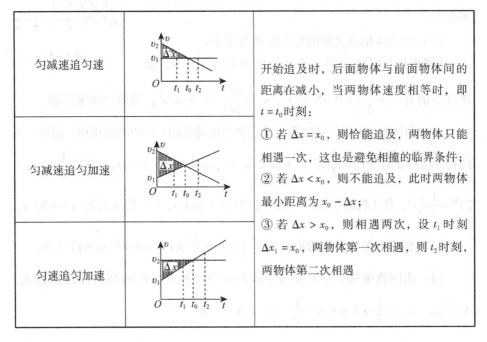

<table>
<tr><td>匀减速追匀速</td><td>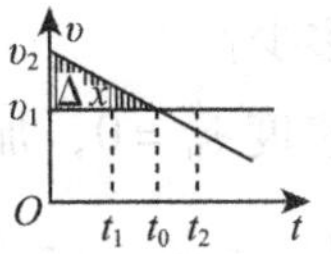
</td><td rowspan="3">开始追及时，后面物体与前面物体间的距离在减小，当两物体速度相等时，即 $t=t_0$时刻：
① 若 $\Delta x=x_0$，则恰能追及，两物体只能相遇一次，这也是避免相撞的临界条件；
② 若 $\Delta x<x_0$，则不能追及，此时两物体最小距离为 $x_0-\Delta x$；
③ 若 $\Delta x>x_0$，则相遇两次，设 t_1时刻 $\Delta x_1=x_0$，两物体第一次相遇，则 t_2时刻，两物体第二次相遇</td></tr>
<tr><td>匀减速追匀加速</td><td>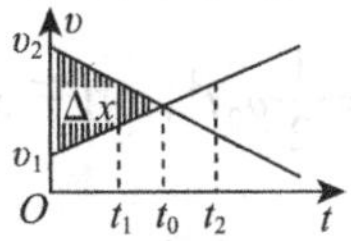
</td></tr>
<tr><td>匀速追匀加速</td><td>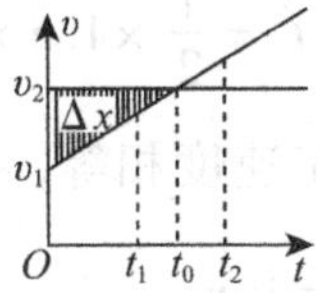
</td></tr>
</table>

1.3.2 典例精讲

【例1】物体 A、B 在同一直线上做匀变速直线运动，它们的 $v-t$ 图像如图1-4所示，则（　　）

A. 物体 A、B 运动方向一定相反

B. 物体 A、B 在0~4 s内的位移相等

C. 物体 A、B 在 $t=4$ s时的速度相等

D. 物体 A 的加速度比物体 B 的加速度大

图1-4

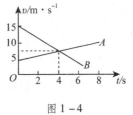

【解析】A 与 B 两个物体的速度时间图像都在时间轴上方，说明其沿相同方向运动，A选项错误；而面积大小等于位移的大小，在0~4 s内，图线 B 所包围的面积明显大于图线 A 所包围的面积，所以 A 与 B 位移不相等，B选项错误；在 $t=4$ s处，两个图像在一个点处相交，表明两个物体此时的速度相等，C选项正确；斜率表示加速度，B 图线倾斜程度大，即 B 的加速度大，D选项错误。

【例2】如图1-5所示，甲、乙两物体从相同的位置开始，并沿相同的方向运动，请计算：

（1）在两物体相遇之前，乙物体运动了多长时间？

（2）甲、乙两物体相遇点到其出发点的距离是多少？

（3）两物体相遇之前的最大距离为多少？

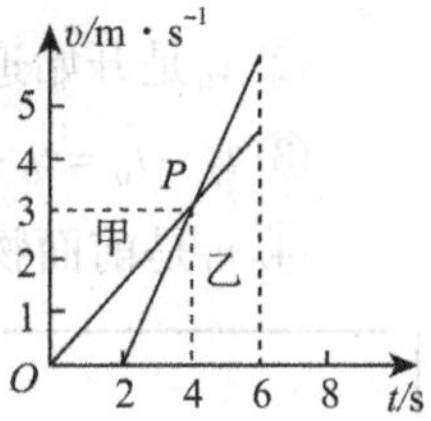

图1-5

【解析】从图像知甲、乙两物体初速度 $v_0=0$，加速度分别为 $a_1=\frac{\Delta v_1}{\Delta t_1}=0.75\ \text{m/s}^2$，$a_2=\frac{\Delta v_2}{\Delta t_2}=1.5\ \text{m/s}^2$，均做匀加速运动。

（1）两物体相遇时位移相等，设乙物体运动时间 t 后两物体相遇，则甲、乙两物体位移分别为 $x_1=\frac{1}{2}a_1\ (t+2)^2$，$x_2=\frac{1}{2}a_2t^2$，由于 $x_1=x_2$，所以 $\frac{1}{2}a_1\ (t+2)^2=\frac{1}{2}a_2t^2$，代入数据解得 $t'=(2-2\sqrt{2})$ s（舍去），$t=(2+2\sqrt{2})$ s≈4.83 s。

（2）相遇点离出发点的距离 $x_2=\frac{1}{2}a_2t^2=\frac{1}{2}\times1.5\times4.83^2\ \text{m}\approx17.5\ \text{m}$。

（3）由图像可知，甲运动 4 s 时两车速度相等，此时两物体距离最大，$\Delta x=x_{甲}-x_{乙}=\frac{1}{2}\times3\times4\ \text{m}-\frac{1}{2}\times3\times2\ \text{m}=3\ \text{m}$。

1.4 本章解题方略

用 $v-t$ 图像巧解高考题

《新课程标准物理考试大纲》（以下简称《新大纲》）对能力考查有明确的要求，其中“应用数学知识处理物理问题”是五种能力要求之一，《新大纲》是这样阐述这种能力的：根据具体问题列出物理量之间的关系后进行求解，并根据结果得出物理结论；必要时能运用几何图形、函数图像进行表达分析。而 $v-t$ 图像的运用正是考查同学运用数学图像对物体运动描述的能力，新课标明确提出“经历匀变速直线运动的实验探究过程，要求能用公式和图像描述匀变速直线运动，体会数学在研究物理问题中的重要性”。由此看来，新课标与《新大纲》都强调了利用图像解释和分析研究物体运动，下面就利用 $v-t$ 图像巧解几道高考题加以说明。

【例1】（2006 年全国高考理综第 24 题）一水平的浅色长传送带上放置一煤块（可视为质点），煤块与传送带之间的动摩擦因数为 μ，初始时传送带与煤块都是静止的。现让传送带以恒定的加速度 a_0 开始运动，当其速度达到 v_0 后，便以此速度做匀速运动，经过一段时间，煤块在传送带上留下一段黑色痕迹后，煤块相对于传送带不再滑动，求此黑色痕迹的长度。

【解析】依照题意作出两物体的 $v-t$ 图像如图1－6所示，其中 OA 表示传送带匀加速运动，斜率为 a_0，AB 表示传送带以 v_0 做匀速运动，OB 表示煤块做匀加速运动，斜率为 a。根据牛顿第二定律，可得 $a=\mu g$。

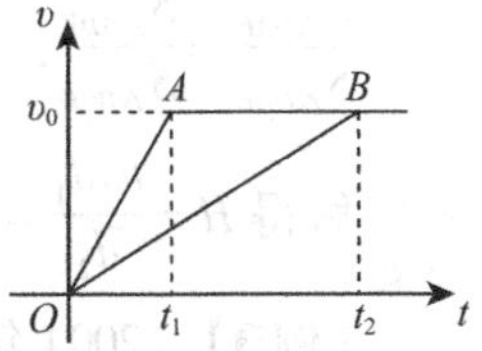

图 1－6

由题意可得传送带匀加速运动时间 t_1 时速度为 v_0，且有 $v_0=a_0t_1$，所以 $t_1=\dfrac{v_0}{a_0}$。

设煤块匀加速运动的时间为 t_2，同理可得

$$t_2=\frac{v_0}{a}=\frac{v_0}{\mu g}。$$

传送带所发生的总位移为梯形 $OABt_2$ 的面积，煤块所发生的总位移为三角形 OBt_2 的面积，即三角形 OAB 的面积等于煤块在传送带上留下的黑色痕迹的长度 l。故

$$l=\frac{1}{2}v_0\ (t_2-t_1)\ =\frac{v_0^2\ (a_0-\mu g)}{2\mu a_0 g}。$$

【例2】（2005 年全国高考理综第 23 题）原地起跳时，先屈腿下蹲，然后突然蹬地。从开始蹬地到离地是加速过程（视为匀加速），加速过程中重心上升距离称为“加速距离”。离地后重心继续上升，在此过程中重心上升的最大距离称为“竖直高度”。现有下列数据：人原地上跳的“加速距离” $d_1=0.50$ m，“竖直高度” $h_1=1.0$ m，跳蚤原地上跳的“加速距离” $d_2=0.00080$ m，“竖直高度” $h_2=0.10$ m。假想人具有与跳蚤相等的起跳加速度，而“加速距离”仍为 0.50 m，则人原地上跳的“竖直高度”是多少？

【解析】用横轴表示时间，纵轴表示速度，则图像和坐标轴所围面积表示位移。假想人具有和跳蚤相同的加速度，则人和跳蚤的 $v-t$ 图像如图 1－7 所

示，其中 OAD 表示跳蚤的 $v-t$ 图像，OBC 表示人的 $v-t$ 图像。因为离地后跳蚤和人都做加速度大小为 g 的匀减速直线运动，所以 AD 与 BC 平行，且斜率的大小为 g，若人和跳蚤离地时的加速度相等，则 OAB 三点在同一条直线上。依题意：$\triangle OAF$ 的面积为跳蚤原地上跳的"加速距离" d_2，$\triangle OBE$ 的面积为人原地上跳的"加速距离" d_1，$\triangle ADF$ 的面积为跳蚤上跳的"竖直高度" h_2，$\triangle BCE$ 的面积为人上跳的"竖直高度" H。由简单平面几何知识得，$\triangle OAF$ 与 $\triangle OBE$ 相似，$\triangle ADF$ 与 $\triangle BCE$ 相似。则有

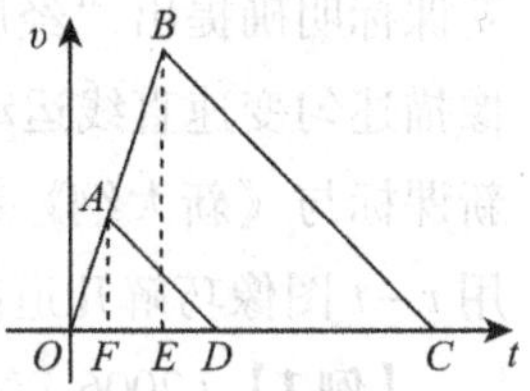

图 1－7

$$\frac{S_{\triangle OAF}}{S_{\triangle OBE}}=\frac{S_{\triangle ADF}}{S_{\triangle BCE}}，即\frac{d_2}{d_1}=\frac{h_2}{H}，$$

解得 $H=\dfrac{h_2d_1}{d_2}=62.5\ \text{m}$。

【例 3】（2004 年全国高考理综第 25 题）一小圆盘静止在桌布上，位于一水平方形桌面的中央。桌布的一边与桌面的 AB 边重合。如图 1－8 所示，已知盘与桌布间的动摩擦因数为 μ_1，盘与桌面间的动摩擦因数为 μ_2。现以恒定的加速度 a 将桌布抽离桌面。加速度的方向水平且垂直于 AB 边，若圆盘最后未从桌面上掉下，则加速度 a 满足的条件是什么？

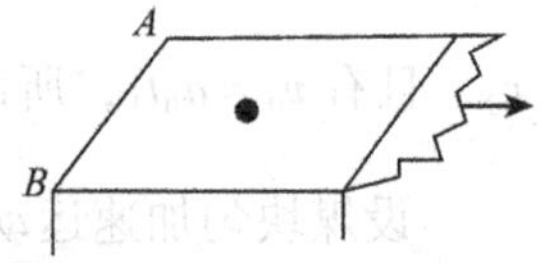

图 1－8

【解析】依题意作出 $v-t$ 图像如图 1－9 所示，其中 OA 表示桌布的图像，斜率为 a，OBC 表示圆盘的图像，则 OB 段的斜率为圆盘在桌布上滑动时的加速度 a_1，由牛顿定律有

$$a_1=\tan\alpha=\frac{\mu_1 mg}{m}=\mu_1 g。$$

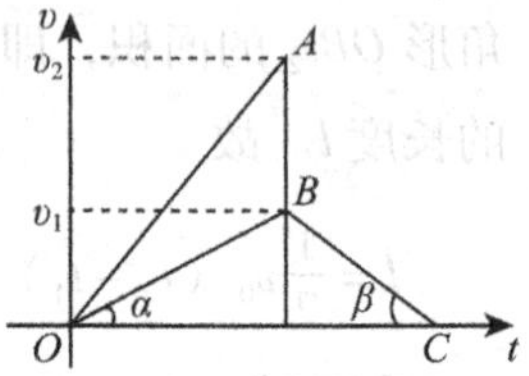

图 1－9

BC 段的斜率为圆盘在桌面上滑动时的加速度 a_2，同理，由牛顿定律有 $a_2=-\mu_2 g$，即 $\tan\beta=\mu_2 g$。设桌长为 l，根据题意可知桌布与圆盘的相对位移为 $\frac{1}{2}l$，即三角形 OAB 的面积为 $\frac{1}{2}l$，而圆盘的绝对位移小于等于 $\frac{1}{2}l$，即三角形 OBC 的面积小于等于 $\frac{1}{2}l$。设 OB 段对应的时间为 t，BC 段对应的时间为 t'，则有

$t\tan\alpha = t'\tan\beta$，即 $t' = \frac{\tan\alpha}{\tan\beta}t = \frac{\mu_1 g}{\mu_2 g}t = \frac{\mu_1}{\mu_2}t$。

又由 $S_{\triangle OAB} = \frac{1}{2}l$ 得

$\frac{1}{2}tv_2 - \frac{1}{2}tv_1 = \frac{1}{2}l$，即 $\frac{1}{2}at^2 - \frac{1}{2}\mu_1 gt^2 = \frac{1}{2}l$。 ①

由 $S_{\triangle OBC} \leqslant \frac{1}{2}l$ 有

$\frac{1}{2}(t+t')v_1 \leqslant \frac{1}{2}l$，即 $\frac{1}{2}\left(t + \frac{\mu_1}{\mu_2}t\right)\mu_1 gt \leqslant \frac{1}{2}l$，

也就是 $\frac{1}{2}\left(1 + \frac{\mu_1}{\mu_2}\right)\mu_1 gt^2 \leqslant \frac{1}{2}l$， ②

联立①②解得，$a \geqslant \left(2 + \frac{\mu_1}{\mu_2}\right)\mu_1 g$。

物体运动规律的描述常常采用数学公式和图像两种方法。学生在解答运动学习题时，习惯于套用公式，而忽视图像的应用。如果能够运用 $v-t$ 图像来解答，不但思路清晰，而且有着比一般方法更直观、更形象、更巧妙、更简便的独特效果。在平时的教学中，如果能将 $v-t$ 图像融入学生的解题中，将使复杂的问题简单化，抽象的问题直观化，从而提高学生的解题速度，对加深和巩固学生对物理概念的理解也会起到事半功倍的效果。

（原载《考试》2007 年第 4 期）

第2章 平抛运动规律

2.1 运动的合成与分解

2.1.1 要点点精

1. 物体做曲线运动的条件

合外力方向（或加速度方向）与运动方向（即速度方向）不在一条直线上，且总指向曲线凹的一侧。

拓展一步：物体做直线运动的条件——合外力方向（或加速度方向）与运动方向（即速度方向）在一条直线上。若方向相同，则做加速运动；若方向相反，则做减速运动。

2. 运动的合成与分解

运动的等时性：任一方向的分运动的时间与合运动（实际运动）的时间相等。

运动的独立性：各分运动独立进行，不受其他分运动的影响。

运动的等效性：各分运动合成后与合运动具有完全相同的效果。

物体实际的运动就是合运动。

3. 船渡河运动问题

（1）三种速度：船在静水中的速度 v_1（船头的指向），水流的速度 v_2，船的实际速度 v（船身的指向）。

（2）两种渡河方式：

① 最短时间渡河

船头正对着河岸时，渡河时间最短：$t_{\min}=\dfrac{d}{v_1}$（d 为河宽）。

② 最短位移渡河

当 $v_1>v_2$时，合速度垂直河岸时，此时航程最短，$x_{\min}=d$，设船头与上游的夹角为 α，则 $\cos\alpha=\dfrac{v_2}{v_1}$。

当 $v_1 < v_2$ 时，合速度不能垂直河岸，则此时无法垂直河岸渡河。如图 2－1 所示，以速度 v_2 的末端为圆心，速度 v_1 大小为半径画一个圆，过速度 v_2 的开始点做出圆弧的切线，则切线方向为合速度方向，此时航程最短。

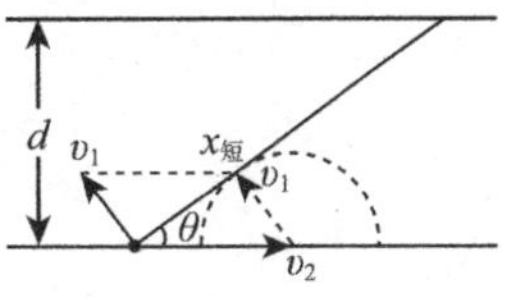

图 2－1

由图可知：$\sin\theta = \dfrac{v_1}{v_2}$，最短航程：$x_{短} = \dfrac{d}{\sin\theta} = \dfrac{v_2}{v_1}d$。

4. **速度的关联问题**

绳（杆）相连的物体，其分解原则：将物体的实际速度分解为垂直和平行绳（杆）方向的两个分量，并根据物体沿绳（杆）方向的分速度大小相等求解。

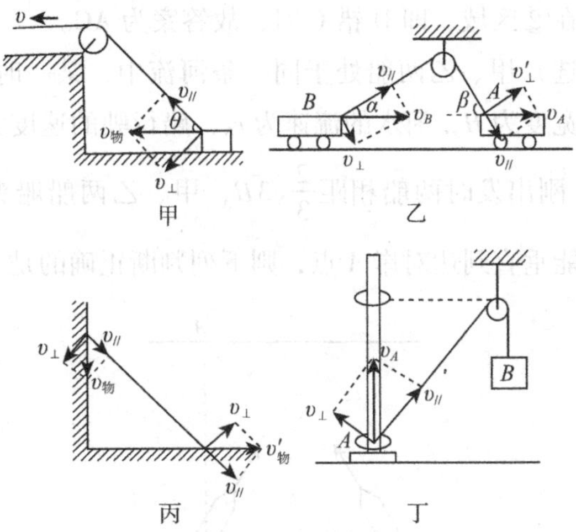

图 2－2

2.1.2　典例精讲

【例 1】（多选）一带电物体从 A 点以初速度 v_0 开始在光滑水平面上运动，一个水平力作用在物体上，物体的运动轨迹如图 2－3 中实线所示，B 为轨迹上的一点，虚线是过 A、B 两点并与轨迹相切的直线，虚线和实线将水平面划分为 5 个区域，则关于施力物体的位置，下面说法正确的是（　　）

A. 若该力是引力，施力物体一定在④区域

B. 若该力是引力，施力物体一定在①区域

C. 若该力是斥力，施力物体一定在②区域

D. 若该力是斥力，施力物体可能在①或③区域

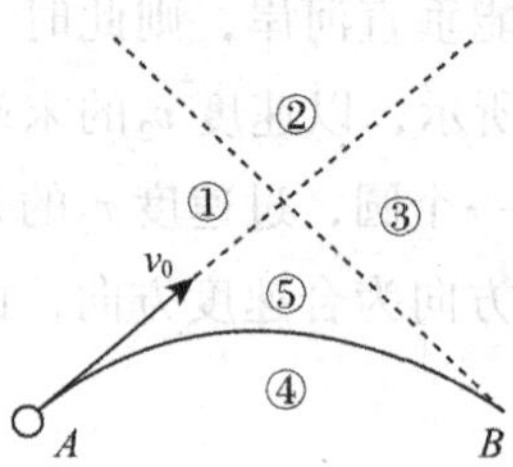

图 2－3

【解析】合外力指向凹侧是物体做曲线运动的条件，如果物体受到引力的作用，施力物体一定在④范围，不可能在曲线凸侧，故 A 对 B 错，同理可得受到斥力作用时，不可能在凹侧，只能是凸侧①②③⑤，则过 A 点运动时施力物体要在①②区域，过 B 点时施力物体又要在②③区域，综合过 A、B 两点的要求，只能是在②区域，即 D 错 C 对，故答案为 AC。

【例 2】（多选）甲、乙两船处于同一条河流中，某一时刻他们开始同时渡河，如果河的宽度为 H，河水的流速为 v_0，船行驶的速度大小均为 v，方向如图 2－4 所示，刚出发时两船相距 $\frac{2}{3}\sqrt{3}H$，甲、乙两船船头均与河岸成 60°角。若乙船恰好能垂直到达对岸 A 点，则下列判断正确的是（　　）

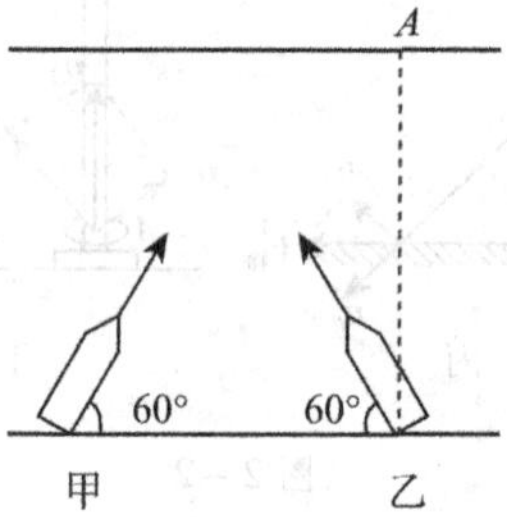

图 2－4

A. 甲、乙两船到达对岸的时间不同

B. $v=2v_0$

C. 两船可能在未到达对岸前相遇

D. 甲船也在 A 点靠岸

【解析】两船的渡河时间都为 $\frac{H}{v\sin 60°}$，乙船能够垂直于河岸渡河，说明乙船沿河岸方向的分速度与水的流速恰好相等，即 $v\cos 60°=v_0$，可得 $v=2v_0$，在相同的时间内，可知甲船恰好在垂直河岸方向运动了 H，而在沿水流方向运动了（$v\cos 60°+v_0$）$\dfrac{H}{v\sin 60°}=\dfrac{2}{3}\sqrt{3}H$，所以刚好到 A 点，所以 A、C 选项错，B、D 选项对。

2.2　平抛运动

2.2.1　要点点精

1. 基本概念

抛体的定义：以一定初速度将物体抛出，在只受重力作用下，物体所做的运动叫抛体运动。

平抛的定义：水平抛出的物体只在重力的作用下的运动。

平抛的性质：是加速度为重力加速度 g 的匀变速度曲线运动，轨迹是抛物线。

2. 平抛分解

水平方向做匀速直线运动，竖直方向做自由落体运动（只受重力）。

水平方向：$v_x=v_0$　　$x=v_0t$

竖直方向：$v_y=gt$　　$y=\dfrac{1}{2}gt^2$

$v_y=\sqrt{2gh}$

合速度：$v=\sqrt{v_x^2+v_y^2}=\sqrt{v_0^2+g^2t^2}$

合位移：$x_{合}=\sqrt{x^2+y^2}$

合速度与水平方向的夹角：$\tan\theta=\dfrac{v_y}{v_0}=\dfrac{gt}{v_0}$

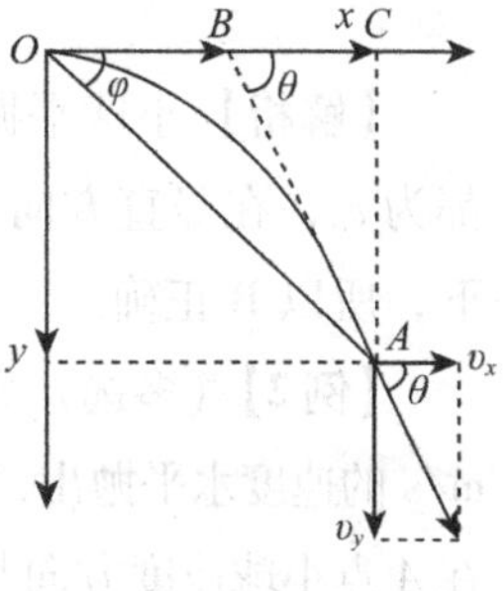

图 2－5

合位移与水平方向的夹角：$\tan\varphi=\dfrac{y}{x}=\dfrac{gt}{2v_0}$

3. 两个推论

$\tan\theta=2\tan\varphi$（不是 $\theta=2\varphi$）；

物体任意时刻速度方向的反向延长线交于水平位移的中点：$\overline{BC}=\dfrac{x}{2}$。

注意：v_0，v_y，v，θ 只要知道其中任意两个，另外两个就可以求解出来。

4. 斜抛运动

（1）特点：最高点只有水平速度，没有竖直速度，是匀变速曲线运动。

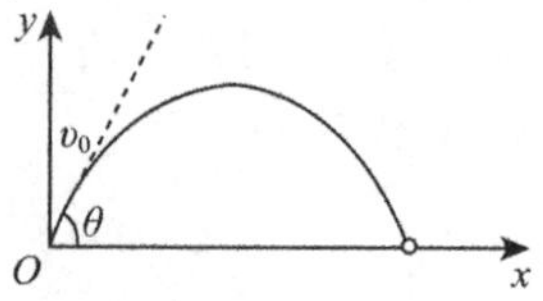

图 2－6

（2）规律：

水平方向：不受外力，做匀速直线运动：

$v_x = v_0\cos\theta \qquad x = v_0\cos\theta t$

竖直方向：只受重力作用，做加速度为 g 的匀减速直线运动（竖直上抛运动）：

$v_y = v_0\sin\theta - gt \qquad y_m = \dfrac{(v_0\sin\theta)^2}{2g}$

2.2.2 典例精讲

【例 1】某人以水平初速度 v_0 水平投掷一个小球，落地时的速度是 v，空气阻力可忽略不计，下列哪个图像正确表示了速度的变化（　　）

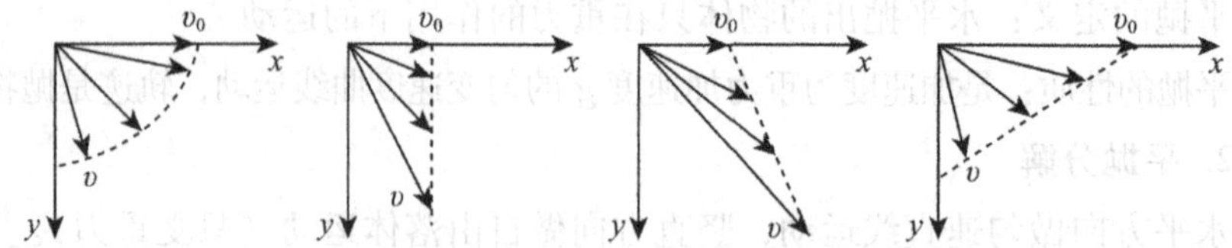

A　　B　　C　　D

【解析】小球平抛后在水平方向上做匀速直线运动，所以水平分量均相同都为 v_0，在竖直方向上做自由落体运动，由 $\Delta v = g\cdot\Delta t$ 知，Δv 的方向竖直向下，所以 B 正确。

【例 2】（多选）如图 2－7 所示，某一小球以 $v_0 = 10$ m/s 的速度水平抛出，在落地之前经过空中 A、B 两点，在 A 点小球速度方向与水平方向的夹角为 45°，在 B 点小球速度方向与水平方向的夹角为 60°（空气阻力忽略不计，g 取 10 m/s^2）。以下判断中正确的是（　　）

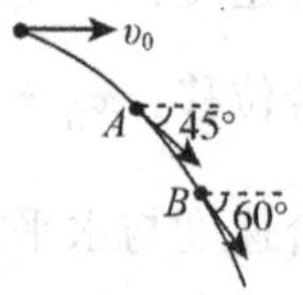

图 2－7

A. 小球经过 A、B 两点间的时间 $t = (\sqrt{3} - 1)$ s

B. 小球经过 A、B 两点间的时间 $t = \sqrt{3}$ s

C. A、B 两点间的高度差 $h = 10$ m

D. A、B 两点间的高度差 $h = 15$ m

【解析】$v_{yA}=v_0\cdot\tan 45°=10\ m/s$，$v_{yB}=v_0\cdot\tan 60°=10\sqrt{3}\ m/s$，∴ 由 $v^2=2gh$ 可知，$h_A=\frac{v_{yA}^2}{2g}=5\ m$，$h_B=\frac{v_{yB}^2}{2g}=15\ m$，∴ $h=h_B-h_A=10\ m$，选项 C 对，D 错。又由 $v=gt$ 可知，$t_A=\frac{v_{yA}}{g}=1\ s$，$t_B=\frac{v_{yB}}{g}=\sqrt{3}\ s$，∴ $t=t_B-t_A=(\sqrt{3}-1)\ s$，选项 A 对，B 错。故选 AC。

2.3　本章解题方略

斜面上的平抛

在平抛运动类题目中，平抛运动与斜面相结合的问题是高考中常见的一种重点题型，其特点是抛出物体落在斜面上或者从斜面上抛出物体，求解此类问题的关键是挖掘出题目中隐含的几何关系。

一、顺着斜面抛出并落在斜面上

【例 1】（单选）如图 2－8 所示，倾角为 θ 的足够长的斜面，以水平初速度 v_0 从其顶端 P 抛出一个小球，落在斜面上某处 Q 点，小球落在斜面上的速度与斜面间的夹角为 α，若把水平初速度变为 $3v_0$，小球仍落在斜面上，则以下说法正确的是（　　）

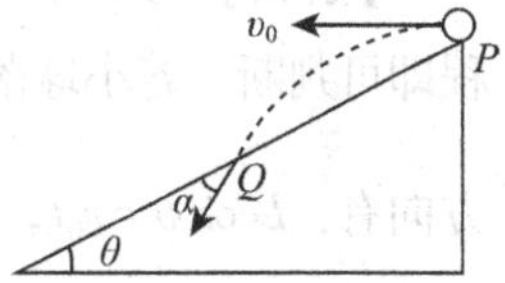

图 2－8

A. 夹角 α 将变大

B. 夹角 α 与初速度大小无关

C. 小球在空中的运动时间增大为原来的 4 倍

D. PQ 间距增大为原来的 2 倍

【解析】小球平抛落在斜面上，根据竖直位移与水平位移的关系可求出小球在空中的运动时间，从而得出 PQ 间距的变化。而只要小球落在斜面上，位移的偏转角就不变，所以速度的偏转角也一定不变。速度与水平方向夹角的

正切值 $\tan\beta=\frac{gt}{v_0}=2\tan\theta$，因为 θ 不变，则速度与水平方向的夹角不变，则可知 α 不变，与初速度无关，则 A 错误，B 正确；由题意知斜面足够长，则当初速度变为 $3v_0$ 时，小球不会落到地面上。根据 $\tan\theta=\frac{\frac{1}{2}gt^2}{v_0t}=\frac{gt}{2v_0}$，可得小球在空中运动的时间为 $t=\frac{2v_0\tan\theta}{g}$，因为初速度变为原来的 3 倍，则小球运动的时间也变为原来的 3 倍，则 C 错误；PQ 的间距 $d=\frac{x}{\cos\theta}=\frac{v_0t}{\cos\theta}=\frac{2v_0^2\tan\theta}{g\cos\theta}$，初速度变为原来的 3 倍，则 PQ 的间距将变为原来的 9 倍，则 D 错误。故选 B。

二、顺着斜面抛出并落在水平面上

【例 2】（多选）如图 2－9 所示，小球从倾角为 θ 的斜面顶端 A 点以初速度 v_0 抛出做平抛运动，则下列说法正确的是（　　）

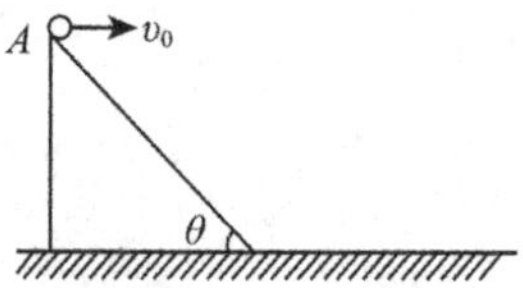

图 2－9

A. 若小球落到斜面上，则 v_0 越大，小球飞行时间越长

B. 若小球落到斜面上，则 v_0 越大，小球末速度与竖直方向的夹角越大

C. 若小球落到水平面上，则 v_0 越大，小球飞行时间越长

D. 若小球落到水平面上，则 v_0 越大，小球末速度与竖直方向的夹角越大

【解析】 考查小球落在斜面和水平面上的两种情况，根据平抛运动规律列方程即可判断。若小球落到斜面上，假设落点为 B，设 AB 之间的距离为 L，则水平方向有：$L\cos\theta=v_0t$，竖直方向有：$L\sin\theta=\frac{1}{2}gt^2$，联立得：$t=\frac{2v_0\tan\theta}{g}$，时间 t 与 v_0 成正比，则 v_0 越大，小球飞行时间越长，则 A 正确；由 A 分析，小球落到斜面上时竖直分速度为：$v_y=gt=2v_0\tan\theta$。设末速度与竖直方向夹角为 α，则有：$\tan\alpha=\frac{v_0}{v_y}=\frac{1}{2\tan\theta}$，保持不变，则 B 错误；若小球落到水平面上，飞行高度 h 一定，由 $h=\frac{1}{2}gt^2$ 得：$t=\sqrt{\frac{2h}{g}}$，可知 t 不变，则 C 错误；若小球落到水平面上，设末速度与竖直方向的夹角为 β，则有：$\tan\beta=\frac{v_0}{v_y}=\frac{v_0}{\sqrt{2gh}}$，$h$ 不变，v_0 越大，小球末速度与竖直方向的夹角越大，则 D 正确。故选 AD。

三、对着斜面抛出并落在斜面上

【例3】（单选）如图2－10所示，斜面倾角为θ，位于斜面底端A正上方的小球，以水平初速度v_0正对斜面顶点B抛出，小球到达斜面所需要的时间为t，重力加速度为g，则下列说法正确的是（　　）

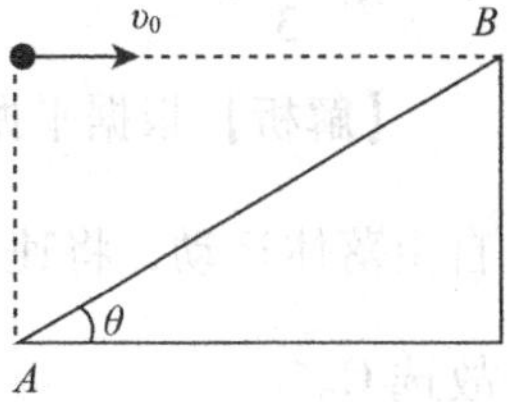

图2－10

A. 如果小球以最小位移到达斜面，则$t=\dfrac{2v_0}{g\tan\theta}$

B. 如果小球垂直击中斜面，则$t=\dfrac{2v_0}{g\tan\theta}$

C. 如果小球恰好能够击中斜面中点，则$t=\dfrac{2v_0}{g\tan\theta}$

D. 无论小球怎样到达斜面，运动时间均为$t=\dfrac{2v_0\tan\theta}{g}$

【解析】由题意可知：从抛出点到达斜面的最小位移为过抛出点所作斜面的垂线段，设运动的时间为t，然后根据平抛运动规律表示出竖直和水平方向上的位移，再依据相应的几何关系求出时间。若小球垂直击中斜面，速度与斜面垂直，由分速度关系求出时间。若小球能击中斜面中点，根据水平位移和竖直位移的关系列式求解时间。若小球以最小位移到达斜面，则位移与斜面垂直，位移方向与竖直方向的夹角为θ，有$\tan\theta=\dfrac{x}{y}=\dfrac{2v_0}{gt}$，即$t=\dfrac{2v_0}{g\tan\theta}$，则A正确，D错误；若小球垂直击中斜面，则速度方向与水平方向的夹角为$\dfrac{\pi}{2}-\theta$，有$\tan\left(\dfrac{\pi}{2}-\theta\right)=\dfrac{gt}{v_0}$，即$t=\dfrac{v_0}{g\tan\theta}$，则B错误；若小球击中斜面中点，令斜面长为$2L$，则水平射程为：$L\cos\theta=v_0t$，下落高度为：$L\sin\theta=\dfrac{1}{2}gt^2$，联立两式得：$t=\dfrac{2v_0\tan\theta}{g}$，则C错误。故选A。

四、对着斜面抛出并垂直落在斜面上

【例4】如图2－11所示，以$v_0=9.8\ \text{m/s}$的初速度水平抛出一个物体，不计空气阻力，在空中飞行一段时间后，然后垂直地落在30°倾角的斜面上，g取$9.8\ \text{m/s}^2$，则这段运动所用的时间

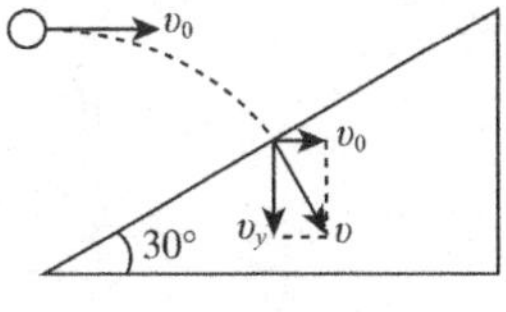

图2－11

间隔为（　　）

A. $\frac{\sqrt{2}}{3}$ s　　B. $\frac{2\sqrt{2}}{3}$ s　　C. $\sqrt{3}$ s　　D. 2 s

【解析】 根据平抛运动规律，水平方向上做匀速直线运动，竖直方向上做自由落体运动，将速度分解，可得 $\tan 30° = \frac{v_0}{v_y} = \frac{v_0}{gt}$，代入数据解得 $t = \sqrt{3}$ s，故选 C。

第3章

力、力的合成与分解

3.1 三种基本的力

3.1.1 要点点精

1. **重力**

$G=mg$（g 随高度和纬度变化而变化，不同星球上一般不同）。

2. **弹力**

发生形变的物体，由于要恢复原状，对与它接触的物体产生的力。

（1）条件：①两物体直接接触；②发生弹性形变。

（2）方向：压力和支持力的方向都垂直于物体的接触面；绳的拉力方向总是沿着绳子而指向绳子收缩的方向，绳中的弹力通常称为张力。

（3）大小：

方法一：根据力的平衡或牛顿第二定律求解。

方法二：胡克定律 $F=kx$，变形：$\Delta F=k\Delta x$，劲度系数 k 是弹簧的固有属性，与 F 和 x 均无关。

3. **摩擦力**

两个相互接触的物体，当它们发生相对运动或具有相对运动趋势时，在接触面上产生阻碍相对运动或相对运动趋势的力。

（1）方向：总是沿着接触面，并且跟物体相对运动的方向或相对运动趋势的方向相反。

（2）分类：

滑动摩擦力：$f=\mu F_N$（压力 F_N 不一定等于物体的重力）。

静摩擦力：$0\leqslant f\leqslant f_{max}$（由运动趋势和平衡方程去判断）。

（3）注意：

① 有摩擦力一定有弹力，但有弹力不一定有摩擦力。

② 摩擦力的方向与物体间相对运动的方向或相对运动趋势的方向相反。

③ 摩擦力可以与运动方向相同，也可以与运动方向相反，还可以与运动

方向成一定夹角。

④ 静止的物体可以受滑动摩擦力的作用，运动的物体也可以受静摩擦力的作用。

⑤ 摩擦力可以做正功，也可以做负功，还可以不做功。

⑥ 摩擦力可以是动力，也可以是阻力。

4. **受力分析**

口诀：

重力肯定有，弹力查四周，

接着分析摩擦力、电场磁场其他力。

注意事项：

① 基本带电粒子如果没有特别说明，均不计重力，如：质子、电子、离子等。

② 带电小球、带电液滴如果没有特别说明，均要考虑重力。

③ 有摩擦力一定有弹力，但有弹力不一定有摩擦力。

④ 光滑接触面一定没有摩擦力。

3.1.2 典型例题

【例 1】（多选）如图 3－1 所示，在车厢内悬线下挂一小球，当汽车做匀变速直线运动时，悬线将与竖直方向成某一角度。若在汽车底板上还有一个跟其相对静止的物块，则关于汽车的运动情况和物块的受力情况正确的是（　　）

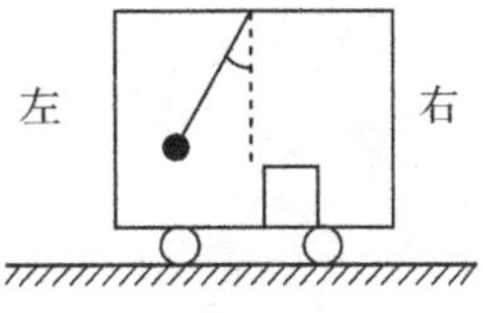

图 3－1

A. 汽车一定向右做加速运动

B. 汽车也可能向左运动

C. 物块除受到重力、底板的支持力作用外，还一定受到向右的摩擦力作用

D. 物块除受到重力、底板的支持力作用外，还可能受到向左的摩擦力作用

【解析】 分析小球的受力情况可知小球所受合外力水平向右。根据牛顿第二定律知小球的加速度水平向右，汽车可能向右做加速运动，也可能向左做减速运动，则 A 错，B 对；物块的加速度也是水平向右，故物块受到的合外力水平向右，此合外力是由物块所受的重力、底板的支持力、摩擦力这三个力合成的，则 C 对，D 错。故选 BC。

【**例2**】如图3-2所示，质量为m的工件置于水平放置的钢板C上，二者间动摩擦因数为μ，由于固定的光滑导槽A、B的控制，工件只能沿水平导槽运动。现使钢板以速度v_1向右运动，同时用F拉动工件（F方向与导槽平行）使其以速度v_2沿导槽运动，则F的大小为（　　）

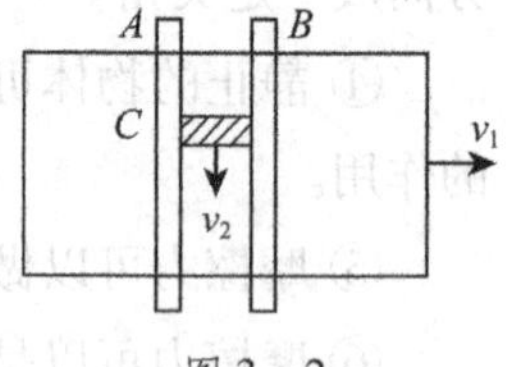

图3-2

A. 等于μmg　　B. 大于μmg

C. 小于μmg　　D. 不能确定

【**解析**】钢板以速度v_1向右运动，则工件以等大速度相对钢板向左移动，设为v_1'，同时工件被拉动也具有另一速度v_2，故工件相对于钢板的运动速度应是v_1'与v_2的合成，即图3-3中的速度v。滑动摩擦力阻碍二者间的相对运动，则工件所受摩擦力f与v方向相反，要使工件沿导槽匀速运动，所施加的拉力只需与f的一个分力平衡，即：$F<f=\mu mg$。故答案为C。

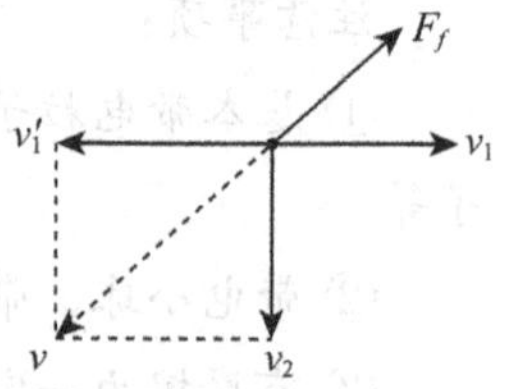

图3-3

3.2　力的合成与分解

3.2.1　要点点精

1. 两个力F_1、F_2的合成（遵循平行四边形定则）

（其中F表示合力，θ表示F_1、F_2之间的夹角）

$$F=\sqrt{F_1^2+F_2^2+2F_1F_2\cos\theta}\Rightarrow\begin{cases}\theta=90^\circ\text{时，}F=\sqrt{F_1^2+F_2^2}\\ F_1=F_2\text{时，}F=2F_1\cos\dfrac{\theta}{2}\text{，方向沿}F_1\text{与}F_2\text{夹角的平分线}\\ F_1=F_2\text{且}\theta=120^\circ\text{时，}F=F_1\end{cases}$$

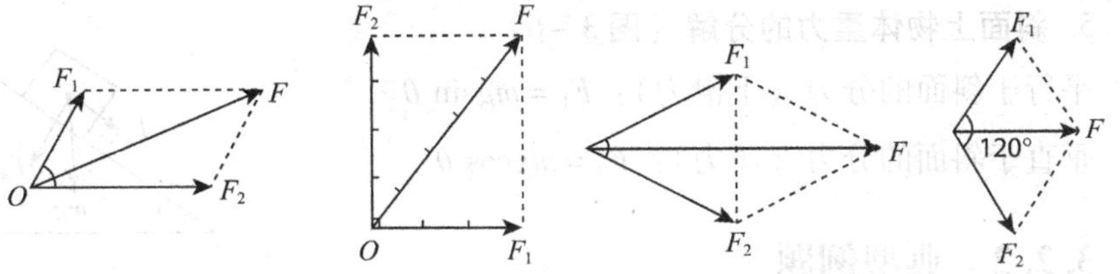

图 3－4

2. 力的合成范围

（1）两个共点力的合力：$|F_1-F_2|\leqslant F\leqslant F_1+F_2$

两个力大小不变时，其合力随夹角的增大而减小，反向时合力最小，同向时合力最大。

（2）三个共点力的合力：

最大值：三个力共线同向，合力最大，$F_{max}=F_1+F_2+F_3$

最小值：任取两个力，求出合力范围，如果第三个力在这个范围内，则合力最小值为0，即 $F_{min}=0$，如果第三个力不在这个范围内，则最小值为最大的一个力减去两个较小的力的绝对值，即 $F_{min}=|F_1-F_2-F_3|$（设F_1为最大的力）。

3. 力的平衡

共点力作用下物体的平衡条件：静止或匀速直线运动的物体，所受合外力为零。

$$\sum F=0 \text{ 或 } \sum F_x=0,\ \sum F_y=0$$

（1）非平行的三个力作用于物体而平衡，则这三个力一定共点。按比例可平移为一个封闭的矢量三角形。

（2）几个共点力作用于物体而平衡，其中任意几个力的合力与剩余几个力（一个力）的合力一定大小相等，方向相反（等大反向）。

4. 正交分解（图 3－5）

水平方向：$F_x=F\cos\theta$

竖直方向：$F_y=F\sin\theta$

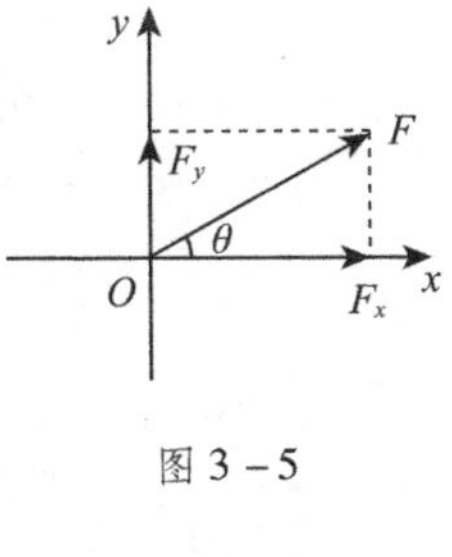

图 3－5

5. **斜面上物体重力的分解**（图3-6）

平行于斜面的分力（下滑力）：$F_1 = mg\sin\theta$

垂直于斜面的分力（压力）：$F_2 = mg\cos\theta$

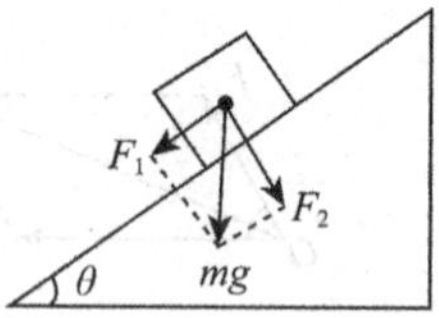

图3-6

3.2.2 典型例题

【例1】（多选）如图3-7所示是骨折病人的牵引装置示意图，绳的一端固定，绕过定滑轮和动滑轮后挂着一个重物，与动滑轮相连的帆布带拉着病人的脚，整个装置在同一竖直面内。为了使脚所受的拉力增大，可采取的方法是（　　）

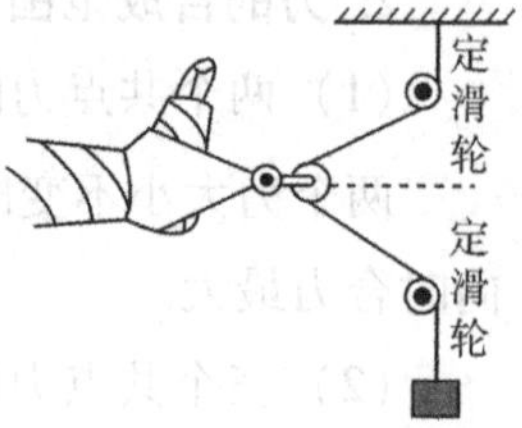

图3-7

A. 只增加绳的长度

B. 只增加重物的质量

C. 只将病人的脚向左移动

D. 只将两定滑轮的间距增大

【解析】取动滑轮为研究对象，受力分析如图3-8所示，F_1和F_2为绳子的拉力，F为帆布带上的拉力。动滑轮静止时，所受合外力为零，即F_1与F_2的合力与F等大反向。只要F_1和F_2的合力增大，F就会随着增大。当绳的长度增加时，绳的拉力及绳间的夹角不变，合力不变，则A错；当增加重物质量时，绳拉力增大，夹角不变，合力增大，则B对；病人的脚左移时，绳间的夹角减小，合力增大，则C对；定滑轮间距增大时，夹角增大，合力减小，则D错。故答案为BC。

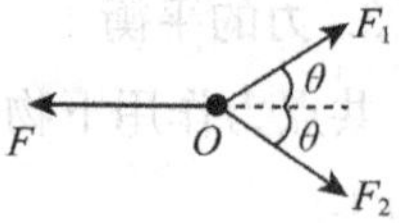

图3-8

【例2】如图3-9所示，质量为m的等边三棱柱静止在水平放置的斜面上。已知三棱柱与斜面之间的动摩擦因数为μ，斜面的倾角为30°，则斜面对三棱柱的支持力与摩擦力的大小分别为（　　）

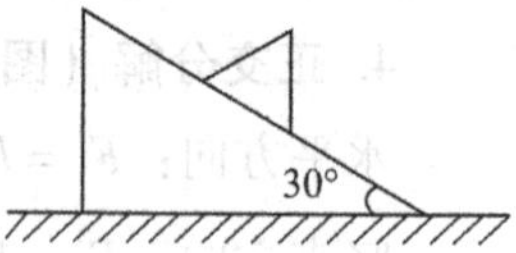

图3-9

A. $\frac{\sqrt{3}}{2}mg$ 和 $\frac{1}{2}mg$

B. $\frac{1}{2}mg$ 和 $\frac{\sqrt{3}}{2}mg$

C. $\frac{1}{2}mg$ 和 $\frac{1}{2}\mu mg$

D. $\frac{\sqrt{3}}{2}mg$ 和$\frac{\sqrt{3}}{2}\mu mg$

【解析】对三棱柱进行受力分析，受重力 mg、支持力 F_N和静摩擦力 f 作用而处于平衡，由平衡条件可知，$F_N = mg\cos 30° = \frac{\sqrt{3}}{2}mg$，$f = mg\sin 30° = \frac{1}{2}mg$，故选 A。

3.3 本章解题方略

三力平衡的几种“战法”

三力平衡及其动态变化问题是高中物理的基础题型，解决此类问题必须进行受力分析，题型的特点是物体在三个力的共同作用下平衡，且部分力是变力，即大小和方向发生变化的动态力。解决这类问题的总体思路是：变“动”为“静”，变“静”为“动”。下面为动态平衡问题提供了几种“战法”。

战法一：解析法

特点：此种方法适用于带有光滑滑轮的绳索类题目。三个力中，两个力是绳子的拉力。由于是同一根绳子，所以两根绳上的拉力大小相等，而另一个力的大小和方向不变。

【例1】（多选）如图 3－10 所示，在竖直面内，不可伸长的轻软绳的两端分别系在“V”形杆上的 A 点和 B 点。已知 OM 一侧竖直，$AO = OB$。细绳绕过光滑滑轮，重物静止悬挂在滑轮下方。如果“V”形杆 ON 一侧绕 O 点顺时针缓慢旋转到竖直位置，设绳上的张力为 T，A 点处绳子与杆之间的摩擦力为 f，则（　　）

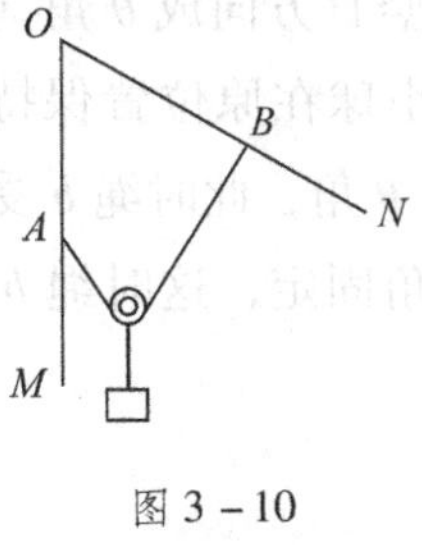

图 3－10

A. 张力 T 先增大后减小

B. 张力 T 一直增大

C. 摩擦力 f 一直减小

D. 摩擦力 f 先增大后减小

【解析】 如图 3－10 所示，设滑轮两侧绳子与竖直方向的夹角为 α，绳子的长度为 L，B 点到 A 点的水平距离为 s，根据几何知识和对称性，得 $\sin\alpha=\frac{s}{L}$。以滑轮为研究对象，如图 3－11 所示。根据平衡条件得，$2T\cos\alpha=mg$，整理得 $T=\frac{mg}{2\cos\alpha}$。若在纸面内绕端点 O 按顺时针方向缓慢转动"V"形杆，直到 ON 边竖直，s 先增大后减小，L 不变，则 α 角先增大后减小，由上式得知，张力 T 先增大后减小，则 A 正确，B 错误；以 A 为研究对象，设 OA 杆与竖直方向夹角为 β，据平衡条件可知 $f=T\cos(\alpha+\beta)=\frac{mg\cos(\alpha+\beta)}{2\cos\alpha}=\frac{mg}{2}(\cos\beta-\tan\alpha\sin\beta)$，在纸面内绕端点 O 顺时针转动过程中，绳子与竖直方向的夹角 α 先变大后变小，OA 杆与竖直方向的夹角 β 一直增大，当绳子与竖直方向的夹角 α 变大时，摩擦力减小，当绳子与竖直方向的夹角 α 减小时，但 $(\alpha+\beta)$ 还是在增大，所以摩擦力还是在减小，则 C 正确，D 错误。故选 AC。

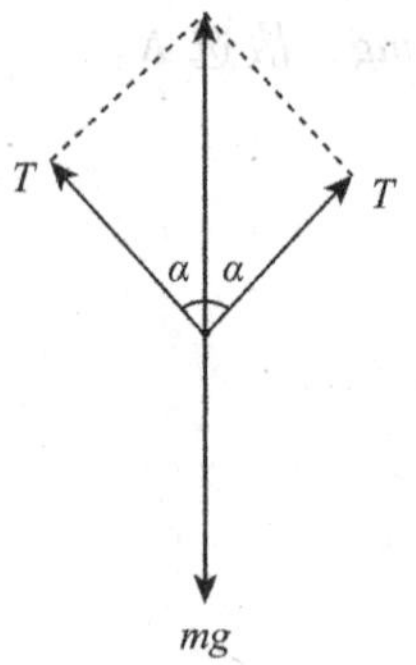

图 3－11

战法二：三角形法则

特点：当物体受到三个力作用而处于平衡状态时，合力为零。三个力首尾相连，构成一个首尾相连的闭合三角形，当物体所受三个力中有两个力变化时还处于平衡状态，该首尾相连的闭合三角形始终存在，只是形状发生变化，比较矢量三角形的不同形状，力的大小和方向变化一目了然。

【例 2】（多选）如图 3－12 所示，轻绳 a 和水平轻绳 b 共同固定一个小球，绳 a 与竖直方向成 θ 角（$\theta<45°$），设绳 b 的拉力为 F_1，现在使小球在原位置保持不动，让绳 b 在竖直平面内逆时针转过 θ 角，此时绳 b 受到的拉力为 F_2，然后再逆时针转过 θ 角固定，这时绳 b 的拉力设为 F_3，则（　　）

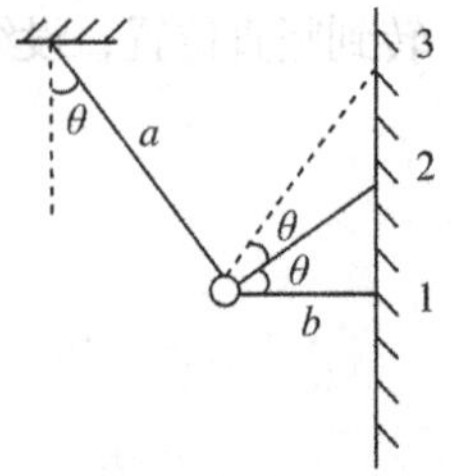

图 3－12

A. $F_1<F_2<F_3$

B. $F_1 = F_3 > F_2$

C. 绳 a 的拉力先减小后增大

D. 绳 a 的拉力一直减小

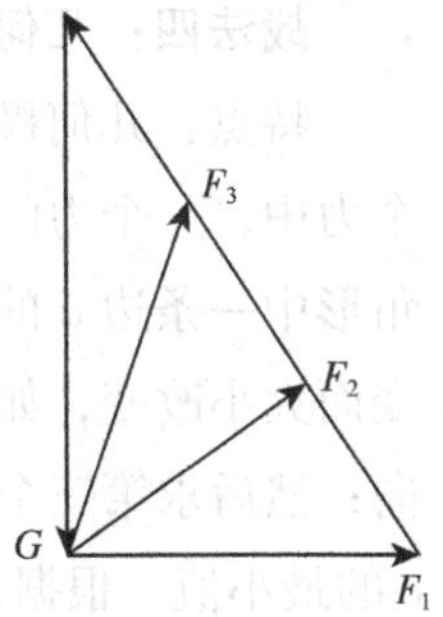

图 3－13

【解析】 对小球进行受力分析如图 3－13 所示，根据三角形法则和几何关系，可知轻绳 b 与轻绳 a 垂直时，此时拉力 F_2 最小，故有 $F_1 = F_3 > F_2$，即 B 选项正确。在轻绳 b 逐渐向上转动过程中可以看出轻绳 a 中的拉力逐渐变小，则 D 选项正确。综上所述，本题正确答案为 BD。

战法三：相似三角形

特点：相似三角形法适用于物体受到三个力作用而处于平衡状态时，其中一个力的大小和方向不变，而另外两个力的方向都改变了，三个力中的任意两个力之间没有垂直关系，但可以发现由力构成的矢量三角形与边构成的几何三角形相似。

【例 3】（单选）半径为 R 的球体固定在水平地面上，其上方有一个光滑的定滑轮，滑轮到球面 B 的距离为 h，轻绳的一端系一小球，靠放在半球上的 A 点，另一端绕过定滑轮用力拉住使小球保持静止，如图 3－14 所示，现缓慢地拉绳，在使小球由 A 到 B 的过程中，半球对小球的支持力 F_N 和绳对小球的拉力 T 的大小变化的情况是（　　）

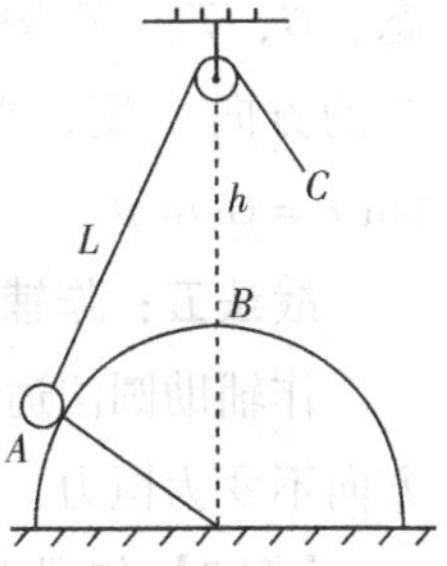

图 3－14

A. F_N 不变，T 变小

B. F_N 不变，T 先变大后变小

C. F_N 变小，T 先变小后变大

D. F_N 变大，T 变小

【解析】 对小球受力分析如图 3－15 所示，根据矢量三角形和力的图示的特点可知，$\dfrac{mg}{h+R} = \dfrac{F_N}{R} = \dfrac{T}{L}$。小球由 A 到 B 的过程，只有定滑轮左侧的绳子 L 变短，h 和 R 均不变，所以 F_N 不变，T 变小，则 A 正确，BCD 错误。故选 A。

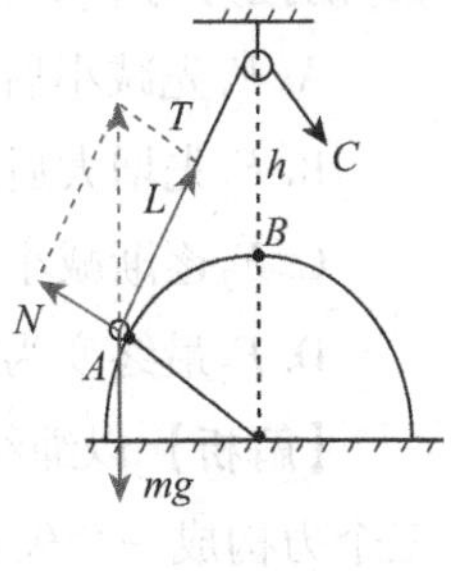

图 3－15

战法四：几何极值法

特点：几何极值法适用于以下情形：物体受到的三个力中，一个力的大小与方向都不变，如图 3－16 中三角形中一条边 a 的大小和方向都确定；另一个力方向不变而大小改变，如图 3－16 中另一条边 b 只能确定其方向；然后求第三个力的最小值，如图 3－16 中求第三边 c 的最小值。根据几何关系可知，则此时必有 c 垂直于 b，且$c=a\sin\theta$。

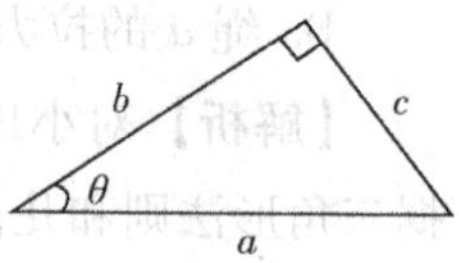

图 3－16

【例 4】如图 3－17 所示，用等长细绳 OA 和 OB 悬挂着一个重物，保持重物的位置不变。现使 OB 端沿半径等于绳长的圆周向 C 点移动，在这一过程中，OB 绳中的张力 T_B的最小值是多少？

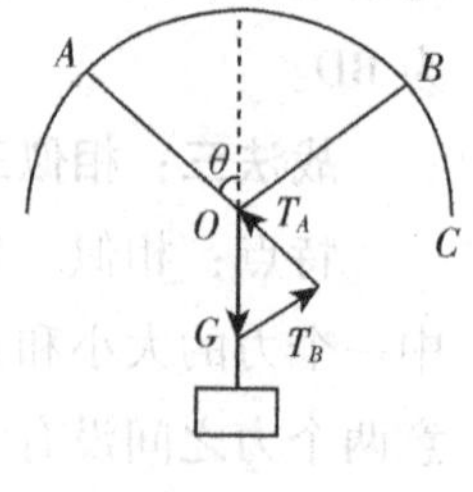

图 3－17

【解析】对 O 点受力分析可知，重物受重力 G，绳 OA 的张力 T_A 和绳 OB 的张力 T_B三个力处于平衡状态，G，T_A，T_B构成首尾相连的闭合三角形。重力 G 的大小和方向确定，T_A的方向一定，要求 T_B的最小值，则必须使 T_B 垂直于 T_A，且 $T_B=T_A\tan\theta=G\sin\theta$。

战法五：作辅助圆法

作辅助圆法适用的问题类型：在物体所受的三个力中，一个力的大小和方向不变为恒力，在动态平衡时，两个变力之间的夹角保持不变。

【例 5】如图 3－18 所示，物体 G 用两根绳子悬挂，开始时绳 OA 水平，现将两绳同时顺时针转过 90°，且保持两绳之间的夹角 α 不变（$\alpha>90°$），物体始终保持静止状态，在旋转过程中，设绳 OA 的拉力为 F_1，绳 OB 的拉力为 F_2，则（　　）

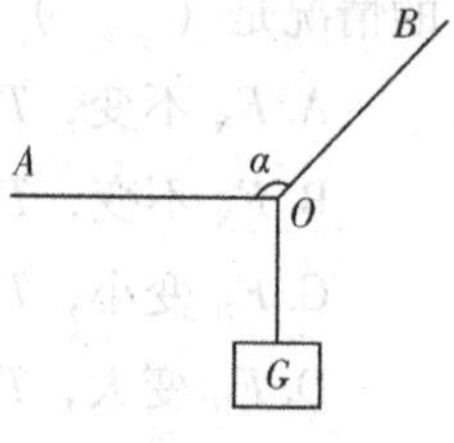

图 3－18

A. F_1先减小后增大

B. F_1先增大后减小

C. F_2逐渐减小

D. F_2最终变为零

【解析】以绳结点 O 为研究对象，受三根绳的拉力，如图 3－19 甲所示，三个力构成一个矢量三角形（如图 3－19 乙中$\triangle CDE$），由于力 F_3 大小和方向不变，所以其对应角$\angle CDE$ 不变。根据图 3－19 乙所示动态三角形可知，

ED 刚开始时为圆的直径，所以有 F_1 先变大后变小，F_2 始终一直减小，且转过 90°时，F_2 恰好为零，所以 A 错误。故选 BCD。

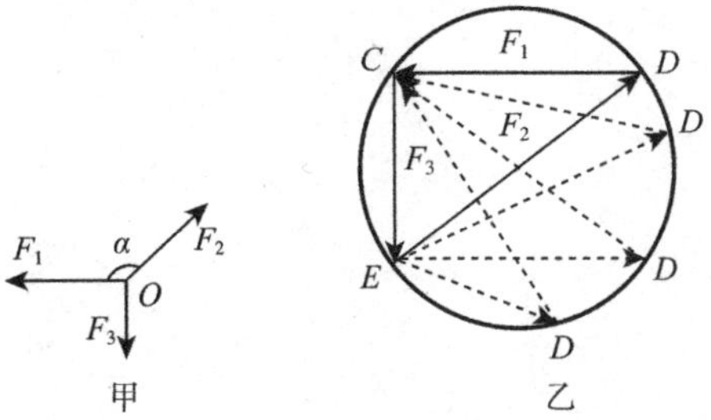

图 3－19

第4章 牛顿运动定律

4.1 牛顿运动定律的理解

4.1.1 要点点精

(1) 力是改变物体运动状态的原因，物体的运动不需要力来维持。

(2) 惯性是物体的固有属性，只与物体的质量有关，质量越大，惯性越大。

(3) 超重：物体受到的支持力（或拉力）大于重力，加速度 a 的方向向上，即：F_N（T）$=mg+ma$。

失重：物体受到的支持力（或拉力）小于重力，加速度 a 的方向向下，即：F_N（T）$=mg-ma$。

完全失重：物体受到的支持力（或拉力）等于零，即只受重力，加速度 a 方向向下且等于 g，即：F_N（T）$=0$。不管是超重还是失重，物体受到的重力不变，只是受到的拉力（或支持力）变了，或者说物体的视重变了，不再等于重力。

(4) 牛顿第二定律：$F=ma$，或 $F=m_1a_1+m_2a_2+m_3a_3+\cdots$

注意：①力 F 与加速度 a 的方向时刻相同。②F 是指研究对象 m 所受到的合外力。

(5) 牛顿第三定律（略）

区别：一对作用力、反作用力与一对平衡力。

物体间的相互作用力既可以是接触力，也可以是场力。牛顿第三定律归纳为：

“三同”：大小相同；性质相同；（出现、存在、消失）时间相同。

“三不同”：方向不同；作用对象不同；作用效果不同。

“三无关”：与物体的种类无关；与相互作用的物体的运动状态无关；与是否与另外的物体存在相互作用无关。

(6) 物理学史

① 亚里士多德认为：物体下落的快慢由它们的重量决定，物体越重，下

落得越快。

伽利略认为：如果不考虑空气阻力的作用，轻重不同的物体下落的快慢是相同的。伽利略通过斜面实验证实了此结论。

② 亚里士多德观点：力是维持物体运动的原因。（错误）

伽利略观点：物体不受力的作用，将保持原来的速度。（依据：理想斜面实验）

对牛顿第一定律作出贡献的科学家：伽利略、笛卡尔、牛顿。

③ 惯性的概念首先是由伽利略提出来的。（注意：不是牛顿）

④ 牛顿第一定律是不能通过实验来验证的一条定律，所以不是实验定律。

⑤ 20 世纪初，爱因斯坦提出狭义相对论并发现经典力学不适用于微观粒子和高速运动的物体。

⑥ 胡克认为只有在一定的条件下，弹簧的弹力才与弹簧的形变量成正比。

⑦ 斜面模型（搞清物体对斜面压力为零的临界条件）

斜面固定：物体在斜面上的运动情况由倾角和摩擦因数决定：

$\mu=\tan\theta$：物体沿斜面匀速下滑或静止；

$\mu>\tan\theta$：物体静止于斜面上；

$\mu<\tan\theta$：物体沿斜面加速下滑，$a=g\sin\theta-\mu g\cos\theta$。

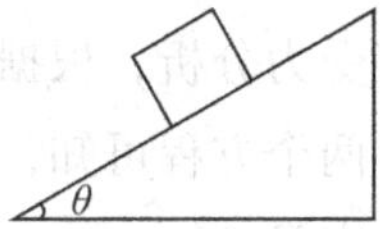

图 4－1

4.1.2 典型例题

【例 1】一天，下着倾盆大雨。某人乘坐列车时发现，车厢的双层玻璃窗内积水了。列车进站过程中，他发现水面的形状是图 4－2 中的（　　）

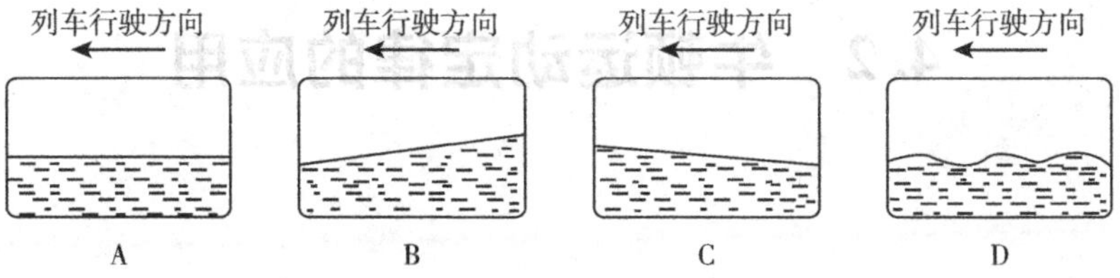

图 4－2

【解析】列车进站制动时，速度降低，而水由于惯性，仍需保持原来的速度，所以水流向前冲，液面的形状与选项 C 相同。

【例 2】如图 4－3 甲所示，两物体 A 和 B 叠放在光滑水平面上，对物体 A 施加一水平力 F，$F-t$ 关系图像如图乙所示。两物体在力 F 作用下由静止开始运动，且始终保持相对静止，则（　　）

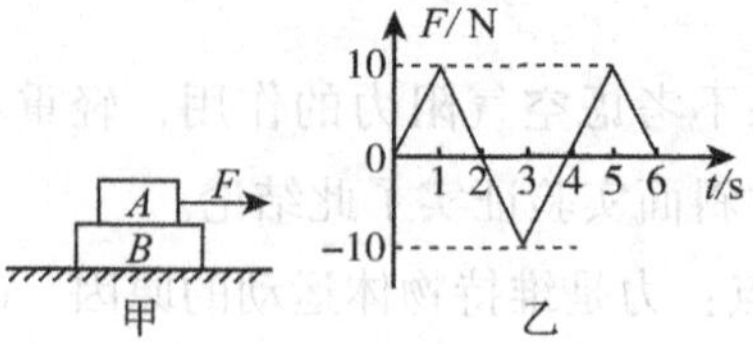

图 4－3

A. 两物体做匀变速直线运动

B. 两物体沿直线做往复运动

C. B 物体所受摩擦力的方向始终与力 F 的方向相同

D. $t=2$ s 到 $t=3$ s 这段时间内两物体间的摩擦力逐渐减小

【解析】把 A 和 B 作为一个整体，由牛顿第二定律，$F=(m_A+m_B)a$，F 是变力，则 a 也变，所以 A 是错的。在 0～2 s 内，两个物体由静止开始做加速运动，加速度先增大后减小，根据对称性，在 2～4 s 内，两个物体沿着正方向做减速运动，加速度先增大后减小，4 s 时速度恰好减到零，然后重复上述两个过程，整个过程中速度方向没有改变，所以 B 是错误的；对物体 B 受力分析，根据牛顿第二定律可以得出物体 B 所受摩擦力 $f=m_Ba$。根据上述两个方程可知，f 和 F 的方向始终相同，所以 C 是对的，D 是错的。故正确答案是 C。

4.2　牛顿运动定律的应用

4.2.1　要点点精

1. 两类动力学类型

(1) 已知物体的受力情况，求物体的运动情况；

(2) 已知物体的运动情况，求物体的受力情况。

以加速度为“桥梁”，根据运动学公式和牛顿第二定律列方程求解，具体逻辑关系如图 4－4：

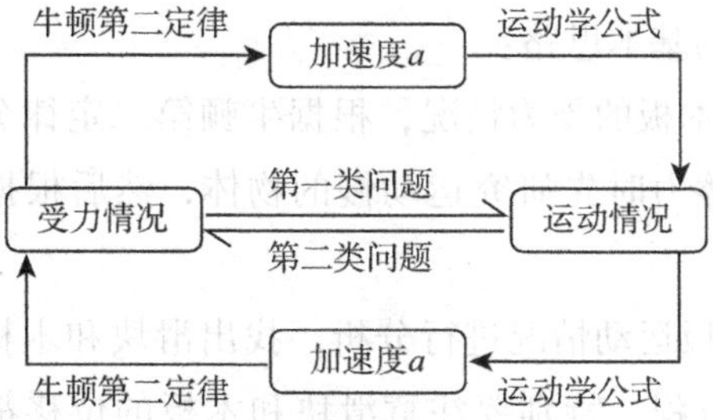

图 4－4

2. 连接体类型

（1）类型：相互连接并且具有共同的加速度的两个或多个物体组成的系统可以看作连接体，如图 4－5 所示：

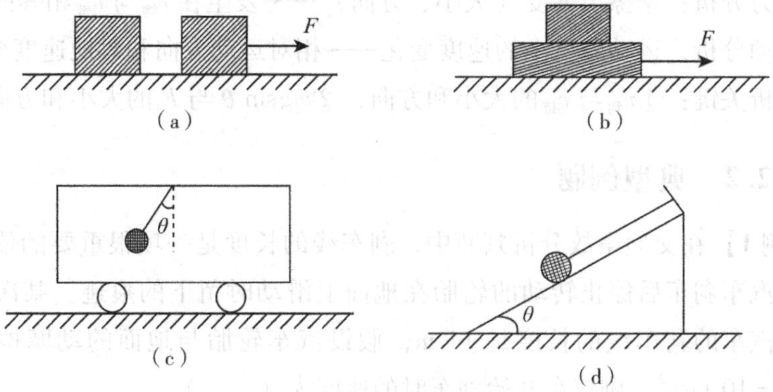

图 4－5

还有各种不同形式的连接体的模型，在此不一一描述，仅以常见的模型为例。

（2）处理方法

整体法：当两个或两个以上相互联系的物体相对同一参考系具有相同加速度时，可选整体作为研究对象。

隔离法：把题目中每一物体隔离出来分别进行受力分析并列方程求解。

选取研究对象的原则有两点：①受力情况简单，与已知量、未知量的关系密切；②先整体后隔离。

3. 滑块－木板类型

（1）模型特点：上、下叠放两个物体，并且两物体在摩擦力的作用下发生相对滑动。

（2）建模指导

解决此类题目的基本思路：

① 分析滑块和木板的受力情况，根据牛顿第二定律分别求出滑块和木板的加速度，分析摩擦力时先研究运动慢的物体，然后根据牛顿第三定律分析运动快的物体；

② 对滑块和木板运动情况进行分析，找出滑块和木板之间的位移关系或速度关系，并列出方程。特别要注意滑块和木板的位移都是相对地面的绝对位移。

4. 皮带类型

（1）水平传送带

（2）倾斜传送带

受力分析：摩擦力突变（大小、方向）——发生在 $v_{物}$ 与 $v_{带}$ 相等的时刻。

运动分析：运动分析中的速度变化——相对运动方向和对地速度变化。

分析关键：①$v_{物}$ 与 $v_{带}$ 的大小和方向；②$mg\sin\theta$ 与 F_f 的大小和方向。

4.2.2 典型例题

【例 1】 在交通事故分析判断中，刹车线的长度是一项很重要的依据。刹车线是汽车刹车后停止转动的轮胎在地面上滑动时留下的痕迹。某次交通故事中，汽车的刹车线的长度是 14 m，假设汽车轮胎与地面的动摩擦因数为 0.7，$g=10\ \text{m/s}^2$，则汽车开始刹车时的速度为（　　）

A. 7 m/s　　B. 10 m/s　　C. 14 m/s　　D. 20 m/s

【解析】 由牛顿第二定律得，汽车刹车时的加速度 $a=\dfrac{\mu mg}{m}=\mu g=7\ \text{m/s}^2$，则 $v_0^2=2ax$，$v_0=\sqrt{2ax}=14\ \text{m/s}$，C 正确。考查牛顿第二定律及匀变速直线运动规律。

【例 2】 如图 4-6 所示为固定在水平面上的斜面，其倾角 $\theta=37°$，长方体木块 A 的 MN 面上端钉着一颗小钉子，质量 $m=1.5\ \text{kg}$ 的小球 B 通过一细线与小钉子相连接，细线与斜面垂直。木块与斜面间的动摩擦因数 $\mu=0.50$。现将木块由静止释放，木块将沿斜面下滑。求木块下滑的过程中小球对木块 MN 面的压力大小。（取 $g=10\ \text{m/s}^2$，$\sin 37°=0.6$，$\cos 37°=0.8$）

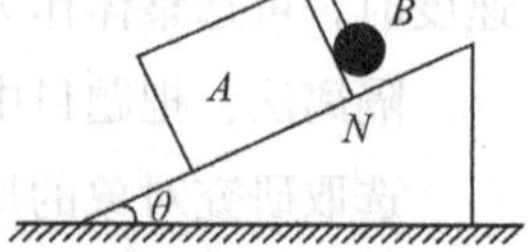

图 4-6

【解析】 以木块和小球整体为研究对象，设木块的质量为 M，下滑的加速

度为 a，方向沿斜面向下，根据牛顿第二定律有：

$(M+m)\ g\sin 37°-\mu\ (M+m)\ g\cos 37°=\ (M+m)\ a$，

解得：$a=g\ (\sin 37°-\mu\cos 37°)\ =2\ m/s^2$。

以小球 B 为研究对象，受重力 mg、细线拉力 T 和 MN 面对小球沿斜面向上的弹力 F_N，在沿斜面方向上，根据牛顿第二定律有：

$mg\sin 37°-F_N=ma$，

解得：$F_N=mg\sin 37°-ma=6\ N$。

由牛顿第三定律得，小球对木块 MN 面的压力大小为 6 N。

4.3 本章解题方略

“悬球模型”及其应用

“悬球模型”是中学物理中一个典型的物理模型，它涉及到牛顿第二定律的应用与受力分析，也是中学物理学习中的基本内容，研究清楚“悬绳模型”的条件、内容及其变式的应用，对于提高同学们的建模能力、分析问题和解决问题的能力会有很大的帮助。本文在简述“悬球模型”的基础上，对其具体应用进行了分类讨论，并从中归纳总结出解决相应问题的思路和方法。

一、模型原题

如图 4-7 所示，沿水平方向做匀变速直线运动的车厢中，悬挂小球的悬线偏离竖直方向 θ 角，小球与车厢保持相对静止，小球的质量为 m，重力加速度为 g。试求车厢运动的加速度并说明车厢的运动情况。

【解析】 车厢的加速度与小球的加速度相同，对小球进行受力分析，如图 4-8 所示，小球在重力 mg、细绳拉力 T 两个力的作用下产生水加速度 a，根据牛顿第二定律得：

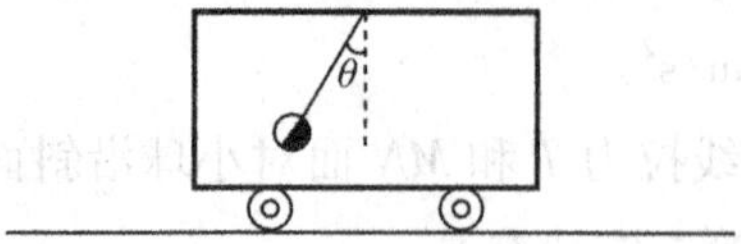

图 4－7

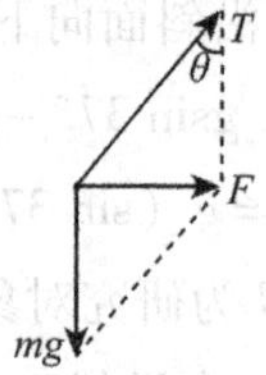

图 4－8

$$a=\frac{F}{m}=\frac{mg\tan\theta}{m}=g\tan\theta,$$

所以车厢的加速度大小为 $g\tan\theta$，方向水平向右，故车厢可能向右做匀加速运动，也可能向左做匀减速运动。

模型特征：小球在绳子拉力与重力的共同作用下，若处于静止或匀速运动状态，不可能“悬”起来。当悬线与竖直方向成夹角 θ 时，小球的受力特征：一是竖直向下的重力作用，二是与竖直方向成夹角 θ 时的细绳拉力（弹力）作用，根据牛顿第二定律，其水平方向的加速度必为 $a=g\tan\theta$。

二、分类应用

1. 水平面内

【例 1】 如图 4－9 所示，质量为 m_1 的物块放在车厢的水平底板上，用竖直细线通过光滑的定滑轮与质量为 m_2 的小球相连。车厢正沿水平直轨道向右行驶，此时与小球相连的细绳与竖直方向成 θ 角，小球、物块与车厢均保持相对静止，由此可知（　　）

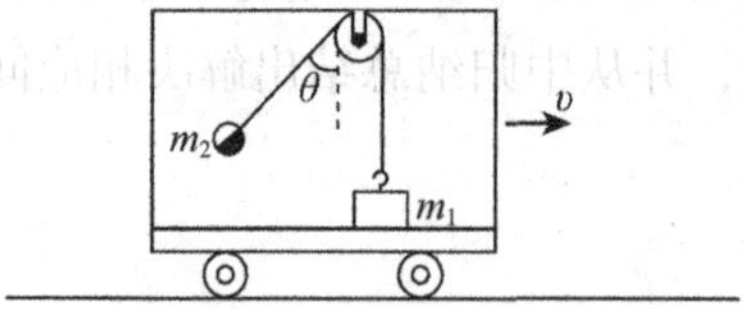

图 4－9

A. 车厢的加速度大小为 $g\sin\theta$

B. 绳对物块的拉力大小为 $\frac{m_2g}{\cos\theta}$

C. 底板对物块的支持力大小为 $(m_2-m_1)g$

D. 底板对物块的摩擦力大小为 $m_1g\tan\theta$

【解析】 以小球为研究对象，由“悬球模型”可得：$a=g\tan\theta$，则车厢

的加速度也为 $g\tan\theta$，则 A 错误；如图 4 - 10 所示，绳子的拉力 $T=\frac{m_2g}{\cos\theta}$，则 B 正确；对物块进行研究，受力如图 4 - 11 所示，在竖直方向上，由平衡条件得：$F_N=m_1g-T=m_1g-\frac{m_2g}{\cos\theta}$，则 C 错误；由图 4 - 11 所示，由牛顿第二定律得：$f=m_1a=m_1g\tan\theta$，则 D 正确。故选 BD。

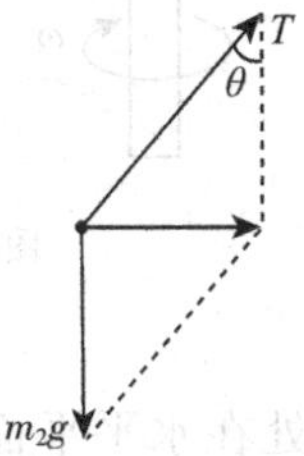

图 4 - 10

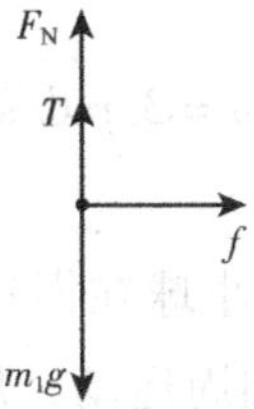

图 4 - 11

2. **斜面体上**

【例 2】 如图 4 - 12 所示，一细线的一端固定于倾角为 37°的光滑楔形滑块的顶端 P 处，细线的另一端拴一质量为 $m=5$ kg 的小球。sin 37° = 0.6，cos 37° = 0.8，取 $g=10$ m/s²。求：

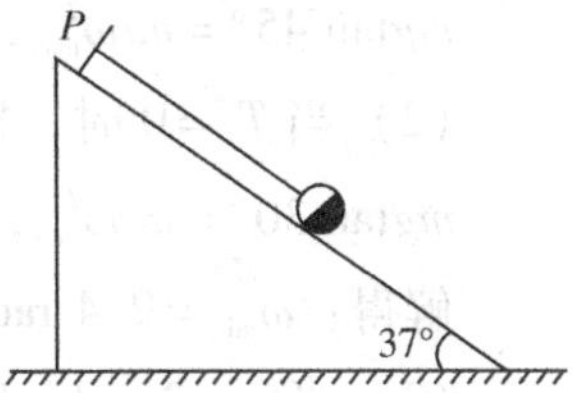

图 4 - 12

（1）当滑块静止时，小球对滑块的压力多大？

（2）当滑块以多大的加速度沿水平方向向左匀加速运动时，小球对滑块的压力恰好等于零？

【解析】（1）当滑块静止时，小球受到重力 mg、细线的拉力 T 和滑块的支持力 F_N 的作用，由平衡条件得：

$F_N=mg\cos 37°=5\times10\times0.8\ \text{N}=40\ \text{N}$。

根据牛顿第三定律得：小球对滑块的压力

$F'_N=F_N=40\ \text{N}$。

（2）当小球对滑块的压力恰好等于零时，小球只受重力 mg 和拉力 T 并随滑块一起沿水平方向向左匀加速运动，此时细线与竖直方向夹角 $\theta=53°$，根据“悬球模型”得小球和滑块共同的加速度为：

$a=g\tan\theta=g\tan 53°=10\times\frac{4}{3}\ \text{m/s}^2=\frac{40}{3}\ \text{m/s}^2$。

3. **圆周运动中**

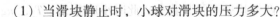

【例 3】 如图 4 - 13 所示，AC、BC 两绳长度不等，一质量为 $m=0.1$ kg

的小球被两绳拴住并在水平面内做匀速圆周运动。已知 AC 绳长 $l=2$ m，两绳都拉直时，两绳与竖直方向的夹角分别为 $30°$ 和 $45°$。（g 取 $10\ \text{m/s}^2$）

（1）小球的角速度等于多少时，AC 绳刚好伸直没有拉力；

（2）小球的角速度等于多少时，BC 绳刚好伸直没有拉力；

（3）当 $\omega=3$ rad/s 时，上下两绳拉力分别为多少？

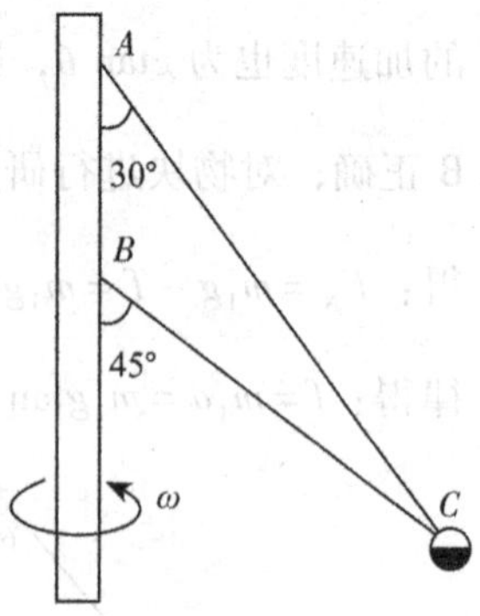

图 4－13

【解析】小球在绳拉力与重力作用下在水平平面内做匀速圆周运动，加速度方向总指向圆心，且处在水平平面内，所以满足“悬球模型”的特征。

（1）当 AC 绳伸直没有拉力时，即 $T_1=0$ 时，由重力和绳 BC 的拉力 T_2 的合力提供向心力，根据“悬球模型”，有：

$mg\tan 45°=mr\omega_{\max}^2$，其中：$r=l\cdot\sin 30°$，解得：$\omega_{\max}=3.16$ rad/s；

（2）当 $T_2=0$ 时，根据“悬球模型”，有：

$mg\tan 30°=mr\omega_{\min}^2$，

解得：$\omega_{\min}=2.4$ rad/s；

（3）当 $\omega=3$ rad/s 时，两绳均处于张紧状态，此时小球受 T_1，T_2，mg 三力作用，正交分解后可得：

在水平方向上，

$T_1\sin 30°+T_2\sin 45°=ml\sin 30°\omega^2$。

在竖直方向上，

$T_1\cos 30°+T_2\cos 45°=mg$。

代入数据后解得

$T_1=0.27$ N，$T_2=1.09$ N。

4. 临界值问题

【例 4】如图 4－14 所示，一个质量为 m 的小球 B，用两根等长的细绳 1、2 分别固定在车厢的 A、C 两点，已知当两绳拉直时，两绳与车厢前壁的夹角均为 $45°$。试求：

（1）当车以加速度 $a_1=\dfrac{1}{2}g$ 向左做匀加速直线运动时，1、2 两绳的拉力；

（2）当车以加速度 $a_2=2g$ 向左做匀加速直线运动时，1、2 两绳的拉力。

【解析】应用牛顿第二定律解决问题，当物体运动的加速度不同时，物体可能处于不同的受力状态。物体从一种状态到另一种状态的分界点称为临界状态，此时加速度叫临界加速度。在“悬球模型”中，临界加速度 $a = g\tan\theta$，如果小球“飘”得更高，即细绳与竖直方向夹角 θ 更大，则小球在水平面内的加速度得变大。

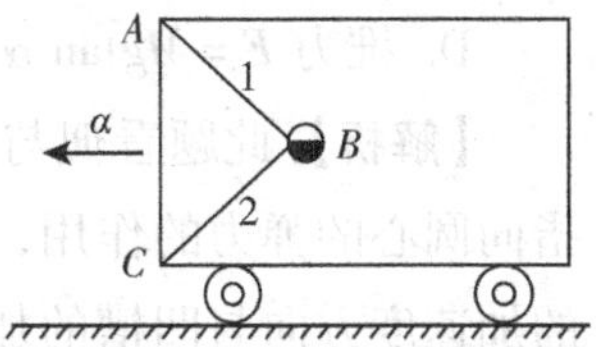

图 4－14

当细绳 2 刚好拉直而无张力时，车的加速度为向左的 a_0，由“悬球模型”，得 $a_0 = g\tan 45° = g$。

（1）因 $a_1 = g/2 < a_0$，故细绳 2 松弛，所以细绳 2 上拉力为零。设此时细绳 1 与厢壁间夹角为 α，设此时细绳 1 的拉力为 F_{11}，则有：

$F_{11}\cos\alpha = mg$，$F_{11}\sin\alpha = ma_1$，

联立得，$F_{11} = \frac{\sqrt{5}}{2}mg$；

（2）因 $a_2 = 2g > a_0$，故细绳 1、2 均紧绷。设拉力分别为 F_{12}，F_{22}，由牛顿第二定律得：

在竖直方向上，

$F_{12}\cos 45° = F_{22}\cos 45° + mg$。

在水平方向上，

$F_{12}\sin 45° + F_{22}\sin 45° = ma_2$。

联立解得，$F_{12} = \frac{3\sqrt{2}}{2}mg$，$F_{22} = \frac{\sqrt{2}}{2}mg$。

5. 拓展变形

【例 5】如图 4－15 所示，质量为 M 带有半球型光滑凹槽的装置放在光滑水平地面上，槽内有一质量为 m 的小铁球，现用一水平向右的推力 F 推动该装置，小铁球与凹槽相对静止时，凹槽球心和小铁球的连线与竖直方向成 α 角，则下列说法正确的是（　　）

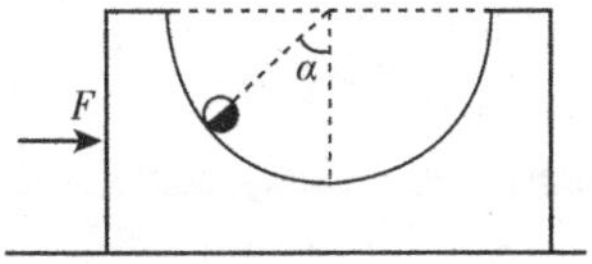

图 4－15

A. 小铁球受到的合外力方向水平向左

B. 凹槽对小铁球的支持力为 $\frac{mg}{\sin\alpha}$

C. 系统的加速度为 $a = g\tan\alpha$

D. 推力 $F=Mg\tan\alpha$

【解析】此题看似与“悬球模型”无关，仔细分析可知小球受到重力与指向圆心的弹力的作用，这个弹力与小球所受细绳拉力的作用相当。而小球的加速度方向与凹槽的加速度方向相同，都是水平向右，分别对小球和凹槽进行受力分析，可以运用“悬球模型”求解。小球的加速度方向水平向右，所以合外力方向水平向右，则 A 错误；对小球进行受力分析可知凹槽对小铁球的支持力 $F_N=\dfrac{mg}{\cos\alpha}$，则 B 错误；对小球进行研究，根据“悬球模型”可知加速度 $a=g\tan\alpha$，则 C 正确；对整体进行受力分析，又因为加速度 $a=g\tan\alpha$，根据牛顿第二定律得 $F=(M+m)a=(M+m)g\tan\alpha$，则 D 错误。故选 C。

（原载《中学物理教学参考》2018 年第 6 期）

第5章 圆周运动规律

5.1　圆周运动基本概念的理解

5.1.1　要点点精

1. 基本概念

圆周运动受力分析问题：①速度大小不变时为匀速圆周运动，其合外力提供向心力，始终指向圆心，只改变速度的方向；②速度大小变化时为非匀速圆周运动，沿切线方向（速度方向）的合外力改变速度的大小，产生切向加速度，沿半径方向（垂直速度方向）的合外力改变速度的方向，产生向心加速度。此时物体所受合外力并不指向圆心。

注意：向心力为“效果力”，由重力、弹力、摩擦力等其他力提供。

传动装置的特点：①同轴传动：固定在一起共轴转动的物体上各点角速度相同；②皮带传动：不打滑的皮带（或齿轮）传动的两轮边缘上相接触各点的线速度大小相等。

2. 基本公式

线速度：$v=\dfrac{l}{t}=\dfrac{2\pi r}{T}=2\pi rf=2\pi rn=r\omega$

角速度：$\omega=\dfrac{\theta}{t}=\dfrac{2\pi}{T}=2\pi f=2\pi n=\dfrac{v}{r}$

周期：$T=\dfrac{2\pi}{\omega}=\dfrac{2\pi r}{v}=\dfrac{1}{f}$

向心加速度：$a=\dfrac{v^2}{r}=r\omega^2=r\left(\dfrac{2\pi}{T}\right)^2=r(2\pi f)^2=r(2\pi n)^2=v\omega$

3. 重要物理模型

水平面内的圆周运动模型：

模型Ⅰ-圆台转动类	模型Ⅱ-火车拐弯类
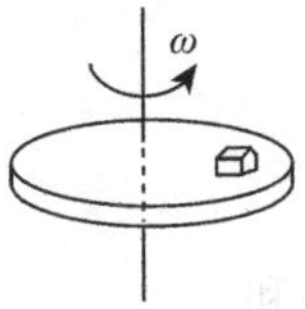 图 5-1	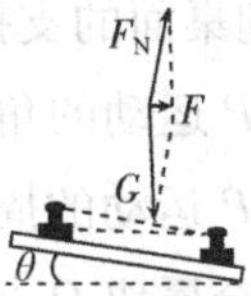 图 5-2
静摩擦力提供向心力	重力与支持力的合力提供向心力
圆台转动的最大角速度 $\omega_{max}=\sqrt{\frac{\mu g}{R}}$	临界：拐弯时不挤压内轨也不挤压外轨，$v=\sqrt{gR\tan\theta}$
当 $\omega\leqslant\omega_{max}$ 时，小物块与圆台保持相对静止	$v>\sqrt{gR\tan\theta}$，火车拐弯时，车轮挤压外轨
当 $\omega>\omega_{max}$ 时，小物块脱离圆台轨道	$v>\sqrt{gR\tan\theta}$，火车拐弯时，车轮挤压内轨

3. 离（近）心运动

当 $F=mr\omega^2$ 时，物体做匀速圆周运动；

当 $F=0$ 时，物体沿切线方向飞出；

当 $F<mr\omega^2$ 时，物体逐渐远离圆心运动；

当 $F>mr\omega^2$ 时，物体做逐渐靠近圆心的运动。

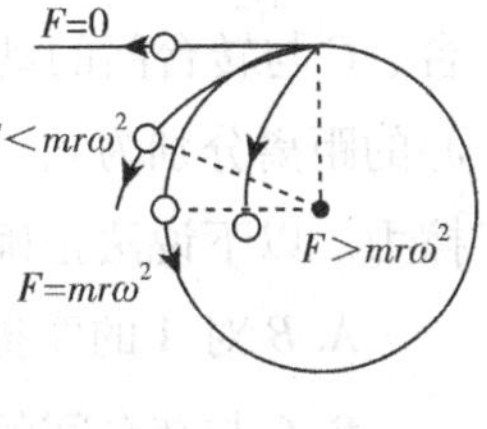

图 5-3

注意：物体做离心运动不是物体受到所谓离心力作用，而是物体惯性的表现。物体做离心运动时，并非沿半径方向飞出，而是运动半径越来越大，或沿切线方向飞出。

5.1.2 典型例题

【例 1】如图 5-4 所示，一根细线下端拴一个金属小球 P，细线的上端固定在金属块 Q 上，Q 放在带小孔的水平桌面上。小球在水平面内做匀速圆周运动（圆锥摆），现使小球到一个更高的水平面上做匀速圆周运动（图上未画出），两次金属块 Q 都在桌面上保持静止，则后一种情况与原来相比较，下面的判断中正确的是（　）

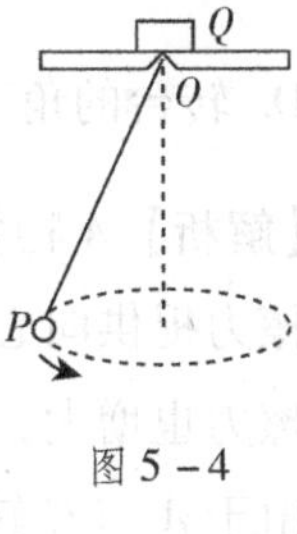

图 5-4

A. Q 受到桌面的静摩擦力变大

B. Q 受到桌面的支持力变大

C. 小球 P 运动的角速度变小

D. 小球 P 运动的周期变大

【解析】金属块 Q 在桌面上保持静止。对金属块和球进行研究，可知整体在竖直方向上没有加速度。根据平衡条件可知，桌面上 Q 的支持力等于两个物体的总重力，而总重力保持不变。假设细线与竖直方向的夹角为 θ，细线拉力为 F，细线长度为 L，做匀速圆周运动的 P 球的向心力由其重力和细线拉力的合力提供。如图5－5，

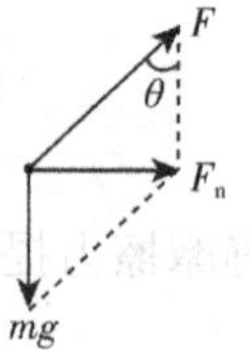

图 5－5

则有细线拉力 $F=\frac{mg}{\cos\theta}$，$mg\tan\theta=m\omega^2L\sin\theta$，联立得角速度 $\omega=\sqrt{\frac{g}{L\cos\theta}}$，周期 $T=\frac{2\pi}{\omega}=2\pi\sqrt{\frac{L\cos\theta}{g}}$，现使小球到一个更高的水平面上做匀速圆周运动时，$\theta$ 增大，$\cos\theta$ 减小，则细线拉力 F 增大，角速度增大，周期 T 减小。对 Q，由平衡条件，$f=F\sin\theta=mg\tan\theta$，可知 Q 受到桌面的静摩擦力变大，则 A 正确，BCD 错误。故选 A。

【例 2】如图 5－6 所示，叠放在水平转台上的小物体 A、B、C 能随转台一起以角速度 ω 匀速转动，A、B、C 的质量分别为 $3m$，$2m$，m，A 与 B、B 与转台、C 与转台间的动摩擦因数都为 μ，B、C 离转台中心的距离分别为 r，$1.5r$。设最大静摩擦力等于滑动摩擦力。以下说法正确的是（　　）

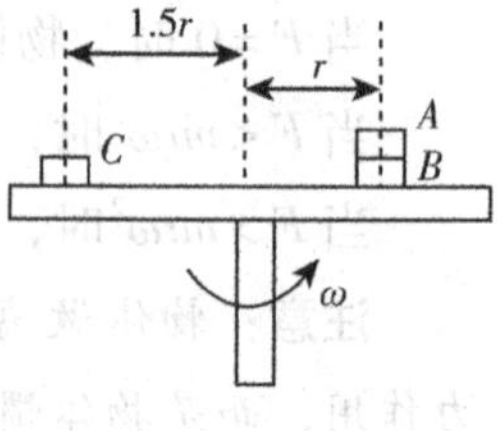

图 5－6

A. B 对 A 的摩擦力一定为 $3\mu mg$

B. C 与转台间的摩擦力大于 A 与 B 间的摩擦力

C. 转台的角速度一定满足 $\omega\leqslant\sqrt{\frac{2\mu g}{3r}}$

D. 转台的角速度一定满足 $\omega\leqslant\sqrt{\frac{\mu g}{3r}}$

【解析】A 物体受重力、支持力、静摩擦力三个力的作用，其中 B 对 A 的静摩擦力提供向心力，有 $f=3m\omega^2r$，由此可知，随着角速度的增大，B 对 A 的摩擦力也增大，只有当 A 要滑动时，B 对 A 的摩擦力才为 $3\mu mg$，则 A 错误；由于 A 与 C 转动的角速度相同，都是由摩擦力提供向心力，对 A 有 $f=3$

$m\omega^2 r$，对 C 有 $f_C = m\omega^2 1.5r$，由此可知 C 与转台间的摩擦力小于 A 与 B 间的摩擦力，则 B 错误；当 C 刚要滑动时的临界角速度满足 $\mu mg = m1.5r\omega_C^2$，解得 $\omega_C = \sqrt{\frac{2\mu g}{3r}}$。$A$、$B$ 整体刚要滑动时的临界角速度满足 $\mu(2m+3m)g = (2m+3m)r\omega_{AB}^2$，解得 $\omega_{AB} = \sqrt{\frac{\mu g}{r}}$，$A$ 刚要滑动时的临界角速度满足 $3\mu mg = 3mr\omega_A^2$，解得 $\omega_A = \sqrt{\frac{\mu g}{r}}$，由以上可知要想三个物体均不滑动，角速度应满足 $\omega \leqslant \sqrt{\frac{2\mu g}{3r}}$，则 C 正确，D 错误，所以正确选项为 C。

5.2 竖直面内圆周运动的轻绳、轻杆模型

5.2.1 要点点精

1. 竖直面内圆周运动模型

物体在竖直面内做的圆周运动是一种典型的变速曲线运动，该类运动一般设置临界问题，并伴有“最大”“最小”“刚好”等关键词，通常分析两种模型——轻绳模型和轻杆模型，分析比较如下：

	轻绳模型	轻杆模型
常见类型	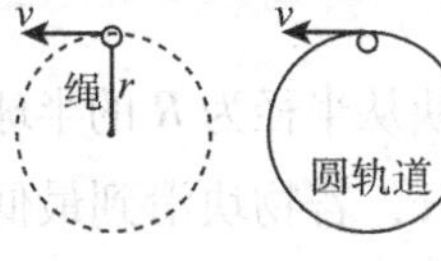 均是没有支撑的小球	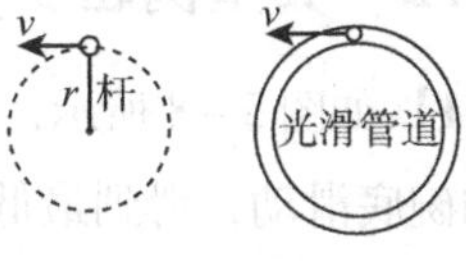 均是有支撑的小球
过最高点的临界条件	由 $mg = m\frac{v^2}{r}$ 得 $v_{临} = \sqrt{gr}$	由小球能运动可得 $v_{临} = 0$

	轻绳模型	轻杆模型
讨论分析	(1) 过最高点时，$v \geq \sqrt{gr}$，$F_N + mg = m\frac{v^2}{r}$，绳、轨道对球产生弹力 F_N； (2) 不能过最高点，$v < \sqrt{gr}$，在到达最高点前小球已经脱离了圆轨道	(1) 当 $v=0$ 时，$F_N = mg$，F_N 为支持力，沿半径背向圆心； (2) 当 $0 < v < \sqrt{gr}$ 时，$-F_N + mg = m\frac{v^2}{r}$，$F_N$ 背向圆心，随 v 的增大而减小； (3) 当 $v = \sqrt{gr}$ 时，$F_N = 0$； (4) 当 $v > \sqrt{gr}$ 时，$F_N + mg = m\frac{v^2}{r}$，$F_N$ 指向圆心，并随 v 的增大而增大
在最高点的 F_N 图线	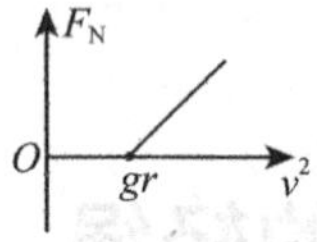 取竖直向下为正方向	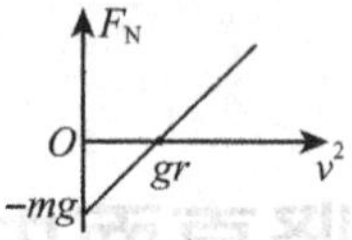 取竖直向下为正方向

2. 竖直面内圆周运动的脱轨问题

脱轨的条件：物体与轨道之间的作用力为零，如图 5－7 所示，小球 m 从圆轨道最高点由静止滑下，小球在何处脱离轨道？

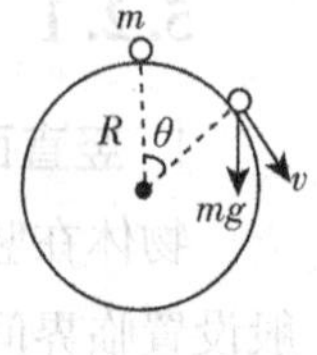

图 5－7

设夹角为 θ 时开始脱离轨道，则满足以下关系：

$$\begin{cases} mgR\ (1-\cos\theta) = \frac{1}{2}mv^2, \\ mg\cos\theta = m\frac{v^2}{R}, \end{cases}$$ 解得：$\cos\theta = \frac{2}{3}$。

5.2.2 典型例题

【例 1】 如图 5－8 所示，质量为 m 的物块从半径为 R 的半球形碗边向碗底滑动，滑到最低点时的速度为 v，若物块滑到最低点时受到的摩擦力为 f，则物块与碗的动摩擦因数为（　　）

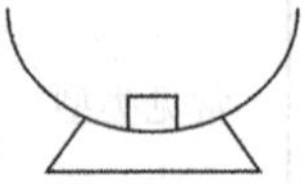
图 5－8

A. $\frac{f}{mg}$　　B. $\frac{f}{mg + m\frac{v^2}{R}}$　　C. $\frac{f}{mg - m\frac{v^2}{R}}$　　D. $\frac{f}{m\frac{v^2}{R}}$

【解析】 物块滑到最低点时受竖直方向上的重力、支持力和水平方向上的摩擦力三个力的作用，根据牛顿第二定律得 $F_N - mg = m\frac{v^2}{R}$，又 $f = \mu F_N$，联立解得 $\mu = \frac{f}{mg + m\frac{v^2}{R}}$，故选项 B 正确。

【例 2】 如图 5－9 所示是马戏团中上演的飞车节目，在竖直平面内有半径为 R 的圆轨道。表演者骑着摩托车在圆轨道内做圆周运动。已知人和摩托车的总质量为 m，人以 $v_1 = \sqrt{2gR}$ 的速度过轨道最高点 B，并以 $v_2 = \sqrt{3}v_1$ 的速度过最低点 A，求在 A、B 两点时摩托车对轨道的压力大小相差多少？

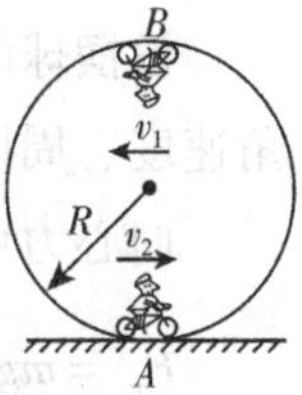

图 5－9

【解析】 在 B 点，$F_B + mg = m\frac{v_1^2}{R}$，解得 $F_B = mg$，根据牛顿第三定律，摩托车对轨道的压力大小 $F'_B = F_B = mg$。

在 A 点，$F_A - mg = m\frac{v_2^2}{R}$，解得 $F_A = 7mg$，根据牛顿第三定律，摩托车对轨道的压力大小 $F'_A = F_A = 7mg$，

所以在 A、B 两点摩托车对轨道的压力大小相差 $F'_A - F'_B = 6mg$。

5.3 本章解题方略

全析圆锥摆

一、圆锥摆的构建

1. 结构特点

如图 5－10 所示，一根质量和伸长均不计的细线，下端系一个可视为质点的摆球，在水平面内做匀速圆周运动。

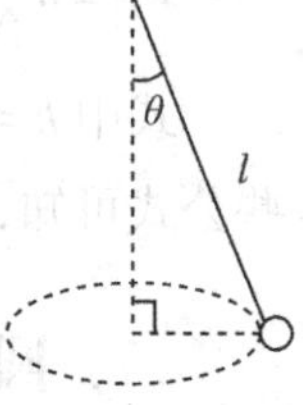

图 5－10

2. 受力特点

只受两个力，沿摆线方向上的拉力 F 和竖直方向上的重力 mg 的作用，这两个力的合力提供摆球运动所需要的向心力 F_n。

（1）向心力和向心加速度的计算：

设摆球的质量为 m，摆线长为 l，与竖直方向的夹角为 θ，摆球的线速度、角速度、周期和频率依次为 v，ω，T 和 f，如图 5-10，$r=l\sin\theta$。

向心力可表示为：

$$F_n=mg\tan\theta\text{（静力学）}=ma_n\text{（动力学）}=m\frac{v^2}{l\sin\theta}=m\omega^2 l\sin\theta$$

$$=m\left(\frac{2\pi}{T}\right)^2 l\sin\theta=m(2\pi f)^2 l\sin\theta=m(2\pi n)^2 l\sin\theta。$$

向心加速度可表示为：

$$a_n=g\tan\theta\text{（静力学）}=\frac{F_n}{m}\text{（动力学）}=\frac{v^2}{l\sin\theta}=\omega^2 l\sin\theta=\left(\frac{2\pi}{T}\right)^2 l\sin\theta$$

$$=(2\pi f)^2 l\sin\theta=(2\pi n)^2 l\sin\theta。$$

（2）摆线拉力的计算：

摆线的拉力，有两种基本思路：

① 当 θ 角已知时：$F=mg/\cos\theta$。

② 当 θ 角未知时：

$$F_n=m\omega^2 l\sin\theta=m\left(\frac{2\pi}{T}\right)^2 l\sin\theta=m(2\pi f)^2 l\sin\theta=m(2\pi n)^2 l\sin\theta,$$

$$F=\frac{F_n}{\sin\theta}=m\omega^2 l=m\left(\frac{2\pi}{T}\right)^2 l=m(2\pi f)^2 l=m(2\pi n)^2 l。$$

（3）周期、频率和角速度的计算：

根据向心加速度公式，有：

$a_n=g\tan\theta$（静力学）$=\omega^2 l\sin\theta$（动力学）。

$$T=2\pi\sqrt{\frac{l\cos\theta}{g}}=2\pi\sqrt{\frac{h}{g}},\ f=\frac{1}{2\pi}\sqrt{\frac{g}{l\cos\theta}}=\frac{1}{2\pi}\sqrt{\frac{g}{h}},\ \omega=\sqrt{\frac{g}{l\cos\theta}}=\sqrt{\frac{g}{h}}。$$

式中 $h=l\cos\theta$ 为摆球的轨道平面到悬点的距离，即圆锥摆的高度。由这些公式可知，高度相同的圆锥摆的 T，f 和 ω 相等，与 m，l 和 θ 无关。

二、圆锥摆的应用

【例1】（多选）如图 5-11 所示，将一质量为 m 的摆球用长为 L 的细绳吊起，上端固定，使摆球在水平面内做匀速圆周运动，细绳就会沿圆锥面旋转，这样就构成了一个圆锥摆。已知重力加速度为 g，细绳与竖直方向的夹角为 θ。下列说法中正确的是（　　）

A. 摆球受重力、拉力和向心力的作用

B. 摆球的线速度大小为$\sqrt{\dfrac{gL}{\cos\theta}}$

C. 摆球的周期为$2\pi\sqrt{\dfrac{L\cos\theta}{g}}$

D. 摆线上的拉力大小为$\dfrac{mg}{\cos\theta}$

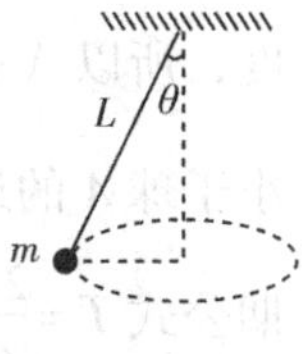

图 5－11

【解析】摆球只受重力和拉力作用，向心力是效果力，在这里是重力与拉力的合力，或者说是重力的水平分力，则 A 错误；摆球的周期是做圆周运动的周期，摆球做圆周运动所需要的向心力是由重力沿水平方向指向圆心的分力提供的。即 $F_n=mg\tan\theta=m\dfrac{v^2}{L\sin\theta}=m\dfrac{4\pi^2}{T^2}(L\sin\theta)$，所以 $v=\sqrt{gL\tan\theta\sin\theta}$，周期 $T=2\pi\sqrt{\dfrac{L\cos\theta}{g}}$，则 B 错误，C 正确。由图 5－12 可知，摆线上的拉力大小为 $F=\dfrac{mg}{\cos\theta}$，则 D 正确。故选 CD。

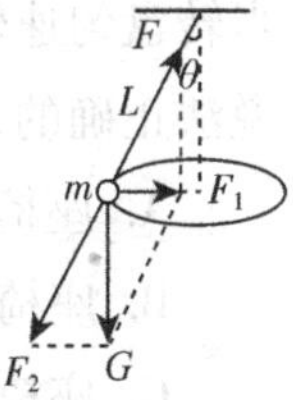

图 5－12

【例 2】（多选）一个内壁光滑的圆锥形筒的轴线垂直于水平面，圆锥筒固定不动，两个质量相等的小球 A 和 B 沿着筒的内壁在水平面内做匀速圆周运动，如图 5－13 所示，则（　　）

A. 球 A 的角速度等于球 B 的角速度

B. 球 A 的线速度大于球 B 的线速度

C. 球 A 的运动周期小于球 B 的运动周期

D. 球 A 与球 B 对筒壁的压力相等

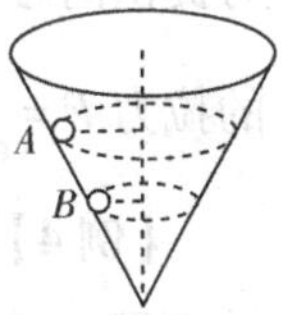

图 5－13

【解析】物体受力如图 5－14 所示，将 F_N 沿水平和竖直方向分解得：$F_N\cos\theta=ma$，$F_N\sin\theta=mg$，两球质量相等，则两球对筒壁的压力大小相等。A 和 B 贴着内壁在水平面内做匀速圆周运动。根据力的合成可知，由于 A 和 B 的质量相同，小球 A 和 B 在两处所受的合力相等，即它们做圆周运动时的向心力是相等的。由公式 $F=m\omega^2r$，由于 A 球的运动半径大于 B 球的运动半径，F 和 m 相同，所以 A 球的角速度小于 B 球的角速

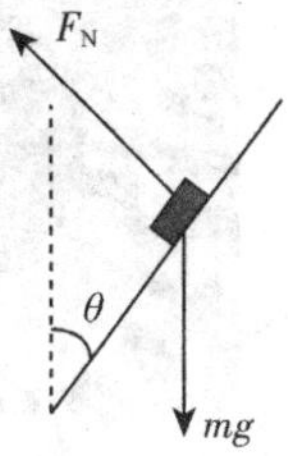

图 5－14

度，所以 A 是错误的。由向心力的计算公式 $F=m\frac{v^2}{r}$，由于 B 球的运动半径小于球 A 的运动半径，F 和 m 相同，所以球 A 的线速度大，则 B 正确；由周期公式 $T=\frac{2\pi}{\omega}$，所以球 B 的运动周期小于球 A 的运动周期，则 C 错误。球 A、球 B 对筒壁的压力相等，所以 D 正确。故选 D。

【例 3】（单选）如图 5－15 所示是一种叫“飞椅”的游乐项目，长为 L 的钢绳一端系着座椅，另一端固定在水平转盘边缘，转盘可绕穿过其中心的竖直轴转动。当转盘匀速转动时，钢绳与竖直方向的夹角为 θ。下列说法正确的是（　）

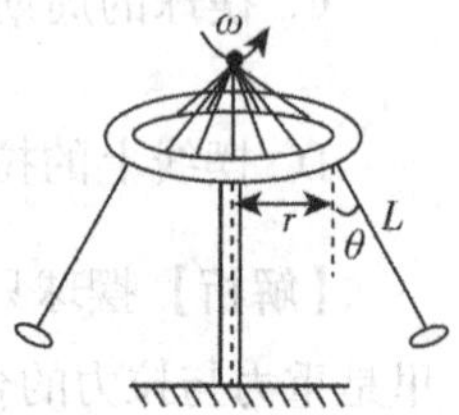

图 5－15

A. 座椅在竖直平面内做圆周运动

B. 座椅做圆周运动的半径为 $L\sin\theta$

C. 座椅受到重力、钢绳拉力和向心力三个力作用

D. 座椅受到的钢绳拉力一定大于重力

【解析】当转盘匀速转动时，座椅在水平面内做圆周运动，则 A 错误；设转盘的半径为 r，根据几何关系知，座椅做匀速圆周运动的半径 $R=r+L\sin\theta$，则 B 错误；座椅受到重力、钢绳拉力作用做匀速圆周运动，由拉力和重力的合力提供向心力，向心力是效果力，则 C 错误；根据平行四边形定则可知，钢绳的拉力 $F=\frac{mg}{\cos\theta}$，可知拉力大于座椅的重力，则 D 正确。故选 D。

【例 4】如图 5－16 所示为游乐场的悬空旋转椅，可抽象为如图 5－17 所示模型，已知绳长 $L=5$ m，水平横梁 $L'=3$ m，小孩质量 $m=40$ kg，整个装置可绕竖直轴转动，绳与竖直方向夹角 $\theta=37°$，小孩可视为质点，g 取 10 m/s^2，已知 $\sin 37°=0.6$，$\cos 37°=0.8$，求：

图 5－16

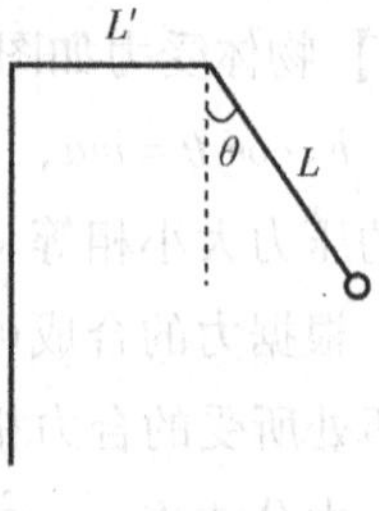

图 5－17

（1）绳子的拉力为多大？

（2）该装置转动的角速度为多大？

（3）增大转速后，绳子与竖直方向的夹角变为53°，求此时装置转动的角速度。

【解析】（1）小孩受力情况如图5－18所示，由于竖直方向上受力平衡，有 $F\cos\theta=mg$，代入数据得 $F=500\ \text{N}$；

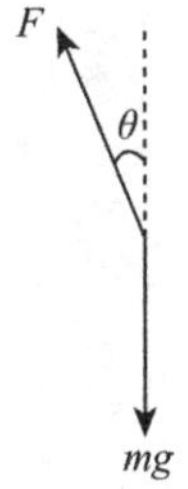

图5－18

（2）小孩做圆周运动的半径 $r=L'+L\sin 37°=6\ \text{m}$，由 $F\sin\theta=mr\omega^2$，代入数据解得 $\omega=\frac{\sqrt{5}}{2}\ \text{rad/s}$；

（3）此时半径为 $r'=L'+L\sin 53°=7\ \text{m}$，由 $mg\tan 53°=mr'\omega'^2$，解得 $\omega'=\sqrt{\frac{40}{21}}\ \text{rad/s}$。

第6章 万有引力定律

6.1 万有引力基本规律

6.1.1 要点点精

1. **万有引力定律**：$F=G\dfrac{m_1m_2}{r^2}$

适用条件：万有引力公式适用于质点间的相互作用，当两物体间的距离远大于物体本身的大小时，物体即可视为质点。两个可视为质点的质量分布均匀的球体也适用，此时 r 为两球心间的距离，不是球体的半径。

2. **解决天体圆周运动问题的两条思路**

（1）在地面附近，万有引力近似等于物体的重力。

黄金代换式：$G\dfrac{Mm}{R^2}=mg$，即 $\boxed{GM=R^2g}$

（2）通用方程式：把天体的运动近似看成匀速圆周运动，其所需向心力等于万有引力。

$$F_{向}=F_{万}=G\frac{Mm}{r^2}=\begin{cases}m\dfrac{v^2}{r}\Rightarrow v=\sqrt{\dfrac{GM}{r}}\Rightarrow v\propto\dfrac{1}{\sqrt{r}}\\[2ex] m\omega^2r\Rightarrow\omega=\sqrt{\dfrac{GM}{r^3}}\Rightarrow\omega\propto\dfrac{1}{\sqrt{r^3}}\\[2ex] m\dfrac{4\pi^2}{T^2}r\Rightarrow T=\sqrt{\dfrac{4\pi^2r^3}{GM}}\Rightarrow T\propto\sqrt{r^3}\\[2ex] ma\Rightarrow a=\dfrac{GM}{r^2}\Rightarrow a\propto\dfrac{1}{r^2}\end{cases}$$

$(r=R+h)$

3. **求中心天体的质量**

$$M=\frac{4\pi^2r^3}{GT^2}$$

4. **求中心天体的密度**

$$\rho=\frac{3\pi r^3}{GT^2R^3}\left(当\ r=R\ 时，则有\ \rho=\frac{3\pi}{GT^2}\right)$$

5. **三大宇宙速度**

第一宇宙速度：$v_1=\sqrt{\frac{GM}{R}}=\sqrt{gR}=7.9\ \text{km/s}$，是最大运行速度，最小发射速度，又叫“环绕速度”，也是近地卫星的运行速度；

第二宇宙速度（脱离速度）：$v_2=11.2\ \text{km/s}$，是使物体挣脱地球引力束缚的最小发射速度；

第三宇宙速度（逃逸速度）：$v_3=16.7\ \text{km/s}$，是使物体挣脱太阳束缚的最小发射速度。

6. **开普勒三大定律（开普勒发现了行星运动的规律，不是伽利略发现的）：**

开普勒第一定律——轨道定律（略），开普勒第二定律——面积定律（略），开普勒第三定律——周期定律：$\frac{a^3}{T^2}=k$（k 取决于中心天体的质量）。

7. **同步卫星**

轨道平面（赤道面）、周期（24 h = 86400 s）、高度（36000 km）、线速度（3.1 km/s）是一定的。

注意：赤道上的物体、近地卫星、同步卫星三者的区别。赤道上的物体与同步卫星的角速度和周期相同，与近地卫星的半径相同。

8. **物理学史**

（1）对万有引力定律作出贡献的科学家有：开普勒、牛顿、卡文迪许、第谷。

（2）卡文迪许通过扭秤实验测出万有引力常量 G，该实验用到了微小放大法。

注意：牛顿并没有测出万有引力常量 G，库仑发现了库仑定律并亲自测出了静电力常量 k。

天体问题口诀：

万有引力向心力，黄金代换要记住	
飞得越高就越慢，同步卫星六一定	
中心天体求质量，4π 平方 r 立方之比 GT 平方	$M=\frac{4\pi^2r^3}{GT^2}$
中心天体求密度，$3\pi r$ 立方之比 GT 平方 R 立方	$\rho=\frac{3\pi r^3}{GT^2R^3}$

口诀解释：①万有引力提供向心力使卫星绕中心天体做匀速圆周运动；

天体附近有：$G\frac{Mm}{R^2}=mg$，即 $GM=gR^2$，该公式的使用不需要额外条件。②卫星绕天体做匀速圆周运动时，离天体表面越高，它的向心加速度、线速度、角速度越小，而周期越长；对于同步卫星来说，它的高度、向心加速度、线速度、角速度、周期、轨道平面都是一定的。③求中心天体的质量，用公式：$M=\frac{4\pi^2r^3}{GT^2}$。④求中心天体的密度，用公式：$\rho=\frac{3\pi r^3}{GT^2R^3}$。

6.1.2　典型例题

【例1】（多选）下列说法正确的是（　　）

A. 万有引力定律 $F=G\frac{m_1m_2}{r^2}$ 适用于两质点间的作用力计算

B. 据 $F=G\frac{m_1m_2}{r^2}$，当 $r\to0$ 时，物体 m_1、m_2 间引力 F 趋于无穷大

C. 把质量为 m 的小球放在质量为 M、半径为 R 的大球球心处，则大球与小球间的万有引力 $F=G\frac{Mm}{R^2}$

D. 两个质量分布均匀的分离球体间的相互作用力也可用 $F=G\frac{m_1m_2}{r^2}$ 计算，r 是两球体球心间的距离

【解析】万有引力定律适用于两个可视为质点的物体之间的相互作用力。当两个球的质量均匀分布时，可以认为球的质量分布在球的中心，从而使用万有引力公式计算出万有引力，所以 AD 对。当 $r\to0$ 时，两个物体将不能视为质点，万有引力定律不再适用，BC 错，故答案为 AD。

【例2】有一质量为 M、半径为 R 的均匀球体，在距离球心 O 为 $2R$ 的地方有一质量为 m 的质点。现从 M 中挖去半径为 $\frac{1}{2}R$ 的球体，如图 6－1 所示，则剩余部分对 m 的万有引力 F 为（　　）

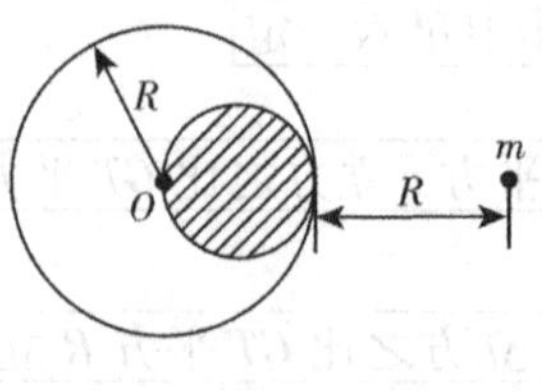

图 6－1

A. $\dfrac{7GMm}{36R^2}$ B. $\dfrac{7GMm}{8R^2}$ C. $\dfrac{GMm}{18R^2}$ D. $\dfrac{7GMm}{32R^2}$

【解析】质量为 M 的球体对质点 m 的万有引力 $F_1 = G\dfrac{Mm}{(2R)^2} = G\dfrac{Mm}{4R^2}$，

挖去的球体的质量 $M' = \dfrac{\frac{4}{3}\pi\left(\frac{R}{2}\right)^3}{\frac{4}{3}\pi R^3}M = \dfrac{M}{8}$，

质量为 M' 的球体对质点 m 的万有引力 $F_2 = G\dfrac{M'm}{\left(R+\frac{R}{2}\right)^2} = G\dfrac{Mm}{18R^2}$，

则剩余部分对质点 m 的万有引力 $F = F_1 - F_2 = G\dfrac{Mm}{4R^2} - G\dfrac{Mm}{18R^2} = \dfrac{7GMm}{36R^2}$。

故选项 A 正确。

6.2 天体问题的几种类型

6.2.1 要点点精

1. “赤道上的物体”“同步卫星”和“近地卫星”的比较

(1) 同步卫星和近地卫星

相同点：都是由万有引力提供向心力，即都满足

$\dfrac{GMm}{r^2} = m\dfrac{v^2}{r} = m\omega^2 r = m\dfrac{4\pi^2}{T^2}r = ma_n$。

由上式比较各运动量的大小关系，即 r 越大，v，ω，a_n越小，T 越大。

(2) 同步卫星和赤道上的物体

相同点：周期和角速度相同；不同点：向心力来源不同。

对于同步卫星，有$\dfrac{GMm}{r^2} = ma_n = m\omega^2 r$，

对于赤道上的物体，有$\dfrac{GMm}{r^2} = mg + m\omega^2 r$，

因此要根据 $v=\omega r$，$a_n=\omega^2 r$ 比较两者的线速度和向心加速度的大小。

2. 天体追及问题

一是根据 $G\dfrac{Mm}{r^2}=mr\omega^2$ 判断出角速度大小，然后根据追上或相距最近时，两行星运行角度之差等于 2π 的整数倍；相距最远时，两行星运行的角度之差等于 π 的奇数倍。即：

相距最近时有：$(\omega_{大}-\omega_{小})\ t=2\pi\cdot n$，

相距最远时有：$(\omega_{大}-\omega_{小})\ t=\pi\cdot(2n+1)$（其中，$n=1,\ 2,\ 3,\ \cdots$）。

3. 天体的变轨问题

速度关系：低轨道变向高轨道为离心运动，要加速，即在轨道 1 的 A 点运行速度小于在轨道 2 的 A 点运动速度。反之，为向心运动。

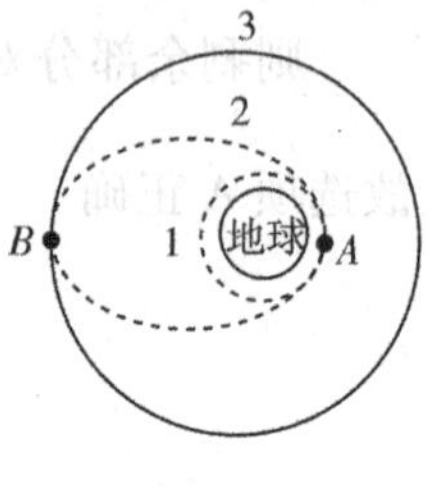

图 6－2

周期大小关系：由 $\dfrac{a^3}{T^2}=k$ 得：$T_1<T_2<T_3$。

加速度大小关系：在轨道 1 与轨道 2 相切的 A 点：$a_1=a_2=\dfrac{GM}{r^2}$。

机械能大小关系：同一轨道上机械能守恒；轨道越高，机械能越大。

4. 双星问题

要注意两点：①周期（或角速度）相等；②两卫星运动的半径不等于两卫星之间的距离。

由 $m_1r_1\omega^2=m_2r_2\omega^2$，$r_1+r_2=L$，得：$r_1=\dfrac{m_2}{m_1+m_2}L$，$r_2=\dfrac{m_1}{m_1+m_2}L$。

5. 万有引力定律与抛体运动的结合问题

解决问题的办法是通过抛体运动求出天体表面的重力加速度，再根据万有引力定律求周期 T、角速度 ω、天体质量或密度，也可以先根据万有引力定律求重力加速度，再分析抛体运动。

6.2.2 典型例题

【例 1】 在太阳系中有一颗行星的半径为 R，若在该星球表面以初速度 v_0 竖直上抛一物体，则该物体上升的最大高度为 H。已知该物体所受的其他力与行星对它的万有引力相比可忽略不计，万有引力常量 G 未知。根据这些条件，可以求出的物理量是（　　）

A. 该行星的密度

B. 该行星的自转周期

C. 该星球的第一宇宙速度

D. 该行星附近运行的卫星的最小周期

【解析】由竖直上抛运动得：$g=\frac{v_0^2}{2H}$，$G\frac{Mm}{R^2}=mg$，$M=\frac{gR^2}{G}$，$\rho=\frac{M}{\frac{4}{3}\pi R^3}=\frac{3v_0^2}{8\pi GRH}$，因为万有引力常量 G 未知，则 A 错。根据已知条件不能分析行星自转情况，则 B 错。根据 $G\frac{Mm}{R^2}=mg=m\frac{v^2}{R}$，得：$v=\sqrt{gR}=\sqrt{\frac{v_0^2R}{2H}}=v_0\sqrt{\frac{R}{2H}}$，则 C 正确。由 $G\frac{Mm}{R^2}=m\left(\frac{2\pi}{T}\right)^2R=mg$，得：$T=2\pi\sqrt{\frac{R}{g}}$，即：$T=2\pi\sqrt{\frac{R\cdot 2H}{v_0^2}}=\frac{2\pi}{v_0}\sqrt{2RH}$，D 选项对。故选 CD。

【例 2】如图 6－3 所示，两颗星球组成的双星，在相互之间的万有引力作用下，绕连线上的 O 点做周期相同的匀速圆周运动。现测得两颗星球之间的距离为 L，质量之比为 $m_1:m_2=3:2$，下列说法中正确的是（　　）

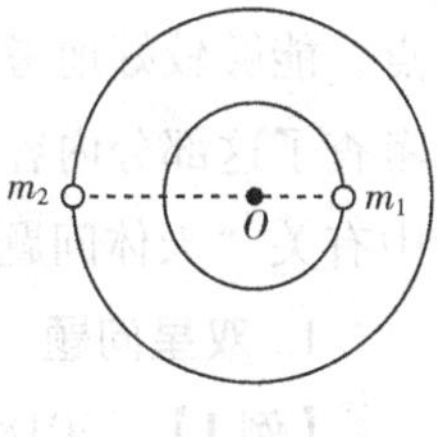

图 6－3

A. m_1 与 m_2 做圆周运动的线速度之比为 3∶2

B. m_1 与 m_2 做圆周运动的角速度之比为 3∶2

C. m_1 做圆周运动的半径为 $\frac{2}{5}L$

D. m_2 做圆周运动的半径为 $\frac{2}{5}L$

【解析】设双星 m_1、m_2 距转动中心 O 的距离分别为 r_1、r_2，双星绕 O 点转动的角速度为 ω，据万有引力定律和牛顿第二定律得

$G\frac{m_1m_2}{L^2}=m_1r_1\omega^2=m_2r_2\omega^2$，又 $r_1+r_2=L$，$m_1:m_2=3:2$，

所以可解得：$r_1=\frac{2}{5}L$，$r_2=\frac{3}{5}L$。

m_1、m_2 圆周运动的线速度分别为：$v_1=r_1\omega$，$v_2=r_2\omega$，

故 $v_1:v_2=r_1:r_2=2:3$，综上所述，选项 C 正确。

6.3 本章解题方略

2018年高考试题“天体问题”归类赏析

天体运动涉及的知识点较多，包括匀速圆周运动的规律、牛顿运动定律、万有引力定律等，需要学生在已有的“运动与相互作用观念”和“能量观念”的基础上，将所学的经典力学的运动规律与现代科技前沿联系起来，并熟练运用万有引力定律和圆周运动规律建立起航天器发射和运动的模型。天体运动侧重发展学生的建模、推理能力、探究与交流能力，是近年的高考热点，能够较好地考查学生的物理核心素养，2018年全国高考7套物理试题都考查了这部分内容，大多以选择题形式考查，现对2018年全国高考物理试题中有关“天体问题”进行归类赏析，以期对2019年高考备考有所裨益。

1. 双星问题

【例1】（2018年全国Ⅰ卷）：2017年，人类第一次直接探测到来自双中子星合并的引力波。根据科学家们复原的过程，在两颗中子星合并前约100 s时，它们相距约400 km，绕二者连线上的某点每秒转动12圈，将两颗中子星都看作质量均匀分布的球体，由这些数据和万有引力常量并利用牛顿力学知识，可以估算出这一时刻两颗中子星（　　）

A. 质量之积　　B. 质量之和

C. 速率之和　　D. 各自的自转角速度

【解析】双中子星做匀速圆周运动的频率$f=12$ Hz，由万有引力等于向心力可得，$G\frac{m_1m_2}{L^2}=m_1L_1(2\pi f)^2$，$G\frac{m_1m_2}{L^2}=m_2L_2(2\pi f)^2$，$L_1+L_2=L=400$ km，联立解得质量之和：$m_1+m_2=(2\pi f)^2L^3/G$，选项B正确，A错误；由$v_1=\omega L_1=2\pi fL_1$，$v_2=\omega L_2=2\pi fL_2$，联立解得：$v_1+v_2=2\pi fL$，选项C正确；根据已知条件不能得出各自的自转角速度，选项D错误。

点评：双星问题解决的关键是掌握双星系统的特点：周期相等、向心力大小相等，然后结合牛顿第二定律求解。解答此题的常见错误是把题述的自转角速度与公转角速度混淆后而误选 D 选项。

2. **估算中心天体密度**

【例 2】（2018 年全国Ⅱ卷）：2018 年 2 月，我国 500 m 口径射电望远镜（天眼）发现毫秒脉冲星“J0318 +0253”，其自转周期 $T=5.19$ ms，假设星体为质量均匀分布的球体，已知万有引力常量为 $6.67\times10^{-11}\ \text{N}\cdot\text{m}^2/\text{kg}^2$。以周期 T 稳定自转的星体的密度最小值约为（　　）

A. $5\times10^{9}\ \text{kg/m}^3$　　B. $5\times10^{12}\ \text{kg/m}^3$

C. $5\times10^{15}\ \text{kg/m}^3$　　D. $5\times10^{18}\ \text{kg/m}^3$

【解析】根据卫星绕中心天体做匀速圆周运动的周期 T 和轨道半径 r，可求出中心天体的密度。$G\dfrac{Mm}{r^2}=mr\dfrac{4\pi^2}{T^2}$，得 $M=\dfrac{4\pi^2r^3}{GT^2}$（式中 M 表示中心天体的质量），所以中心天体的密度为：$\rho=\dfrac{M}{V}=\dfrac{M}{\dfrac{4}{3}\pi R^3}=\dfrac{3\pi r^3}{GT^2R^3}$（式中 R 为中心天体的半径）。

星体要稳定自转，当其密度为最小值时，在“赤道”处物体恰好只受万有引力，万有引力提供向心力并且此时轨道半径 r 恰好等于中心天体的半径 R，则脉冲星最小密度为 $\rho=\dfrac{3\pi}{GT^2}$，代入可得：$\rho\approx5\times10^{15}\ \text{kg/m}^3$，故 C 正确。

点评：星体以周期 T 稳定自转时密度最小的条件是赤道表面上的物体受到的支持力刚好为零，万有引力恰好提供向心力，且此时轨道半径与球体的半径相等。

3. **估算天体比值问题**

【例 3】（2018 年全国Ⅲ卷）为了探测引力波，“天琴计划”计划发射地球卫星 P，其轨道半径约为地球半径的 16 倍，另一地球卫星 Q 的轨道半径约为地球半径的 4 倍。P 与 Q 的周期之比约为

A. 2∶1　　B. 4∶1

C. 8∶1　　D. 16∶1

【解析】此题中卫星 P 和卫星 Q 都绕中心天体地球做匀速圆周运动，根据开普勒第三定律可迅速求解。设地球半径为 R，根据题述，地球卫星 P 的轨道半径为 $r_P=16R$，地球卫星 Q 的轨道半径为 $r_Q=4R$，根据开普勒定律 $\dfrac{r^3}{T^2}=k$，即：$\dfrac{T_P^2}{T_Q^2}=\dfrac{r_P^3}{r_Q^3}=64$，所以 P 与 Q 的周期之比为 $T_P:T_Q=8:1$，故选项 C

正确。

点评： 此题难度不大，可以先由万有引力定律提供向心力求出半径与周期之间的关系，然后再进行分析判断，但采用开普勒第三定律能够迅速解决问题。

4. 估算天体间的距离

【例 4】（2018 年天津卷）2018 年 2 月 2 日，我国成功将电磁监测试验卫星“张衡一号”发射升空，这标志着我国成为世界上少数拥有在轨运行高精度地球物理场探测卫星的国家之一。通过观测可以得到卫星绕地球运行的周期，并已知地球的半径和地球表面处的重力加速度。若将卫星绕地球的运动看作匀速圆周运动，且不考虑地球自转的影响，根据以上数据可以计算出卫星的

A. 密度　　　　B. 向心力的大小

C. 离地高度　　　　D. 线速度的大小

【解析】 根据题意，已知卫星运动的周期 T，地球的半径 R，地球表面的重力加速度 g，地球表面上物体的重力近似等于万有引力，则有 $mg = G\dfrac{Mm}{R^2}$，即$GM = gR^2$。又因为卫星受到的万有引力充当向心力，故有 $G\dfrac{Mm}{r^2} = mr\dfrac{4\pi^2}{T^2}$，卫星的质量被抵消，则不能计算卫星的密度，也不能计算卫星的向心力大小，则 A 与 B 错误。根据前面的公式可解得 $r = \sqrt[3]{\dfrac{gR^2T^2}{4\pi^2}}$，而 $r = R + h$，故可计算卫星距离地球表面的高度 h，则 C 正确；根据公式 $v = \dfrac{2\pi r}{T}$，轨道半径可以求出，而周期已知，故可以计算出卫星绕地球运行的线速度，则 D 正确。

点评： 解决本题的关键是掌握万有引力定律的两个重要理论：万有引力等于重力（黄金代换 $GM = gR^2$），万有引力提供向心力，然后结合牛顿第二定律，并能灵活运用。

5. 万有引力定律的概念

【例 5】（2018 年北京卷）若想检验“使月球绕地球运行的力”与“使苹果落地的力”遵循同样的规律，在已知月地距离约为地球半径 60 倍的情况下，需要验证

A. 地球吸引月球的力约为地球吸引苹果的力的 $1/60^2$

B. 月球公转的加速度约为苹果落向地面加速度的 $1/60^2$

C. 自由落体在月球表面的加速度约为地球表面的 1/6

D. 苹果在月球表面受到的引力约为地球表面的 1/60

【解析】设苹果的质量为 m，月球的质量为 $m_月$，地球的质量为 M，地球半径为 R，则月球公转的轨道半径 $r=60R$，月球轨道处的加速度为 a，地球表面处的加速度为 g，则由牛顿第二定律，地球与月球间的作用力：$G\frac{Mm_月}{(60R)^2}=m_月a$，地球与苹果间的作用力：$G\frac{Mm}{R^2}=mg$，可解得：$\frac{a}{g}=\frac{1}{60^2}$，故 B 正确，ACD 错误。

点评：本题考查万有引力相关知识，掌握万有引力公式，知道引力与距离的二次方成反比即可求解，同时考查了学生对万有引力定律这一基本规律的理解。

6. 卫星做匀速圆周运动各参量随半径变化的规律

【例 6】（2018 年江苏卷）我国高分系列卫星的高分辨对地勘察能力不断提高。今年 5 月 9 日发射的“高分五号”轨道高度约为 705 km，之前已运行的“高分四号”轨道高度约为 36000 km，它们都绕地球做圆周运动。与“高分四号”相比，下列物理量中“高分五号”较小的是（　　）

A. 周期　　　　B. 角速度

C. 线速度　　　　D. 向心加速度

【解析】设地球质量为 M，人造卫星质量为 m，人造卫星做匀速圆周运动时，根据万有引力提供向心力有 $G\frac{Mm}{r^2}=m\frac{v^2}{r}=mr\omega^2=mr\left(\frac{2\pi}{T}\right)^2=ma$，得 $v=\sqrt{\frac{GM}{r}}$，$\omega=\sqrt{\frac{GM}{r^3}}$，$T=\sqrt{\frac{4\pi^2r^3}{GM}}$，$a=\frac{GM}{r^2}$，因为“高分五号”的轨道半径比“高分四号”的轨道半径小，则高分五号的周期小，线速度、角速度和向心加速大，故选项 A 正确，BCD 错误。

点评：本题考查人造卫星运动的基本特点，意在考查考生应用数学知识解决问题及逻辑推理的能力。根据人造卫星运行特点，利用万有引力提供向心力，即 $G\frac{Mm}{r^2}=m\frac{v^2}{r}=mr\omega^2=mr\left(\frac{2\pi}{T}\right)^2=ma$，由此可得线速度 v 与轨道半径的平方根成反比，角速度 ω 与轨道半径立方的平方根成反比，周期 T 与轨道半径立方的平方根成正比，加速度 a 与轨道半径的平方成反比。

（原载《物理之友》2019 年第 3 期）

第7章 功与能

7.1　功与能基本概念

7.1.1　要点点精

1. 基本概念

(1) 功：力与沿力方向所发生的位移的乘积。

(2) 功率：表示做功快慢的物理量。

(3) 动能：$E_k=\frac{1}{2}mv^2$，是状态量。

(4) 势能：包括重力势能 $E_p=mgh$ 与弹性势能 $E_p=\frac{1}{2}kx^2$。

(5) 机械能：物体动能与势能的总和。

2. 摩擦力做功特点

(1) 静摩擦力做功与能的转移：

① 静摩擦力可以做正功，也可以做负功，还可以不做功；

② 在静摩擦力做功的过程中，只有机械能的相互转移（起着传递机械能的作用），没有发生机械能转化为其他形式的能（没有摩擦生热）；

③ 相互摩擦的系统内，一对静摩擦力做功的总和等于零。

(2) 滑动摩擦力做功与能的转化：

① 滑动摩擦力可以做正功，也可以做负功，还可以不做功；

② 相互摩擦的系统内，一对滑动摩擦力做的功总是负值，其绝对值为滑动摩擦力与相对路程的乘积，且等于系统损失的机械能，即产生的内能 $\Delta E_{损}=Q_{热}=f\cdot x_{相对}$（摩擦生热）。

注意：一对作用力与反作用力做功不一定一正一负，大小相等。

3. 基本公式

(1) 恒力做功（F 必须为恒力）：

$$W=Fx\cos\theta=\begin{cases}Fx, & \theta=0^\circ\\ 0, & \theta=90^\circ\\ -Fx, & \theta=180^\circ\end{cases}$$

注意：$\begin{cases}0^\circ\leqslant\theta<90^\circ\text{——做正功}\\ 90^\circ<\theta\leqslant180^\circ\text{——做负功}\end{cases}$

（2）功率：$P=\frac{W}{t}=Fv\cos\theta=Fv$（$\theta=0°$）

求平均功率有两种方法：$\overline{P}=\begin{cases}\frac{W}{t}\\ F\cdot\overline{v}\end{cases}$

注意：瞬时功率与平均功率的区别。

4. 功能关系

功是能量转化的量度，不同力的做功过程对应着不同能量的转化，主要有：

（1）合外力做功与动能变化的关系（动能定理）

$W_{合}=\Delta E_k=E_{k2}-E_{k1}$（合外力做正功动能增加，合外力做负功动能减小）

（2）重力做功与重力势能变化的关系（机械能守恒的条件：只有重力做功，不是只有重力）

$W_G=-\Delta E_p=E_{p1}-E_{p2}$（重力做正功重力势能减小，重力做负功重力势能增加）

（3）弹簧弹力做功与弹性势能变化的关系：

$W_{弹}=-\Delta E_p=E_{p1}-E_{p2}$（弹力做正功弹性势能减小，弹力做负功弹性势能增加）

（4）电场力做功与电势能变化的关系：

$W_{电}=-\Delta E_p=E_{p1}-E_{p2}$（电场力做正功电势能减小，电场力做负功电势能增加）

（5）分子力做功与分子势能变化的关系：

$W_{分子}=-\Delta E_p=E_{p1}-E_{p2}$（分子力做正功分子势能减小，分子力做负功分子势能增加）

（6）其他力（非重力、非弹簧弹力）做功与机械能变化的关系：

$W_{其他}=\Delta E=E_2-E_1$（其他力做正功机械能增加，其他力做负功机械能减小）

（7）克服滑动摩擦力做功与内能变化的关系：

$W_f=Q=fx_{相}=\Delta E=E_2-E_1$（克服滑动摩擦力做功，机械能转化为内能）

（8）克服安培力做功与电能的关系：

$W_A=Q=F_Ax=I^2Rt$（克服安培力做功，机械能转化为电能，并最终发热转化为内能）

7.1.2 典型例题

【例1】 竖直上抛一个小球，小球又落回原处，已知空气阻力的大小正比于小球的速度，则下列说法中正确的是（　　）

A. 上升过程中克服重力做的功大于下降过程中重力做的功

B. 上升过程中克服重力做的功小于下降过程中重力做的功

C. 上升过程中克服重力做功的平均功率大于下降过程中重力做功的平均功率

D. 上升过程中克服重力做功的平均功率小于下降过程中重力做功的平均功率

【解析】 在上升过程中，小球克服重力做的功和下降过程中重力做的功均为 $W=mgh$，而小球克服重力做功的平均功率或重力做功的平均功率 $P=\frac{W}{t}=\frac{mgh}{t}$。由于空气阻力影响，小球上升的时间小于下降的时间，故 $P_{上}>P_{下}$。

【例2】（多选）如图 7-1 所示，质量为 m 的小车在水平恒力 F 推动下，从山坡（粗糙）底部 A 处由静止开始运动至高为 h 的坡顶 B，并获得速度 v，A 和 B 之间的水平距离为 x，重力加速度为 g。下列说法正确的是（　　）

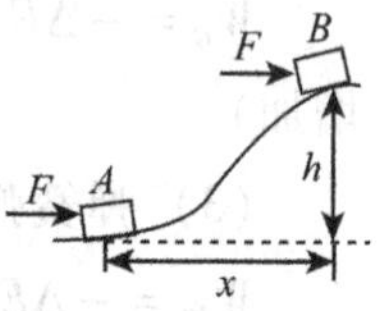

图 7-1

A. 小车克服重力所做的功是 mgh

B. 合外力对小车做的功是 $\frac{1}{2}mv^2$

C. 推力对小车做的功是 $\frac{1}{2}mv^2+mgh$

D. 阻力对小车做的功是 $\frac{1}{2}mv^2+mgh-Fx$

【解析】 小车克服重力做功 $W=Gh=mgh$，则 A 选项正确；由动能定理，小车受到的合力做的功等于小车动能的增加量，$W_{合}=\Delta E_{\mathrm{k}}=\frac{1}{2}mv^2$，则 B 选项正确；由动能定理，$W_{合}=W_{推}+W_{重}+W_{阻}=\frac{1}{2}mv^2$，所以推力做的功 $W_{推}=\frac{1}{2}mv^2-W_{阻}-W_{重}=\frac{1}{2}mv^2+mgh-W_{阻}$，则 C 选项错误；阻力对小车做的功 $W_{阻}=\frac{1}{2}mv^2-W_{推}-W_{重}=\frac{1}{2}mv^2+mgh-Fx$，则 D 选项正确。故答案为 ABD。

7.2 功与能的应用

7.2.1 要点点精

1. 汽车启动的两种方式

两种方式		以恒定功率启动	以恒定加速度启动
$P-t$ 图和 $v-t$ 图		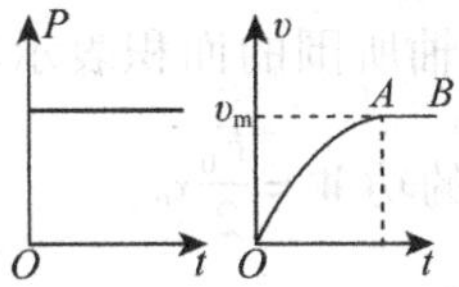	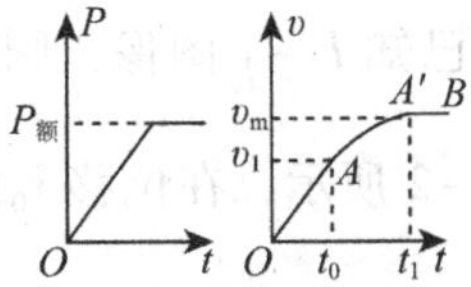
OA 段	过程分析	$v\uparrow\Rightarrow F=\frac{P（不变）}{v}\downarrow$ $\Rightarrow a=\frac{F-f}{m}\downarrow$	$a=\frac{F-f}{m}$不变$\Rightarrow F$不变 $\overset{v\uparrow}{\Rightarrow}P=Fv\uparrow$ 直到 $P_额=Fv_1$
	运动性质	加速度减小的加速直线运动	匀加速直线运动，维持时间 $t_0=\frac{v_1}{a}$
AA' 段	过程分析		$v\uparrow\Rightarrow F=\frac{P_额}{v}\downarrow\Rightarrow a=\frac{F-f}{m}\downarrow$
	运动性质		加速度减小的加速直线运动
以恒定功率启动的 AB 段和以恒定加速度启动的 $A'B$ 段	过程分析	$F=f$ $a=0$ $f=\frac{P}{v_m}$	$F=f$ $a=0$ $f=\frac{P}{v_m}$
	运动性质	以 v_m 做匀速运动	以 v_m 做匀速运动

2. **变力做功的计算**

(1) 将变力做功转化为恒力做功

在曲线运动或有往复的运动中，当力的大小不变，而方向始终与运动方向相同或相反时，这类力的功等于力和路程的乘积，力 F 与 v 同向时做正功，力 F 与 v 反向时做负功。

(2) 当变力做功的功率 P 一定时，如机车以恒定功率启动，可用 $W=Pt$ 求功。

(3) 用平均力求功：若力 F 随位移 x 线性变化，则可以用一段位移内的平均力求功，如将劲度系数为 k 的弹簧拉长 x 时，克服弹力做的功 $W=\frac{0+F}{2}x=\frac{kx}{2}\cdot x=\frac{1}{2}kx^2$。

(4) 用 $F-x$ 图像求功

若已知 $F-x$ 图像，则图像与 x 轴所围的面积表示功，如图 7-2 所示，在位移 x_0 内力 F 做的功 $W=\frac{F_0}{2}x_0$。

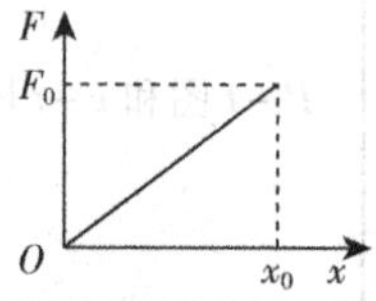

图 7-2

3. **利用动能定理分析多过程问题**

如果一个物体的运动涉及多个阶段，动能定理可以分段应用，也可以应用于整个过程。

(1) 在分段应用动能定理时，将复杂过程分解为多个子过程，分析每个子过程所做的功以及初始和最终的动能，并对每个子过程应用动能定理，联立求解。

(2) 对整个过程应用动能定理时，分析整个过程中各个力所做的功，确定整个过程中合外力所做的总功，然后确定整个过程的初始动能和最终动能，列出动能定理关系式并求解。

注： 当一个物体的运动过程中有多个力做功时，每个力对应的位移可能不同。在计算每个力所做的功时，应注意使用各个力对应的位移。在计算总功时，应计算整个过程中各个力所做功的代数和。

4. **多物体组成的系统机械能守恒问题**

(1) 对于由多个物体组成的系统，就单个物体而言，机械能一般不守恒，但就系统而言，机械能通常是守恒的。

(2) 关联物体应注意找出绳杆连接的物体之间的速度关系和位移关系。

(3) 机械能守恒定律表达式的选择技巧：

① 当研究对象为单一对象时，可优先使用表达式 $E_{k1}+E_{p1}=E_{k2}+E_{p2}$ 或 $\Delta E_k=-\Delta E_p$ 来求解；

② 当研究对象是由两个对象组成的系统时：

如果两个物体的重力势能都在减少（或增加），动能都在增加（或减少），优先使用表达式 $\Delta E_k=-\Delta E_p$ 来求解；

如果一个物体 A 的机械能增加，另一个物体 B 的机械能减少，可以用表达式 $\Delta E_A=-\Delta E_B$ 优先求解。

7.2.2　典型例题

【例 1】在水平面上，有一弯曲的槽道 AB，由半径分别为 $\frac{R}{2}$ 和 R 的两个半圆构成。如图 7－3 所示，现用大小恒为 F 的拉力将一光滑小球从 A 点拉至 B 点，若拉力 F 的方向时时刻刻与小球运动方向一致，则此过程中拉力所做的功为（　　）

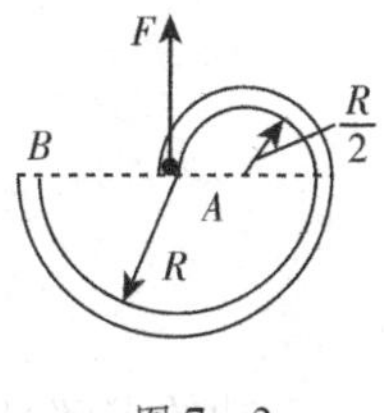

图 7－3

A. 零　　B. FR　　C. $\frac{3}{2}\pi FR$　　D. $2\pi FR$

【解析】在整个过程中，作用在小球上的力大小是恒定的，方向是变化的，所以它是变力。然而，如果将一个圆分成无数段的小弧，则每一段弧都可以近似看成一条直线，那么每一段上的拉力 F 保持不变，而每一段上拉力 F 所做的功可以用恒力公式计算出来，然后再相加可求出整个过程中所做的功。设每段的长度为 l_1，l_2，l_3，…，l_n，每段上拉力所做的功 $W_1=Fl_1$，$W_2=Fl_2$，…，$W_n=Fl_n$，整个过程中拉力所做的功 $W=W_1+W_2+\cdots+W_n$，所以选 C。

【例 2】（多选）一辆质量为 m 的轿车，在平直公路上运动，启动阶段轿车牵引力保持不变，而后以额定功率继续行驶，经过一段时间，其速度由零增大到最大值 v_m，若所受阻力恒为 f，则关于轿车的速度 v、加速度 a、牵引力 F、功率 P 的图像正确的是（　　）

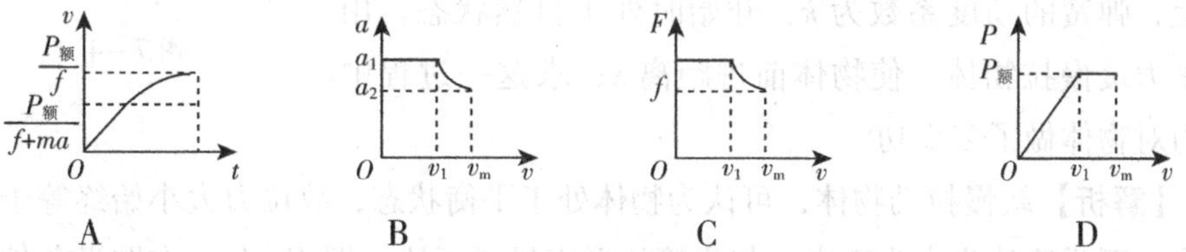

【解析】由于汽车的牵引力和加速度在起步阶段没有发生变化，所以汽车在起步阶段的加速过程是匀变速。当实际功率达到额定功率时，功率不再增

加，然后速度增加，牵引力必须减小。当牵引力减小到与阻力相等时，加速度减为零，速度达到最大值 $v_m=\frac{P_{额}}{F}=\frac{P_{额}}{f}$，所以 ACD 正确，B 错误。故选 ACD。

7.3 本章解题方略

变力做功问题归类例析

功的求解是高中物理教学的重点和难点之一，恒力做功可用公式 $W=Fx\cos\alpha$ 来求解，但如果是变力做功，即力的大小或方向在做功过程中发生了变化，就不能套用该公式了。而学生遇到此类做功的问题时，常常感到束手无策。现就中学阶段涉及的变力做功问题进行归类解析，以期达到抛砖引玉之功效。

一、平均值法

有一些变力，如弹簧弹力虽然大小随位移变化而变化，但是它们的变化关系是线性关系，可以用力的初态值 F_1 和末态值 F_2 的平均值 $\overline{F}=\frac{F_1+F_2}{2}$ 来计算这类变力所做的功。

【例1】 如图 7-4 所示，轻弹簧一端与竖直墙壁连接，另一端与一质量为 m 的木块连接，放在光滑的水平面上，弹簧的劲度系数为 k，开始时处于自然状态。用水平力缓慢拉物体，使物体前进距离 x，求这一过程中拉力对物体做了多少功？

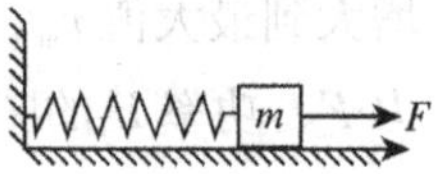

图 7-4

【解析】 缓慢拉动物体，可认为物体处于平衡状态，故拉力大小始终等于弹力，而弹簧的弹力为变力，与弹簧的形变量成正比，即 $F=kx$，在题设条件下，弹力的初态值为 $F_1=0$，末态值为 $F_2=kx$，可用平均力 $\overline{F}=\frac{0+kx}{2}=\frac{kx}{2}$ 求功，有 $W=\overline{F}\cdot x=\frac{kx}{2}\cdot x=\frac{1}{2}kx^2$。

二、分段法

有些力（如摩擦力、空气阻力）在曲线运动（或往返运动）过程中所做的功并不等于力和位移的乘积，而是等于力与路程的乘积，这类力的功可分段考虑求解。

【例2】 如图 7－5 所示，质量为 m 的物体以一定初速度滑上斜面，上滑到最高点后又沿原路返回。已知斜面倾角为 θ，物体与斜面的动摩擦因数为 μ，上滑的最大高度为 h，则物体从开始滑上斜面到滑回到原出发点的过程中摩擦力做功是多少？

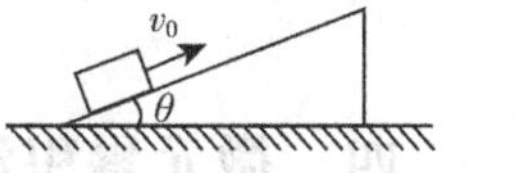

图 7－5

【解析】 因为上滑与下滑时摩擦力方向相反（上滑时沿斜面向下，下滑时沿斜面向上），全程中摩擦力不是恒力，所以不能把全程位移 $x=0$ 代入 $W=Fx\cos\alpha$ 计算全程中的摩擦力所做的功，所以要分段运算，然后求和。依题意有

$$W_{f上滑}=-fx\cos\alpha=-\mu mg\cos\theta\cdot\frac{h}{\sin\theta}=-\mu mgh\cot\theta,$$

$$W_{f下滑}=-fx\cos\alpha=-\mu mg\cos\theta\cdot\frac{h}{\sin\theta}=-\mu mgh\cot\theta,$$

所以有

$$W_{总}=W_{f上滑}+W_{f下滑}=-2\mu mgh\cot\theta。$$

三、研究对象转换法

根据题设的条件转换研究对象，从而将求变力做功的问题转化成求恒力做功的问题。

【例3】 人在 A 点拉着绳通过离地面的高度为 h 光滑定滑轮吊起重为 G 的物体，如图 7－6 所示，开始绳与水平方向的夹角为 α，当人匀速地提着物体由 A 点沿水平方向运动到达 B 点，此时绳与水平方向成 β 角，求人对绳的拉力所做的功。

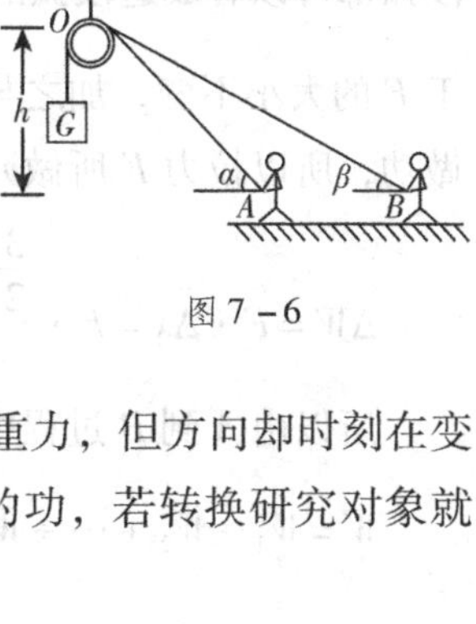

图 7－6

【解析】 人对绳的拉力大小虽然始终等于物体的重力，但方向却时刻在变化，无法利用恒力公式直接求出人对绳的拉力所做的功，若转换研究对象就

不难发现，人对绳的拉力所做的功与绳对物体的拉力所做的功相等，而绳对物体的拉力是恒力，滑轮离地面的高度为 h。人由 A 走到 B 的过程中，物体 G 上升的高度等于滑轮右侧的绳子增加的长度，即

$$\Delta h=\frac{h}{\sin\beta}-\frac{h}{\sin\alpha},$$

故人对绳子做的功为

$$W=Fx=G\Delta h,\text{ 即 }W=Gh\left(\frac{1}{\sin\beta}-\frac{1}{\sin\alpha}\right)。$$

四、微元累积法

将物体的位移分割成许多小段，因为小段长度很小，在每一小段上作用在物体上的力可视为恒力，这样就将变力做功转化为在无数多个无穷小的位移上的恒力所做元功的代数和。此法在中学阶段，常应用于求解力的大小不变、方向改变或者方向不变、大小改变的变力做功问题。

【例 4】 在水平面，有一弯曲的槽道 $\overset{\frown}{AB}$，槽道由半径分别为 $\frac{R}{2}$ 和 R 的两个半圆构成，如图 7－7 所示。现用大小恒为 F 的拉力将一光滑小球从 A 点沿槽道拉至 B 点，若拉力 F 的方向时时刻刻均与小球运动方向一致，则此过程中拉力所做的功为多少？

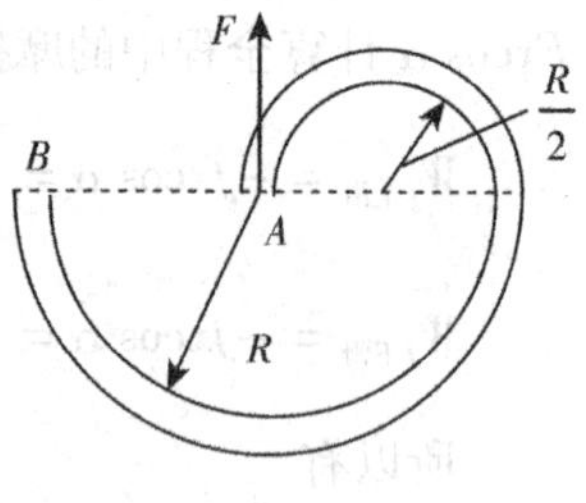

图 7－7

【解析】 拉力 F 沿槽道转动过程中，力的大小虽然不变，但方向不断变化，不能直接使用公式 $W=Fx\cos\alpha$ 进行计算，但是我们可以用微元分割法，把整个运动过程分割成 n 个微过程，即把轨道 $\overset{\frown}{AB}$ 分割成 n 段小弧，使每一小段弧都可以看成这段弧的切线段，其中每小段的弧长为 $\Delta x=\dfrac{\frac{3}{2}\pi R}{n}$。这样，由于 F 的大小不变，加之与位移的方向相同，因而对每小段圆弧均可视为恒力做功，所以拉力 F 所做元功为

$$\Delta W=F\cdot\Delta x=F\cdot\frac{\frac{3}{2}\pi R}{n},$$

所以由 A 到 B 过程中拉力 F 所做的总功为

$$W=W_1+W_2+\cdots+W_n=F\cdot x_1+F\cdot x_2+\cdots+F\cdot x_n=n\Delta W=\frac{3}{2}\pi FR。$$

五、图像法

在题设情况下，如果能找出力 F 与位移 x 的函数关系，并在 $F-x$ 的直角坐标系中做出 F 随 x 变化的图像，那么，图像与横轴所围成的图形的面积即是 F 对物体在某一段位移上所做功的数值。

【例 5】如图 7－8 所示，长度为 l、质量为 m 的均匀绳，一段置于水平的足够高的光滑桌面上，长为 a 的另一段垂于桌面上，当绳下滑直到全部离开桌面时，求重力所做的功。

【解析】开始使绳下滑的力是长为 a 的那段绳所受的重力，此后下垂的绳逐渐增大，使下滑的力也逐渐增大，且随下垂段的增加而线性增大，所以这是一个变力做功的问题。由于绳的质量为 m，开始使绳下滑的力是长为 a 的那段绳所受的重力 $F=\frac{a}{l}mg$，当绳全部离开桌面时，绳下滑的位移是 $l-a$，且此时使绳下滑的力是整条绳所受的重力 mg。在此区间上使绳下滑的重力均匀地增加，如图 7－9 所示。那么，重力所做的功在数值上就等于图线所包围的梯形面积，即

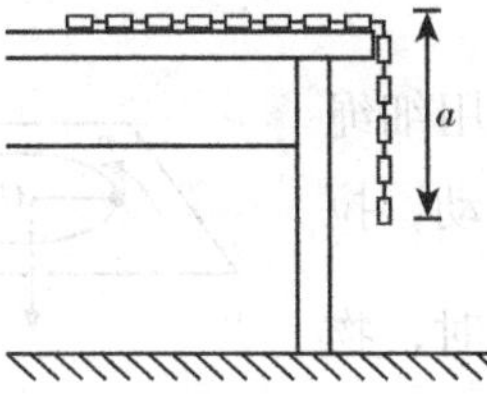

图 7－8

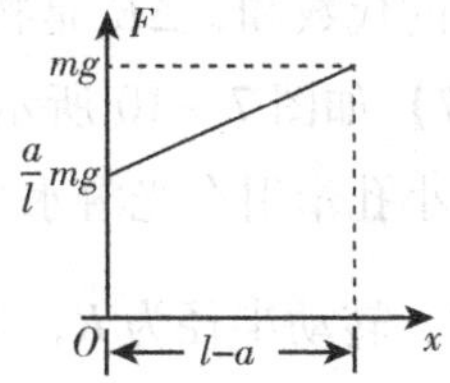

图 7－9

$$W=\frac{1}{2}\cdot\left(\frac{a}{l}mg+mg\right)\cdot(l-a)=\frac{mg\ (l^2-a^2)}{2l}。$$

六、$W=Pt$ 公式法

根据功率恒定，求变力的功可用 $W=Pt$ 来求解。

【例 6】一辆质量为 m 汽车在平直的公路上以额定功率从静止开始加速行驶，经过时间 t 前进了一段距离 x，此时恰好达到其最大速度 v_m，设汽车所受的阻力是车重的 n（$n<1$）倍，求在这段时间里发动机所做的功。

【解析】因机车的功率恒定，当机车从静止开始加速达到最大速度的过程

中，由 $F=\frac{P}{v}$ 可知牵引力不断减小，当速度达到最大值时，机车所受牵引力达到最小值，与阻力相等。在这段时间内机车所受阻力可认为是恒力，但牵引力是变力。由于从静止开始加速到最大速度过程中，功率保持不变，所以有

$W=Pt$，

而当汽车达到最大速度时，汽车将以 v_m 做匀速直线运动，有

$F=f=nmg$，

同时额定功率为

$P=F\cdot v_m$，

联立解得

$W=nmgv_mt$。

七、动能定理法

由动能定理可知，合外力对物体所做的功等于物体动能的变化，即 $W_合=\Delta E_k$，$W_合$是指物体受到的所有外力（外力可以为恒力，也可以为变力）对物体所做功的代数和，ΔE_k是物体动能的变化量。

【例7】如图7－10所示，质量为 m 的物体用细绳经过光滑小孔牵引在光滑水平面上做匀速圆周运动，拉力为 F 时，转动半径为 R，当拉力逐渐减小到 $\frac{F}{4}$ 时，物体仍做匀速圆周运动，半径为 $2R$，则此过程中外力对物体所做的功大小是多少？

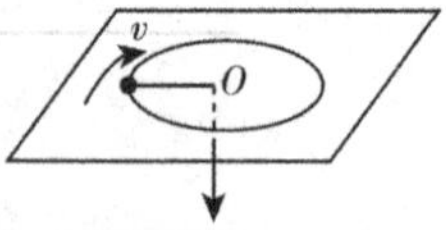

图7－10

【解析】该题中绳的拉力显然是变力，这里可应用动能定理来求解。设当绳的拉力为 F 时，小球做匀速圆周运动的线速度为 v_1，则有

$F=m\frac{v_1^2}{R}$，

当绳的拉力减小为 $\frac{F}{4}$ 时，小球做匀速圆周运动的线速度为 v_2，则有

$\frac{F}{4}=m\frac{v_2^2}{2R}$，

在绳的拉力由 F 减为 $\frac{F}{4}$ 的过程中，绳的拉力所做的功由动能定理有

$W=\frac{1}{2}mv_2^2-\frac{1}{2}mv_1^2$，

联立解得，

$W=-\frac{1}{4}FR$，其中负号表示做负功。

八、机械能守恒定律法

我们知道，物体只受重力和弹力作用或只有重力和弹力做功时，所研究的系统机械能守恒。如果重力和弹力中有一个力是变力，这个变力所做的功就可用机械能守恒定律来求解。

【例8】 如图7－11所示是一个横截面为半圆，半径为R的光滑柱面，一根不可伸长的细线两端分别系物体A和B，且$m_A=2m_B$，在图示位置由静止释放A物体，当B物体达到半圆顶点时，求绳的张力对物体B所做的功。

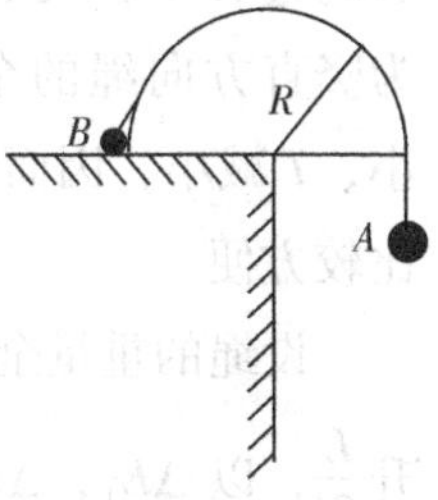

图7－11

【解析】 在B物体到达半圆顶点过程中，绳中的张力是变力，但由于柱面是光滑的，故系统的机械能守恒，所以要求出绳的张力对物体B做的功，关键是要求出B到达圆柱顶点时的动能，由机械能守恒定律可知，系统重力势能的减少量等于动能的增加量。

系统重力势能的减小量为

$\Delta E_p=m_Ag\frac{\pi R}{2}-m_BgR$。

系统动能的增加量为

$\Delta E_k=\frac{1}{2}(m_A+m_B)v^2$。

由$\Delta E_p=\Delta E_k$得

$v^2=\frac{2}{3}(\pi-1)gR$。

绳的张力对B球做的功为

$W=\frac{1}{2}m_Bv^2+m_BgR=\frac{\pi+2}{3}m_BgR$。

九、功能原理法

机械能守恒定律告诉我们，当只有重力和弹力做功时，系统的机械能守恒。也就是说，如果除重力和弹力之外的其他力对物体也做功，系统的机械能就会发生变化，而且这些力做了多少功，系统就有多少机械能发生变化，这就是功能原理。如果这些力是变力或只有一个变力做功，而其他力对物体做的功和系统机械能的变化量容易求出，此时就可以应用功能原理求解变力做功问题。

【例9】如图7－12所示，一人用定滑轮吊起一个质量为M的物体，单位绳长的质量为ρ，试求人将物体从地面吊起高度为L的过程中所做功的最小值。

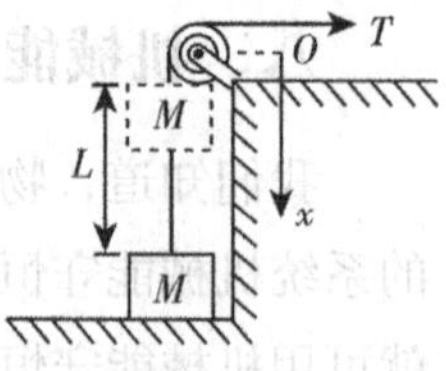

图7－12

【解析】假定物体被匀速吊起，人将物体从地面吊起的过程中，人的拉力可表示为$T=Mg+\rho gx$，式中x为竖直方向绳的余长。当物体上升时，绳的余长x减小，T减小，因而T为变力，故本题属于变力做功问题，应用功能原理求解比较方便。

设绳的重量全面集中在它的重心上，物体升高高度为L时，绳的重心上升$\frac{L}{2}$，以ΔE_1，ΔE_2分别表示物体和绳的机械能增量，则系统机械能的增量为

$\Delta E=\Delta E_1+\Delta E_2$。

由功能原理知，人的拉力所做的功为

$W=\Delta E=\Delta E_{p1}+\Delta E_{k1}+\Delta E_{p2}+\Delta E_{k2}$。

当$\Delta E_{k1}=\Delta E_{k2}=0$时，即缓慢提升物体时$W$最小，即

$W_{min}=\Delta E_{p1}+\Delta E_{p2}$，即

$W_{min}=MgL+\frac{L}{2}\rho gL=(M+\frac{1}{2}\rho L)gL$。

十、能量转化和守恒定律法

电磁感应总是伴随着能量转化，在某些包含做功过程的电磁感应问题中，可以从能量的角度来考虑，利用能量的转化和守恒定律来求解变力所做的功。

【例10】如图7－13所示，一固定的无限长平行绝缘轨道处在相互垂直的匀强电场E和匀强磁场B中，方向如图所示。物体A的质量为m，带电量为$+q$，A与轨道间的动摩擦因数是μ，求A从静止开始下滑到具有最大速度且滑行距离为x的过程中，摩擦力所做的功。

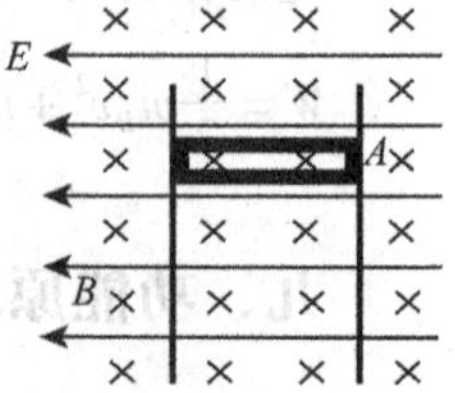

图7－13

【解析】 物体开始下滑时，其受力如图 7－14 所示，当下落速度 v 增大时，洛仑兹力 F_B 变大，侧面支持力 F_N 变小，摩擦力 f 减小，所以加速度增大；当电场力 $F_E <$ F_B 后，F_N 反向，v 继续增大，F_N 变大，摩擦力 f 增大，加速度减小；当 $mg = f$ 时，加速度减小到零，此时 A 的速度达到最大值。A 在下滑过程中，摩擦力为变力，其做的功使一部分机械能转化为内能，系统总能量守恒。

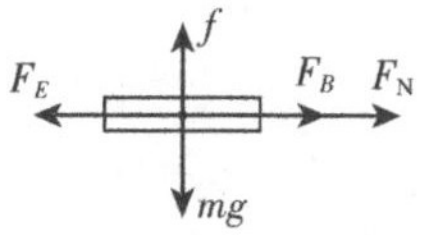

图 7－14

当物体有最大速度 v_m 时有

$mg = \mu\ (qv_mB - qE)$。

又由能量转化和守恒定律得摩擦力做的功为

$$W = -\left(mgx - \frac{1}{2}mv_m^2\right)。$$

联立解得

$$W = -mgx + \frac{1}{2}m\left(\frac{mg}{\mu qB} + \frac{E}{B}\right)^2。$$

在上述实例中，从不同的角度运用不同的方法阐述了如何求解变力做功的问题。在教学过程中对变力做功问题进行归类讨论，有利于提高学生灵活运用所学知识解决实际问题的能力，有助于培养学生的创造性思维，从而开阔学生的解题思路。

（原载于《物理教学探讨》2007 第 10 期）

第8章 动量、动量守恒定律

8.1 动量、动量定理

8.1.1 要点点精

1. 动量与动能的关系

$E_k=\frac{p^2}{2m}=\frac{1}{2}pv$ 或 $p=\sqrt{2mE_k}=\frac{2E_k}{v}$

2. 动量定理

（1）内容：物体在一个过程始末的动量变化量等于它在这个过程中所受合外力的冲量。

（2）公式：$F_{合}t=mv_2-mv_1=m\Delta v$。

（3）注意：

①“力”指的是合外力；

② 动量变化量也是矢量，其方向与速度变化量的方向相同；

③ 力与物体运动方向垂直时，该力不做功，但该力的冲量不为零；

④ 某个力的冲量与物体的运动状态及其是否受其他力无关；

⑤ 动量定理是矢量方程，列方程时应选取正方向，且力和速度必须选同一正方向。

8.1.2 典型例题

【例 1】 高铁列车在启动阶段的运动可看作初速度为零的匀加速直线运动。在启动阶段，列车的动能（　　）

A. 与它所经历的时间成正比

B. 与它的位移成正比

C. 与它的速度成正比

D. 与它的动量成正比

【解析】 动能 $E_k=\frac{1}{2}mv^2$，与速度的平方成正比，故 C 错误。速度 $v=at$，

可得 $E_k=\frac{1}{2}ma^2t^2$，与经历的时间的平方成正比，故 A 错误。根据 $v^2=2ax$，可得 $E_k=max$，与位移成正比，故 B 正确。动量 $p=mv$，可得 $E_k=\frac{p^2}{2m}$，与动量的平方成正比，故 D 错误，所以选 B。

【例 2】高空坠物极易对行人造成伤害。若一个 50g 的鸡蛋从一居民楼的 25 层坠下，与地面的碰撞时间约为 2 ms，则该鸡蛋对地面产生的冲击力约为（　）

A. 10 N　　B. 10^2 N　　C. 10^3 N　　D. 10^4 N

【解析】设每层楼高约为 3 m，则下落高度约为 $h=3\times25\ \text{m}=75\ \text{m}$，由 $v^2=2gh$，根据动量定理 $(F-mg)\ t=0-(-mv)$，可解得鸡蛋受到地面的冲击力 $F=\frac{mv}{t}+mg\approx10^3\ \text{N}$，由牛顿第三定律可知选项 C 正确，所以选 C。

8.2　动量守恒定律及其应用

8.2.1　要点点精

1. 动量守恒定律

当物体所受合外力为零或不受外力时，物体的动量保持不变。即：

$$m_1v_1+m_2v_2=m_1v_1'+m_2v_2'$$

2. 动量守恒的应用

（1）弹性碰撞模型问题

（**说明**：入射小球：v_1，m_1；被碰小球：v_2，m_2，以 v_1 方向为正方向）

特征：两个物体相互作用时：①动量守恒；②动能守恒。

$$m_1v_1+m_2v_2=m_1v_1'+m_2v_2',$$

$$\frac{1}{2}m_1v_1^2+\frac{1}{2}m_2v_2^2=\frac{1}{2}m_1v_1'^2+\frac{1}{2}m_2v_2'^2,$$

联立解得：$v_1'=\frac{(m_1-m_2)\ v_1+2m_2v_2}{m_1+m_2}$，$v_2'=\frac{2m_1v_1+\ (m_2-m_1)\ v_2}{m_1+m_2}$。

特殊情况：当 $v_2=0$ 时，为“动静弹性碰撞”模型，同理可得：

$m_1v_1=m_1v_1'+m_2v_2'$，

$\frac{1}{2}m_1v_1^2=\frac{1}{2}m_1v_1'^2+\frac{1}{2}m_2v_2'^2$，

联立解得：$v_1'=\frac{(m_1-m_2)\ v_1}{m_1+m_2}$，$v_2'=\frac{2m_1v_1}{m_1+m_2}$。

当两球质量相等时，$v_1'=0$，$v_2'=v_1$，两球碰撞后交换了速度；

当质量大的球碰质量小的球时，$v_1'>0$，$v_2'>0$，碰撞后两球都向前运动；

当质量小的球碰质量大的球时，$v_1'<0$，$v_2'>0$，碰撞后质量小的球被反弹回来。

（2）完全非弹性碰撞模型问题——动能减小（减小量最大）

（**说明**：入射小球：v_1，m_1；被碰小球：v_2，m_2，以 v_1 方向为正方向）

特征：两个物体相互作用时：①动量守恒；②最终达到共同速度（损失动能 $\Delta E_{k损}$最大）。

$m_1v_1+m_2v_2=(m_1+m_2)\ v$，

$\Delta E_{k损}=\frac{1}{2}m_1v_1^2+\frac{1}{2}m_2v_2^2-\frac{1}{2}\ (m_1+m_2)\ v^2$，

联立解得：$\Delta E_{k损}=\frac{1}{2}\frac{m_1m_2}{m_1+m_2}(v_1-v_2)^2$，若 v_2 与 v_1 方向相反，则 v_2 代负值。

特殊：当 $v_2=0$ 时，有：

$m_1v_1=(m_1+m_2)\ v$，

$\Delta E_{k损}=\frac{1}{2}m_1v_1^2-\frac{1}{2}\ (m_1+m_2)\ v^2$，

联立解得：$\Delta E_{k损}=\frac{1}{2}\frac{m_1m_2}{m_1+m_2}v_1^2=\frac{m_2}{m_1+m_2}E_{k1}$。

（**特殊**：当 $m_1=m_2=m$ 时，$\Delta E_{k损}=\frac{1}{4}mv_1^2=\frac{1}{2}E_{k1}$）

（3）“爆炸模型”问题——动能增加

特征：两个物体相互作用时：①动量守恒；②两物体开始都静止，动能的增加来自化学能、核能、弹性势能，重力势能等其他形式的能量。（能量总量是守恒的）

$m_1v_1=m_2v_2$，（即 $m_1E_{k1}=m_2E_{k2}$）

$\frac{1}{2}m_1v_1^2+\frac{1}{2}m_2v_2^2=\Delta E$，

联立解得：$E_{k1}=\frac{1}{2}m_1v_1^2=\frac{m_2}{m_1+m_2}\Delta E$，

$E_{k2}=\frac{1}{2}m_2v_2^2=\frac{m_1}{m_1+m_2}\Delta E$。

（4）人船模型问题

特征：两个物体相互作用时，①动量守恒（合外力为零）；②合动量为零。

设船的质量为 m_1，船的位移为 x_1，人的质量为 m_2，人的位移为 x_2，

$m_1v_1=m_2v_2$，

即 $m_1x_1=m_2x_2$，

而 $x_1+x_2=L$，

联立解得：$x_1=\frac{m_2}{m_1+m_2}L$，$x_2=\frac{m_1}{m_1+m_2}L$。

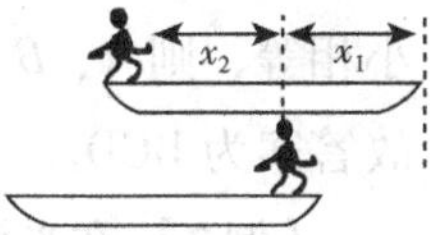

图 8－1

（5）“多物多态”问题

避免相碰的临界条件是：几个物体的速度最终相同。

3. **判断一个碰撞过程是否存在的依据**

（1）动量守恒，即 $p_1+p_2=p_1'+p_2'$。

（2）总动能不增加，即 $E_{k1}+E_{k2}\geqslant E_{k1}'+E_{k2}'$ 或 $\frac{p_1^2}{2m_1}+\frac{p_2^2}{2m_2}\geqslant\frac{p_1'^2}{2m_1}+\frac{p_2'^2}{2m_2}$。

（3）速度要符合情景：碰撞后，原来在前面的物体的速度一定增大，且原来在前面的物体的速度大于或等于原来在后面的物体的速度，即 $v_{前}'\geqslant v_{后}'$。

8.2.2 典型例题

【例 1】（多选）如图 8－2 所示，A、B 两物体质量之比 $m_A:m_B=3:2$，原来静止在平板小车 C 上，A、B 间有一根被压缩的弹簧，地面光滑，当弹簧突然释放后，则下列说法正确的是（　　）

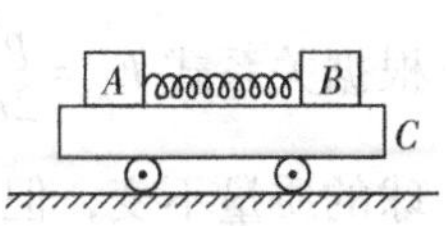

图 8－2

A. 若 A、B 与平板车上表面间的动摩擦因数相同，A、B 组成的系统动量守恒

B. 若 A、B 与平板车上表面间的动摩擦因数相同，A、B、C 组成的系统动量守恒

C. 若 A、B 所受的摩擦力大小相等，A、B 组成的系统动量守恒

D. 若 A、B 所受的摩擦力大小相等，A、B、C 组成的系统动量守恒

【解析】如果 A、B 与平板车上表面间的动摩擦因数相同，弹簧释放后，A、B 分别相对于小车向左、向右滑动，它们所受的滑动摩擦力 f_A 向右，f_B 向左。由于 $m_A : m_B = 3:2$，所以 $f_A : f_B = 3:2$，则 A、B 组成的系统所受的外力之和不为零，故其动量不守恒，A 选项错；对 A、B、C 组成的系统，A、B 与 C 间的摩擦力为内力，该系统所受的外力为竖直方向上的重力和支持力，它们的合力为零，故该系统的动量守恒，B、D 选项均正确；若 A、B 所受摩擦力大小相等，则 A、B 组成的系统的外力之和为零，故其动量守恒，C 选项正确。故答案为 BCD。

【例 2】在光滑水平面上，有两个小球 A、B 沿同一直线同向运动（B 在前），已知碰前两球的动量分别为 $p_A = 12\ \text{kg}\cdot\text{m/s}$，$p_B = 13\ \text{kg}\cdot\text{m/s}$，碰后它们动量的变化分别为 Δp_A，Δp_B，下列数值可能正确的是（　　）

A. $\Delta p_A = -3\ \text{kg}\cdot\text{m/s}$，$\Delta p_B = 3\ \text{kg}\cdot\text{m/s}$

B. $\Delta p_A = 3\ \text{kg}\cdot\text{m/s}$，$\Delta p_B = -3\ \text{kg}\cdot\text{m/s}$

C. $\Delta p_A = -24\ \text{kg}\cdot\text{m/s}$，$\Delta p_B = 24\ \text{kg}\cdot\text{m/s}$

D. $\Delta p_A = 24\ \text{kg}\cdot\text{m/s}$，$\Delta p_B = -24\ \text{kg}\cdot\text{m/s}$

【解析】对于碰撞问题要遵循三个规律：动量守恒定律、碰后系统的机械能不增加和碰撞过程要符合实际情况。本题属于追及碰撞。碰前，后面运动小球的速度一定要大于前面运动小球的速度（否则无法实现碰撞）；碰后，前面小球的动量增大，后面小球的动量减小，减小量等于增大量，所以 $\Delta p_A < 0$，$\Delta p_B > 0$，并且 $\Delta p_A = -\Delta p_B$，据此可排除选项 B、D；若 $\Delta p_A = -24\ \text{kg}\cdot\text{m/s}$，$\Delta p_B = 24\ \text{kg}\cdot\text{m/s}$，碰后两球动量分别为 $p_A' = -12\ \text{kg}\cdot\text{m/s}$，$p_B' = 37\ \text{kg}\cdot\text{m/s}$，根据关系式 $E_k = \dfrac{p^2}{2m}$ 可知，A 小球的质量和动量大小不变，动能不变，而 B 小球的质量不变，但动量增大，所以 B 小球的动能增大，这样碰后系统的机械能比碰前增大了，选项 C 可以排除；经检验，选项 A 满足碰撞所遵循的三个原则。故本题答案为 A。

8.3 本章解题方略

2007 年高考中的“动静弹性碰撞”

动量守恒定律、机械能守恒定律在高考中是很重要的考点，纵观近几年高考题，此类考题比例有进一步加大的趋势，而这类考题大都落在典型的“动静弹性碰撞”模型上。从今年全国高考的 12 套物理试题来看，其中应用这一模型来解题的达到 7 套之多（全国Ⅰ、全国Ⅱ、重庆及广东、山东、宁夏、海南四课改省），而且大多是计算题，所占分值较多。由此看来，掌握这一模型及其应用显得尤为重要。

一、动静弹性碰撞模型的建立

“动静弹性碰撞”是指两个小球（在题目中常见的弹性球、光滑的钢球及分子、原子等微观粒子）发生弹性碰撞，其中一个小球（主动球）以速度 v_0 碰撞另一个静止小球（被动球）。碰撞过程无机械能损失，遵循的规律是系统的动量守恒和机械能守恒，确切的说是碰撞前后系统动量守恒，动能不变。

A、B 两个钢性小球质量分别是 m_1，m_2（如图 8－3），小球 B 静止在光滑水平面上，A 以初速度 v_1 与小球 B 发生弹性碰撞，求碰撞后小球 A 的速度 v_1 和小球 B 的速度 v_2 的大小和方向。取小球 A 初速度 v_1 的方向为正方向，因发生的是弹性碰撞，碰撞前后系统动量守恒，动能不变，有：

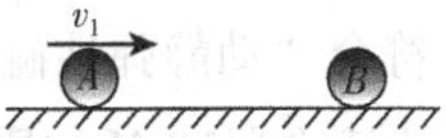

图 8－3

$$m_1v_1=m_1v_1'+m_2v_2',$$

$$\frac{1}{2}m_1v_1^2=\frac{1}{2}m_1v_1'^2+\frac{1}{2}m_2v_2'^2,$$

联立两式得：

$$v_1'=\frac{(m_1-m_2)\ v_1}{m_1+m_2},$$

$$v_2' = \frac{2m_1v_1}{m_1 + m_2}。$$

判定碰撞后的速度方向：

当 $m_1 > m_2$ 时，$v_1' > 0$，$v_2' > v_1' > 0$，即 A、B 两球均沿初速度 v_1 方向运动，只碰撞一次。

当 $m_1 = m_2$ 时，$v_1' = 0$，$v_2' = v_1$，即两球交换速度，主动球 A 停下，被动球 B 以 v_1 开始运动。

当 $m_1 < m_2$ 时，$v_1' < 0$，$v_2' > 0$，即主动球 A 被反弹，被动球 B 以 v_1'开始运动。

以上以动撞静的弹性碰撞情景可以简单概括为：（质量）等大小，（速度和动能）交换了；小撞大，被弹回；大撞小，同向跑。

二、应用举例

【例 1】（2007 年高考全国 Ⅰ 卷）如图 8－4 所示，质量为 m 的由绝缘材料制成的球与质量为 $M=19m$ 的金属球并排悬挂。现将绝缘球拉至与竖直方向成 $\theta=60°$ 的位置自由释放，下摆后在最低点与金属球发生弹性碰撞。在平衡位置附近存在垂直于纸面的磁场。由于磁场的阻尼作用，金属球将于再次碰撞前停在最低点处。求经过几次碰撞后绝缘球偏离竖直方向的最大角度小于 45°。

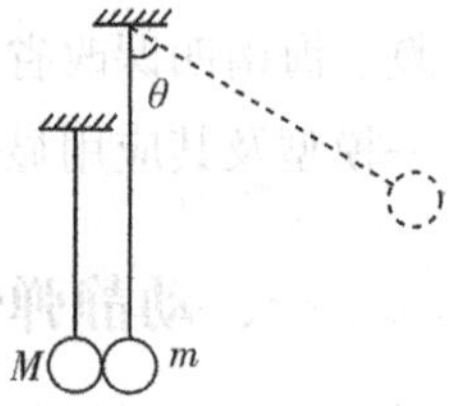

图 8－4

【解析】 绝缘球 m 摆到最低点时，具有一定的速度，而金属球 M 静止，符合“动静弹性碰撞”模型，根据该模型的结论可知，由于绝缘球 m 的质量小于金属球 M 的质量，故绝缘球 m 肯定被反弹回来，根据题意可知将再次在最低点与金属球 M 重复“动静弹性碰撞”，如此往复，直到绝缘球偏离竖直方向的最大角度小于 45°。

设小球 m 的摆线长度为 l，小球 m 在下落过程中与 M 相碰之前满足机械能守恒：

$$mgl\ (1-\cos\theta) = \frac{1}{2}mv_1^2, \qquad ①$$

由上面模型结论可知绝缘球第 1 次反弹的速度为：

$$v_1' = \frac{m-M}{m+M}v_1, \qquad ②$$

小球将被反弹，而后小球又以反弹速度和小球 M 发生碰撞，同理可得：

$$v_2' = \frac{m-M}{m+M}|v_1'|, \quad ③$$

联立②③得：

$$v_2' = -\left(\frac{m-M}{m+M}\right)^2 v_1,$$

所以有

$$|v_n'| = \left|\left(\frac{m-M}{m+M}\right)^n v_1\right|, \quad ④$$

而偏离方向为45°的临界速度满足：$mgl(1-\cos 45°) = \frac{1}{2}mv_{临界}^2$， ⑤

联立①④⑤代入数据解得：

当 $n=2$ 时，$|v_2'| > v_{临界}$，而当 $n=3$ 时，$|v_3'| < v_{临界}$，所以最多碰撞3次。

【例2】（2007年高考全国Ⅱ卷）用放射源钋的 α 射线轰击铍时，能发射出一种穿透力极强的中性射线，这就是所谓的铍“辐射”。1932年，查德威克用铍“辐射”分别照射（轰击）氢和氮（它们可认为处于静止状态）。测得照射后沿铍“辐射”方向高速运动的氢核和氮核的速度之比为7.0。查德威克假设铍“辐射”是由一种质量不为零的中性粒子构成的，从而通过上述实验在历史上首次发现了中子。假定铍“辐射”中的中性粒子与氢或氮发生弹性正碰，试在不考虑相对论效应的条件下计算构成铍“辐射”的中性粒子的质量。质量用原子质量单位 u 表示，1 u 等于1个 ^{12}C 原子质量的十二分之一，取氢核和氮核的质量分别为1.0 u和14 u。

【解析】这是一道原子物理与力学中的关于动量和能量的综合习题，有一定难度，难点在于要能根据题给信息抽象出“动静弹性碰撞”模型，提炼题目中的有效文字信息，并建立合适的物理模型，运用正确规律才能顺利解答本题。

设构成铍“辐射”的中性粒子的质量和速度分别为 m 和 v_1，氢核的质量为 m_H。构成铍“辐射”的中性粒子与氢核发生弹性正碰，碰后氢核的速度为 v_H'。由上述模型结论可知：

$$v_H' = \frac{2mv_1}{m+m_H}, \quad ①$$

同理，对于质量为 m_N 的氮核，其碰后速度为

$$v_N' = \frac{2mv_1}{m+m_N}, \quad ②$$

由①②式可得

$$m=\frac{m_N v_N'-m_H v_H'}{v_H'-v_N'},\qquad ③$$

根据题意可知

$v_H'=7.0v_N'$,

将上式与题给数据代入③式得

$m=1.2\text{u}$。

【例3】（2007年高考重庆卷）某兴趣小组设计了一种实验装置，用来研究碰撞问题，其模型如图8－5所示，用完全相同的轻绳将N个大小相同、质量不等的小球并列悬挂于一水平杆上，球间有微小间隔，从左到右，球的编号依次为1，2，3，…，N，球的质量依次递减，每球质量与其相邻左球质量之比为k（$k<1$）。将1号球向左拉起，然后由静止释放，使其与2号球碰撞，2号球再与3号球碰撞，……，所有碰撞皆为无机械能损失的正碰。（不计空气阻力，忽略绳的伸长，g取10 m/s²）

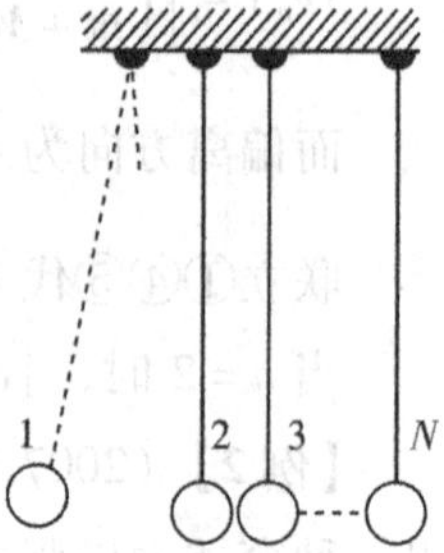

图8－5

（1）设与$n+1$号球碰撞前，n号球的速度为v_n，求$n+1$号球碰撞后的速度。

（2）若$N=5$，在1号球向左拉高h的情况下，要使5号球碰撞后升高$16h$（$16h$小于绳长），问k值为多少？

（3）在第（2）问的条件下，悬挂哪个球的绳最容易断，为什么？

【解析】本题中的两球相碰，均可看成是“动静弹性碰撞”模型。因为每个球的质量依次递减，碰后不会出现入射球反弹的情况。

（1）设n号球质量为m_n，则$n+1$号球的质量$m_{n+1}=km_n$。n号和$n+1$号球碰撞后的速度分别为v_n'和v_{n+1}'，取水平向右为正方向，据题意有n号球与$n+1$号球碰撞前的速度分别为v_n，0，根据动量守恒定律及机械能守恒定律所得的前述模型结论有：

$$v_{n+1}'=\frac{2m_n}{m_n+m_{n+1}}v_n,$$

即：$v_{n+1}'=\dfrac{2}{1+k}v_n$。

（2）设1号球摆至最低点时的速度为v_1，由机械能守恒定律有

$$m_1gh=\frac{1}{2}m_1v_1^2,\ \text{即}\ v_1=\sqrt{2gh},\qquad ①$$

同理可求，5 号球碰后瞬间的速度为

$v_5' = \sqrt{2g \times 16h}$。 ②

设 1 号球的质量为 m，则 2 号球的质量为 km，2 号、3 号、4 号、5 号碰后的速度分别为 v_2'，v_3'，v_4'，v_5'，则由前述结论可知 2 号球碰后的速度为

$$v_2' = \frac{2m}{m+km}v_1 = \frac{2}{1+k}v_1。 \quad ③$$

同理有：$v_3' = \frac{2}{1+k}v_2'$， ④

联立③④式解得：$v_3' = \left(\frac{2}{1+k}\right)^2 v_1$，所以有 $v_5' = \left(\frac{2}{1+k}\right)^4 v_1$， ⑤

由①②⑤可解得：$k = \sqrt{2} - 1 \approx 0.41$（$k = -\sqrt{2} - 1$ 舍去）。

（3）设绳长为 l，每个球在最低点时，细绳对球的拉力为 F，由牛顿第二定律有

$$F - m_n g = m_n \frac{v_n^2}{l}，$$

$$则\ F = m_n g + m_n \frac{v_n^2}{l} = m_n g + \frac{2}{l}E_{kn}。 \quad ⑥$$

其中式中 E_{kn} 为 n 号球在最低点的动能。由题意知 1 号球的重力最大，又由机械能守恒可知 1 号球在最低点碰前的动能也最大，根据⑥式可判断在 1 号球与 2 号球碰前瞬间悬挂 1 号球细绳的张力最大，故悬挂 1 号球的绳最容易断。

【例 4】（2007 年高考广东卷）如图 8-6 所示，在同一竖直平面上，质量为 $2m$ 的小球 A 静止在光滑斜面的底部，斜面高度为 $H = 2L$。小球受到弹簧的弹力作用后，沿斜面向上运动。离开斜面达到最高点时与静止悬挂在此处的小球 B 发生弹性碰撞，碰撞后小球 B 刚好能摆到与悬点 O 同一高度，小球 A 沿水平方向抛射落在水平面 C 上的 P 点，O 点的投影 O' 与 P 的距离为 $\frac{L}{2}$。已知球 B 质量为 m，悬绳长 L，两球视为质点，重力加速度为 g，不计空气阻力，求：

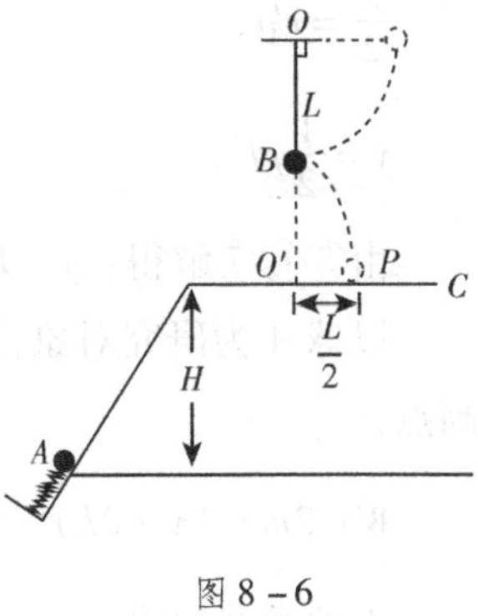

图 8-6

（1）小球 B 在两球碰撞后一瞬间的速度大小；

（2）小球 A 在两球碰撞后一瞬间的速度大小；

（3）弹簧的弹力对小球 A 所做的功。

【解析】本题考查考生对力学基本规律的理解和应用，考查理解和分析能力，A 球上升到最高点时只有水平方向的速度，与处于同一水平方向静止的 B 球发生弹性正碰，然后 B 球获得速度上升到与悬点 O 同一高度，所以此题的关键是能抽象出正确的“动静弹性碰撞”这一物理模型，然后根据碰撞时动量守恒与能量守恒定律求解。

(1) 设碰撞后的一瞬间，球 B 的速度为 v_B'，由于球 B 恰好摆到与悬点 O 同一高度，根据机械能守恒定律有：

$$mgL=\frac{1}{2}mv_B'^2,$$

即：$v_B'=\sqrt{2gL}$； ①

(2) 球 A 到达最高点时，只有水平方向的速度，与球 B 发生弹性碰撞。设碰撞前的一瞬间，球 A 水平方向的速度为 v_A，碰撞后的一瞬间球 A 速度为 v_A'。由上述“动静弹性碰撞”模型结论有：

$$v_A'=\frac{2m-m}{2m+m}v_A=\frac{1}{3}v_A, \quad ②$$

$$v_B'=\frac{2\times 2m}{2m+m}v_A=\frac{4}{3}v_A, \quad ③$$

由①②③解得：$v_A'=\frac{1}{4}\sqrt{2gL}$， ④

则球 A 在碰撞前的一瞬间的速度大小 $v_A=\frac{3}{4}\sqrt{2gL}$； ⑤

(3) 碰后球 A 作平抛运动。设从抛出到落地时间为 t，平抛高度为 y，则：

$$\frac{L}{2}=v_A't, \quad ⑥$$

$$y=\frac{1}{2}gt^2, \quad ⑦$$

由⑤⑥⑦解得：$y=L$。 ⑧

以球 A 为研究对象，弹簧的弹力所做的功为 W，则从静止位置运动到最高点：

$$W-2mg\ (y+2L)\ =\frac{1}{2}\times 2mv_A^2, \quad ⑨$$

由⑤⑧⑨解得：

$$W=\frac{57}{8}mgL。$$

【例5】（2007年高考宁夏卷）在光滑的水平面上，质量为m_1的小球A以速率v_0向右运动。在小球的前方O点处有一质量为m_2的小球B处于静止状态，如图8-7所示。小球A与小球B发生正碰后均向右运动。小球B被Q点处的墙壁弹回后与小球A在P点相遇，$PQ=1.5PO$。假设小球间的碰撞及小球与墙壁之间的碰撞都是弹性的，求两小球质量之比m_1/m_2。

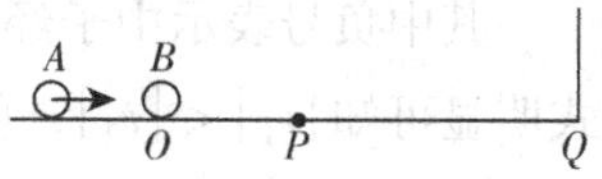

图8-7

【解析】两小球一动一静，且题目明确告知是弹性碰撞，符合"动静弹性碰撞"这一模型的特点，小球B与墙壁碰撞弹回，根据这一物理模型可知小球B反弹回来的速度大小不变。

从两小球碰撞后到它们再次相遇，小球A和B的速度大小保持不变，根据它们通过的路程，可知小球A和小球B碰撞后的速度大小之比为：

$$v_A':v_B'=1:4。 \quad ①$$

设小球A碰撞前的速度为v_A，根据"动静弹性碰撞"模型的结论有：

$$v_A'=\frac{m_1-m_2}{m_1+m_2}v_A, \quad ②$$

$$v_B'=\frac{2m_1}{m_1+m_2}v_A, \quad ③$$

联立①②③解得：$\frac{m_1}{m_2}=2$。

【例6】（2007年高考山东卷）在可逆反应堆中需要给快中子减速，轻水、重水和石墨等常用作减速剂，中子在重水中可与$^2_1$H核碰撞减速，在石墨中与$^{12}_6$C核碰撞减速。上述碰撞可简化为弹性碰撞模型，某反应堆中快中子与静止的靶核发生对心正碰，通过计算说明，仅从一次碰撞考虑，用重水和石墨做减速剂，哪种减速效果更好？

【解析】由题意知，运动的中子分别与静止的$^2_1$H核和$^{12}_6$C核碰撞时简化为弹性碰撞，是典型的"动静弹性碰撞"模型，所以利用本模型的结论可以快速解答本题。

设中子的质量为1 u，则$^2_1$H核的质量为2 u，$^{12}_6$C核的质量为12 u，中子碰撞前的速度为v，分别与$^2_1$H核和$^{12}_6$C核发生弹性正撞后的速度为v_1，v_2，由前述结论有：

$$v_1=\frac{1\text{u}-2\text{u}}{1\text{u}+2\text{u}}v=-\frac{1}{3}v,\ v_2=\frac{1\text{u}-12\text{u}}{1\text{u}+12\text{u}}v=-\frac{11}{13}v,$$

其中负号表示中子经碰撞后被反弹回来，与速度 v 方向相反。由上面两式明显可知 $|v_1|<|v_2|$，所以仅从一次碰撞考虑，用重水作减速剂效果更好。

【例 7】（2007 年高考海南卷）一速度为 v 的高速 α 粒子（${}_{2}^{4}\mathrm{He}$）与同方向运动的氖核（${}_{10}^{20}\mathrm{Ne}$）发生弹性正碰，碰后 α 粒子恰好静止。求碰撞前后氖核的速度（不计相对论修正）。

【解析】该题的场景是两个运动的粒子同向弹性正碰后，一个粒子恰好静止，另一个继续运动，初看似乎与“动静弹性碰撞”模型无关，如果运用逆向思维，我们可以这样认为：一个运动的氖核与一静止的 α 粒子发生弹性正碰，这样刚好满足这一物理模型的特点，所以解决本题的关键还是要能够抽象出恰当的物理模型，这样才能化未知为已知，从而迅速提高解决物理问题的能力。

设 α 粒子与氖核的质量分别为 m_α 与 m_{Ne}，氖核在碰撞前后的速度分别为 v_{Ne} 与 v'_{Ne}，则由前述结论有：

$$v_{\mathrm{Ne}}=\frac{m_{\mathrm{Ne}}-m_\alpha}{m_{\mathrm{Ne}}+m_\alpha}v'_{\mathrm{Ne}}, \quad ①$$

$$v=\frac{2m_{\mathrm{Ne}}}{m_{\mathrm{Ne}}+m_\alpha}v'_{\mathrm{Ne}}, \quad ②$$

又已知

$$\frac{m_\alpha}{m_{\mathrm{Ne}}}=\frac{1}{5}, \quad ③$$

将③式代入①②式得

$$v_{\mathrm{Ne}}=\frac{2}{5}v,\ v'_{\mathrm{Ne}}=\frac{3}{5}v。$$

物理模型的建立是理解物理规律、解决物理问题的一个非常重要的手段，物理模型建立的是否科学合理直接影响着物理过程的分析和物理规律的应用，这也是学生解题成功与否的关键。而“动静弹性碰撞”模型是近几年高考的热点，在今年高考中，四个首批课改省都考查了这一模型。解决这类模型的关键是抓住系统“碰撞”前后动量守恒、机械能守恒（动能不变），具备了这一特征的物理过程且碰撞时一个运动另一个静止，则可理解为“动静弹性碰撞”。这一物理模型能够与很多知识点结合，且联系广泛，题目背景易推陈出新，掌握好这一模型，我们对物理过程和遵循的规律会有较为清楚的认识，就能做到举一反三，从而切实提高自身推理和分析解决问题的能力。

（原载《物理教学》2008 年第 1 期）

第9章 电场

9.1 电场力的性质

9.1.1 要点点精

1. 电场力的性质

电场强度定义式：$E=\frac{F}{q}$

方向：与正（负）电荷受力方向相同（反）

特殊：$F=k\frac{q_1q_2}{r^2}$（库仑定律）

电场强度决定式：$E=k\frac{Q}{r^2}$（条件：Q 为点电荷）

注意：

（1）电场线（或等差等势面）越密的地方，场强越强；电场线的切线方向为场强方向；

（2）在电场中只受电场力时，电场强度 E 的大小、电场力 F 的大小与加速度 a 的大小三者变化趋势相同。

2. 电场线特点及几种典型的电场线

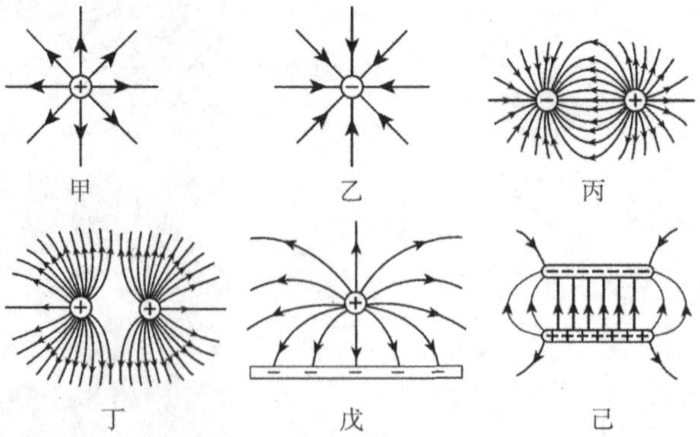

图 9－1

3. **典型电场的电场线特点**

等量同种电荷（图 9 – 2 甲）：

（1）中垂线方向：由 O 点到无穷远处，场强由零先变大后变小最终减到零，方向与中垂线平行；电势逐渐变低（正电荷），或者逐渐变高（负电荷）。

（2）连线方向：场强先变小（到零）后变大；电势先变低后变高（正电荷），或者先变高后变低（负电荷）。

（3）对称点：A 与 A'、B 与 B' 场强等大反向，电势相等。

等量异种电荷（图 9 – 2 乙）：

（1）中垂线方向：由 O 点到无穷远处，场强一直变小到零，方向与中垂线垂直且指向负电荷一侧；电势一直没变（为零），为等势线。

（2）连线方向：场强先变小后变大；由正电荷到负电荷，电势一直变低。

（3）对称点：A 与 A'、B 与 B' 场强等大同向。

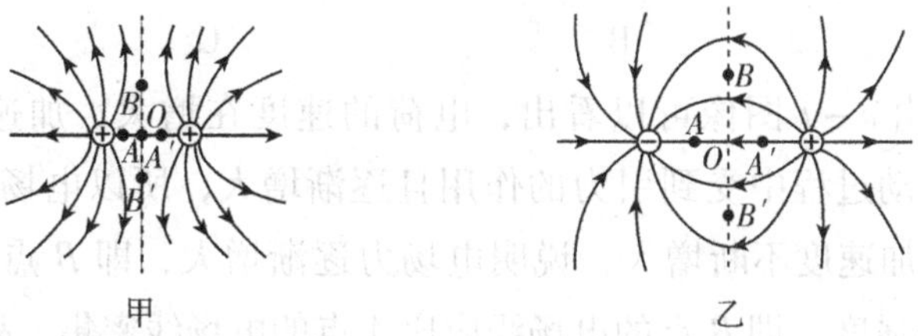

图 9 – 2

4. **带电粒子在电场中的运动**

（1）加速问题：由 $qU=\frac{1}{2}mv^2$，得：$v=\sqrt{\frac{2qU}{m}}$。

（2）偏转问题（类平抛运动）

沿初速度方向：做速度为 v_0 的匀速直线运动。沿电场力方向：做初速度为零的匀加速直线运动。基本公式：

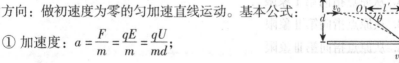

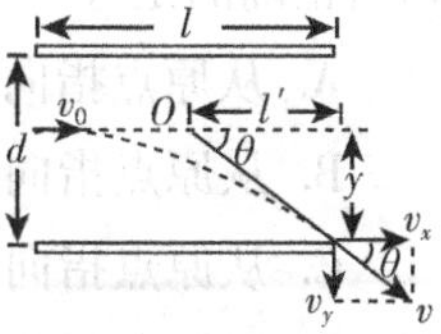

图 9 – 3

① 加速度：$a=\frac{F}{m}=\frac{qE}{m}=\frac{qU}{md}$；

② 运动时间：$t=\frac{l}{v_0}$；

③ 离开电场时的沿电场力方向的速度：$v_y=at=\frac{qUl}{mv_0d}$；

④ 离开电场时的偏转量：$y=\frac{1}{2}at^2=\frac{qUl^2}{2mv_0^2d}$；

⑤ 离开电场时的速度偏转角：$\tan\theta=\frac{v_y}{v_0}=\frac{qUl}{mdv_0^2}$；

⑥ 离开电场时的位移偏转角：$\tan\alpha=\frac{y}{x}=\frac{qUl}{2mdv_0^2}$。

推论：（1）$\tan\theta=2\tan\alpha$；

（2）粒子离开电场以后，似从金属板间线段的中点处沿直线飞出。

9.1.2 典型例题

【例1】 一个负电荷从电场中的 A 点由静止释放，且只在电场力的作用下沿电场线运动到 B 点。其运动的 $v-t$ 图像如图 9－4 所示，则 A 点和 B 点所在区域的电场线分布如下图所示可能正确的是（　　）

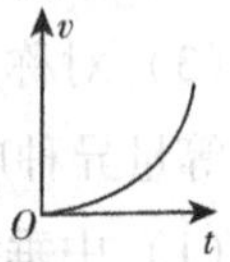

图 9－4

A　　　　B　　　　C　　　　D

【解析】 由 $v-t$ 图像可以看出，电荷的速度在增大，加速度也在增大，所以电荷在运动过程中受到引力的作用且逐渐增大，所以电场线的方向应该是从 B 到 A。加速度不断增大，说明电场力逐渐增大，即 B 点的电场强度大于 A 点的电场强度，即 B 点的电场线应比 A 点的电场线密集。故选项 C 正确。

【例2】 如图 9－5 所示，三个相同的绝缘金属球 a、b、c 分别位于等边三角形的三个顶点上，c 球在 xOy 坐标系原点 O 上，已知 a 和 c 带正电，b 带负电，a 所带电荷量比 b 少。关于 c 受到 a 和 b 的静电力的合力方向，以下判断正确的是（　　）

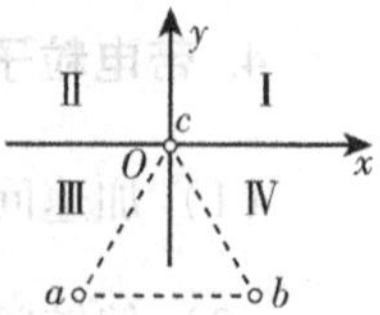

图 9－5

A. 从原点指向第Ⅰ象限

B. 从原点指向第Ⅱ象限

C. 从原点指向第Ⅲ象限

D. 从原点指向第Ⅳ象限

【解析】 假设 a、b、c 的电荷量分别为 q_a，q_b，q_c，三角形边长为 r，根据库仑定律，可以得到 a 和 c 之间的静电力 $F_{ac}=\frac{kq_aq_c}{r^2}$，方向从 a 到 c。b 与 c 之间的静电力 $F_{bc}=\frac{kq_bq_c}{r^2}$，方向从 c 到 b。因为 $q_a<q_b$，故 $F_{ac}<F_{bc}$，由平行四边形定则可知 F_{ac} 和 F_{bc} 合力从原点指向第Ⅳ象限，故选项 D 是正确的。

9.2 电场能的性质

9.2.1 要点点精

1. 电场能的性质

电势 φ：
- 定义式：$\varphi=\dfrac{E_p}{q}\to E_p=q\varphi\to$
  - $W_{电}=qU_{AB}=q(\varphi_A-\varphi_B)$
  - $W_{电}=-\Delta E_p=E_{p1}-E_{p2}$
  - 电场力做正功（负功），电势能减小（增加）
  - 正电荷（负电荷）在电势高的地方，电势能大（小）
- 决定式：$\varphi=k\dfrac{Q}{r}$（Q 为点电荷）→沿着电场线方向，电势降低

注意：电势能的定义：把一电荷（正或负）从某一位置移到零势能面（即参考点），电场力所做的功即为电荷在该位置的电势能）

等势面的特点及几种典型电场的等势面：

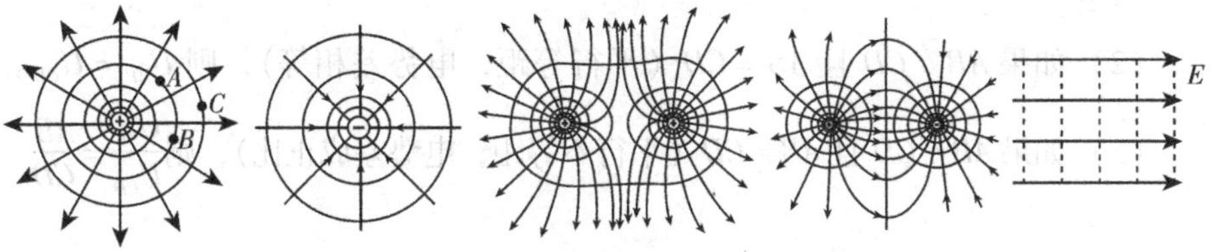

图 9－6

2. 电势差

定义式：$U_{AB}=\dfrac{W_{AB}}{q}$，关系：$U_{AB}=-U_{BA}$，$U_{AD}=U_{AB}+U_{BC}+U_{CD}$；

决定式：$U_{AB}=\varphi_A-\varphi_B=kQ\left(\dfrac{1}{r_A}-\dfrac{1}{r_B}\right)$（其中 Q 为点电荷）。

3. 电容器的电容及其变化

电容 $C\begin{cases}定义式：C=\dfrac{Q}{U}=\dfrac{\Delta Q}{\Delta U}\\ 决定式：C=\dfrac{\varepsilon S}{4\pi kd}\end{cases}$

注意：与电源断开，Q 不变；与电源接通，U 不变。

4. 匀强电场的场强与电势差的关系

$$E=\frac{U}{d}$$

注意：在 $U-x$ 或 $\varphi-x$ 图像中斜率的绝对值 $|k|=E$；斜率的正负号表示电场强度 E 的方向。

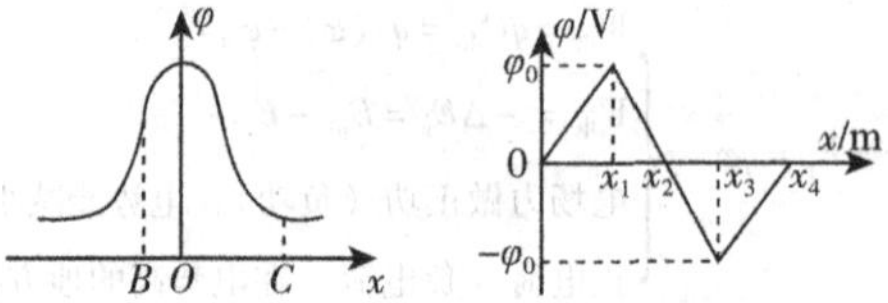

图 9-7

5. 匀强电场中的几个重要推论

(1) A、B 两点连线中点 O 的电势，等于两点电势代数和的一半，$\varphi_o=\dfrac{\varphi_A+\varphi_B}{2}$。

(2) 如果 $AB/\!/CD$ 且 $AB=CD$（平行等距，电势差相等），则 $U_{AB}=U_{CD}$。

(3) 如果 $AB/\!/CD$ 且 $AB\neq CD$（平行不等距，电势差成正比），则 $\dfrac{U_{AB}}{U_{CD}}=\dfrac{AB}{CD}$。

9.2.2 典型例题

【例 1】（多选）如图 9-8 所示，实线为电场线，虚线为等势面，两相邻等势面间电势差相等，A、B、C 为电场中的三个点，且 $AB=BC$。一个带正电的粒子从 A 点开始运动，先后经过 B、C 两点，若带电粒子只受静电力作用，则下列说法正确的是（　　）

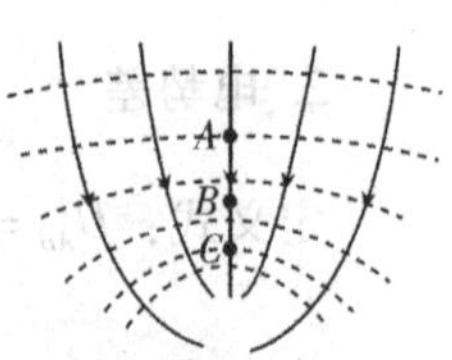

图 9-8

A. 粒子在 A、B、C 三点的加速度大小关系为 $a_C>a_B>a_A$

B. 粒子在 A、B、C 三点的动能大小关系为 $E_{kC}>E_{kB}>E_{kA}$

C. 粒子在 A、B、C 三点的电势能大小关系为 $E_{pC}>E_{pB}>E_{pA}$

D. 粒子由 A 运动到 B 和由 B 运动到 C 静电力做的功相等

【解析】A、B、C 三点的场强大小关系为 $E_C > E_B > E_A$，A 对；粒子从 A 到 C 的过程中，静电力总是做正功，B 对；静电力做正功，电势能降低，$E_{pC} < E_{pB} < E_{pA}$，C 错；$U_{AB} \neq U_{BC}$，D 错。故 AB 选项正确。

【例 2】如图 9－9 所示，匀强电场中有 A、B、C 三点。在以它们为顶点的三角形中，$\angle A = 30°$，$\angle C = 90°$。电场方向与三角形所在平面平行。已知 A、B 和 C 三点的电势分别为 $(2-\sqrt{3})$ V，$(2+\sqrt{3})$ V 和 2 V。该三角形的外接圆上最低、最高电势分别为（　　）

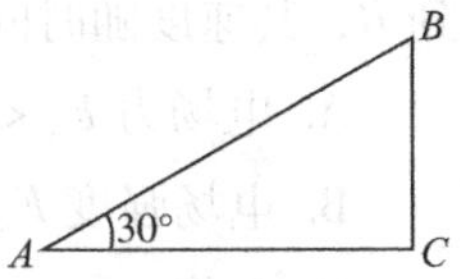

图 9－9

A. $(2-\sqrt{3})$ V，$(2+\sqrt{3})$ V　　　B. 0 V，4 V

C. $\left(2-\dfrac{4\sqrt{3}}{3}\right)$ V，$\left(2+\dfrac{4\sqrt{3}}{3}\right)$ V　　　D. 0 V，$2\sqrt{3}$ V

如图 9－10 所示，匀强电场的等势面和电场线都是等间距平行的，并且电场线和等势面处处垂直，沿着电场线方向，电势降低，AB 的中点 O，即为三角形的外接圆的圆心，由题中数据可得该点电势为 2 V，即 OC 为等势面，其垂线 MN 就应该为电场线，方向从 M 指向 N，$U_{OP} = U_{OA} = \sqrt{3}$ V，$\dfrac{U_{ON}}{U_{OP}} = \dfrac{ON}{OP} = \dfrac{2}{\sqrt{3}}$，$N$ 点电势为零，是电势的最低点，同理可得 M 点电势为 4 V，为电势的最高点。故答案为 B。

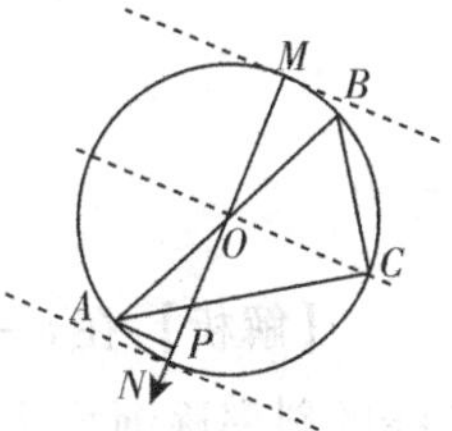

图 9－10

9.3　本章解题方略

电场中的图像问题归类例析

一、$v-t$ 图像

特点：由 $v-t$ 图像的速度和斜率的变化（即加速度的变化），确定电荷所受电场力的方向和大小的变化，进而确定电场强度的方向以及电势的变化（如电势的高低等）。

【例1】（多选）如图9－11甲所示，A、B是一条电场线上的两点，若在某点释放一初速度为零的电子，电子仅受电场力作用，并沿电场线从A运动到B，其速度随时间变化的规律如图乙所示，则（　　）

A. 电场力 $F_A < F_B$

B. 电场强度 $E_A = E_B$

C. 电势 $\varphi_A < \varphi_B$

D. 电势能 $E_{pA} < E_{pB}$

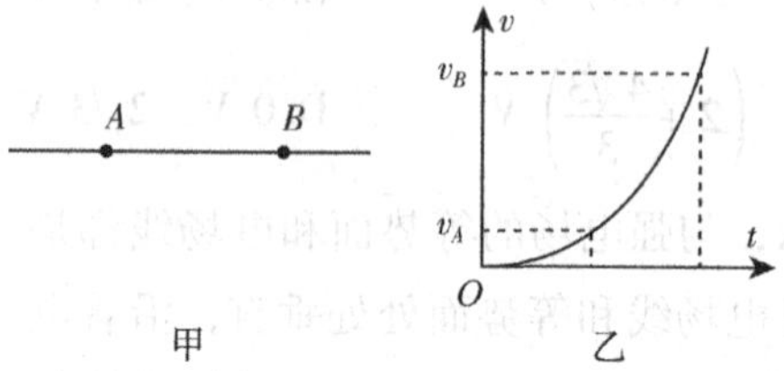

图9－11

【解析】在$v-t$图像中，图线的斜率表示加速度，由图9－11乙看出，图线的斜率逐渐增大，即电子的加速度逐渐增大，电子所受电场力逐渐增大，则电场力$F_A < F_B$，故A正确；电子所受电场力增大，场强也增大，所以电场强度$E_A < E_B$，故B错误；电子由静止开始沿电场线从A运动到B，电场力做正功，则电场力的方向从A到B，电子带负电，所以场强方向从B到A，根据顺电场线方向电势降低可知，电势$\varphi_A < \varphi_B$，故C正确；由图像看出，电子的速度增大，电场力做正功，电子的电势能减小，则电势能$E_{pA} > E_{pB}$，故D错误，所以AC正确，BD错误。

二、$\varphi-x$图像

特点：①$\varphi-x$图线的斜率大小等于电场强度的大小，若电场强度等于零，则$\varphi-x$图线的切线的斜率为零；②根据$\varphi-x$图像，可以直接确定每个点的电势大小，并且可以根据电势大小的关系确定电场强度的方向。③在$\varphi-x$图像中，可以分析电荷运动时其电势能的变化情况，可根据$W_{AB}=qU_{AB}$判断W_{AB}的正负，然后得出结论。

【例2】（单选）空间存在一平行于x轴方向的电场，x轴上各点电势的变

化规律如图 9－12 所示，图线为关于 y 轴对称的抛物线，则下列说法正确的是（　　）

A. 在 $O \sim x_2$ 范围电场强度依次增大，在 $O \sim -x_2$ 范围电场强度依次减小

B. x_1 和 $-x_1$ 两点处的电场强度大小相等，方向相同

C. 正粒子在 x_1 和 $-x_1$ 处的电势能相等

D. 负粒子由 $-x_1$ 沿 x 轴运动到 x_1 的过程中，电势能先增大后减小

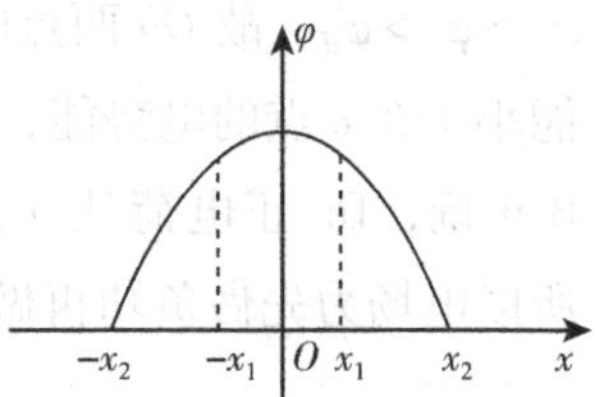

图 9－12

【解析】A. $\varphi - x$ 图像的斜率等于电场强度，由图可知 $O \sim x_2$ 和 $O \sim -x_2$ 范围图线的斜率都逐渐变大，所以 $O \sim x_2$ 和 $O \sim -x_2$ 范围电场强度都要变大，所以 A 错误；B. 由于 x_1 和 $-x_1$ 两点关于 y 轴对称，则两点的斜率大小相等，则这两点的电场强度大小相等，又因为斜率的正负表示电场强度的方向，因此这两点电场强度的方向相反，B 错误；C. 由图像可知 x_1 和 $-x_1$ 两点的电势相等，则由公式 $E_p = q\varphi$ 得正粒子在 x_1 和 $-x_1$ 两点的电势能相等，C 正确；D. 由图像可知，x 轴负半轴电场方向向左，x 轴正方向电场方向向右，由 $-x_1$ 到 O 点负粒子所受的电场力做正功，电势能减小；负粒子在 x 轴正半轴所受的电场力向左，则负粒子由 O 点运动到 x_1 点的过程中，电场力做负功，电势能增大，D 错误。故选 C。

三、$E-x$ 图像

特点：①反映了电场强度随位移的变化规律；②$E<0$ 表示场强沿 x 轴的负方向；$E>0$ 表示场强沿 x 轴的正方向；③图线和 x 轴包围的“面积”等于两点间电势差，这两点的电势高低由电场的方向确定。$E-x$ 图线的斜率没有物理意义。

【例 3】（多选）沿 x 轴方向有一个静电场，电场强度大小随位移的变化规律如图 9－13 所示（图线为正弦线），则以下说法正确的是（　　）

A. Ob 两点的电势差等于 Od 两点的电势差

B. a、c 两点的电势相等

C. 电子在 O 点的电势能大于在 c 点的电势能

D. 正电荷由 a 点沿 x 轴运动到 c 点的过程中，电场力先做负功再做正功

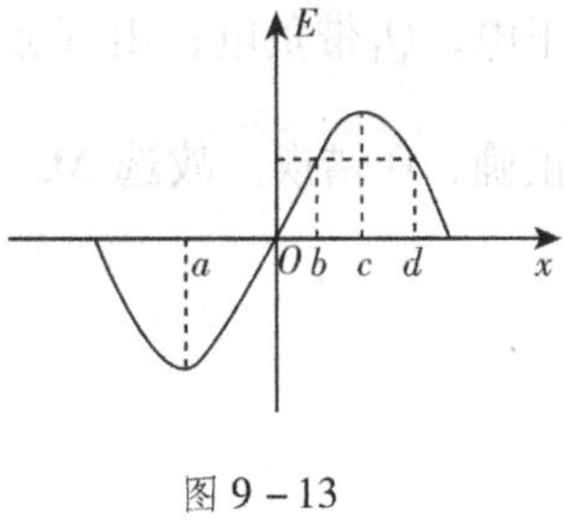

图 9－13

【解析】AC. 由图像可知，在 x 轴正半轴，电场方向沿 x 轴正方向，$\varphi_O >$

$\varphi_b > \varphi_c > \varphi_d$，故 Ob 两点的电势差小于 Od 两点的电势差，电子在 O 点的电势能小于在 c 点的电势能，AC 错误；B. 由对称性可知，a、c 两点的电势相等，B 正确；D. 正电荷从 a 点沿 x 轴运动到 c 点，电场力的方向先向左后向右，所以电场力先做负功再做正功，D 正确。故选 BD。

四、$E_p - x$ 图像

特点：①反映了电势能随位移变化的规律；②切线的斜率大小等于电场力的大小；③可以用来判断电场强度、加速度和动能随位移的变化情况。

【例 4】（多选）两点电荷 Q_1 和 Q_2 固定在 x 轴上，将正检验电荷沿 x 轴的负方向从足够远的地方移动到接近 Q_2（位于原点 O）处。在运动过程中，检验电荷的电势能与其位置的关系如图 9 - 14 所示。下面的选项中正确的是（　　）

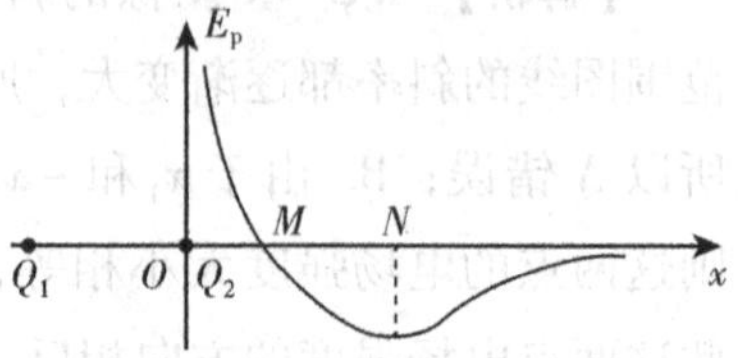

图 9 - 14

A. M 点电势为零，N 点场强为零

B. M 点场强为零，N 点电势为零

C. Q_1 带负电，Q_2 带正电，且 Q_2 电荷量较小

D. Q_1 带正电，Q_2 带负电，且 Q_1 电荷量较小

【解析】 M 点处电势能为 0，所以 M 点的电势为零；$E_p - x$ 图像的斜率 $\frac{\Delta E_p}{\Delta x} = qE$，则 N 点场强为零，A 正确，B 错误。正检验电荷从距 Q_2 较近处沿 x 轴负方向向 Q_2 移近过程中，电势能逐渐增大，从足够远处沿 x 轴负方向向 Q_2 移近时，电势能先减小后增大，由于正电荷在电势高处电势能大，可知 Q_2 带正电，Q_1 带负电；由 N 点场强为零，有 $\frac{kQ_1}{r_1^2} = \frac{kQ_2}{r_2^2}$，又 $r_1 > r_2$，则 $Q_1 > Q_2$，C 正确，D 错误。故选 AC。

第10章 恒定电流

10.1　恒定电流的基本规律

10.1.1　要点点精

1. **基本概念**

(1) 电流：$I=\frac{q}{t}$，变形：$q=It$，微观表达式：$I=nqSv$。

(2) 电源：通过非静力做功把其他形式的能转化为电能的装置。

(3) 电动势：表征电源把其他形式的能转化为电能本领的物理量，由电源本身的性质决定（注意：不是把其他形式的能转化为电能越多，电动势就越大）。电动势在数值上等于电源没有接入外电路时两极间的电压，当外电路断开时，用电压表可粗略测出。

2. **串联、并联电路的性质与特点**

(1) 串联电路

电流关系：电流处处相等，$I_1=I_2=I_3=\cdots$

电压关系：总电压等于各电阻两端的电压之和，$U=U_1+U_2+U_3+\cdots$

电阻关系：总电阻等于各电阻之和，$R=R_1+R_2+R_3+\cdots$（总电阻比任一电阻都要大）

串联分压关系：各电阻两端的电压与其电阻成正比（电阻越大，分压就越多）

$$\frac{U_1}{R_1}=\frac{U_2}{R_2}=\frac{U_3}{R_3}=\cdots=\frac{U_n}{R_n}=I \text{ 或 } U_1:U_2:U_3:\cdots=R_1:R_2:R_3:\cdots$$

两电阻串联的分压关系：$U_1=\frac{R_1}{R_1+R_2}U$，$U_2=\frac{R_2}{R_1+R_2}U$

功率分配关系：各电阻消耗的功率与其电阻成正比（电阻越大，消耗的功率就越多）

$$\frac{P_1}{R_1}=\frac{P_2}{R_2}=\frac{P_3}{R_3}=\cdots=\frac{P_n}{R_n}=I^2 \text{ 或 } P_1:P_2:P_3:\cdots=R_1:R_2:R_3:\cdots$$

两电阻串联的功率分配关系：$P_1=\frac{R_1}{R_1+R_2}P$，$P_2=\frac{R_2}{R_1+R_2}P$

（2）并联电路

电流关系：干路电流等于各支路电流之和，$I=I_1+I_2+I_3+\cdots$

电压关系：各支路两端电压相等，$U=U_1=U_2=U_3=\cdots$

电阻关系：总电阻的倒数等于各电阻的倒数之和，

$\frac{1}{R}=\frac{1}{R_1}+\frac{1}{R_2}+\frac{1}{R_2}+\cdots$或$R=\frac{R_1R_2}{R_1+R_2}$（两电阻并联）

注意： ① 并联支路越多，总电阻越小（相当于电阻的横截面积增大）；

② 总电阻比任一支路的电阻都小，比最小的电阻还要小；

③ 任一支路电阻增大，总电阻增大。

并联分流关系：各电阻两端的电压与其电阻成正比（电阻越大，分流就越少）

$I_1R_1=I_2R_2=I_3R_3=\cdots=I_nR_n=U$ 或 $I_1:I_2:I_3:\cdots=\frac{1}{R_1}:\frac{1}{R_2}:\frac{1}{R_3}:\cdots$

两电阻并联的分流关系：$I_1=\frac{R_2}{R_1+R_2}I$，$I_2=\frac{R_1}{R_1+R_2}I$

功率分配关系：各电阻消耗的功率与其电阻成反比（电阻越大，消耗的功率就越少）

$P_1R_1=P_2R_2=P_3R_3=\cdots=P_nR_n=U^2$ 或 $P_1:P_2:P_3:\cdots=\frac{1}{R_1}:\frac{1}{R_2}:\frac{1}{R_3}:\cdots$

两电阻并联的功率分配关系：$P_1=\frac{R_2}{R_1+R_2}P$，$P_2=\frac{R_1}{R_1+R_2}P$

3. 电阻

$R=\frac{U}{I}$（定义式）　　$R=\frac{\Delta U}{\Delta I}$（$R$ 为定值电阻）

$R=\rho\frac{l}{S}$——电阻定律（**注意：**横截面积 $S=\pi R^2=\frac{\pi D^2}{4}$）

4. 电功、电功率、焦耳定律

电流做的功（消耗的电能）：$W=qU=UIt$　　电功率：$P_电=\frac{W}{t}=UI$

电阻发热（焦耳定律）：$Q=I^2Rt$　　热功率：$P_热=\frac{Q}{t}=I^2R$

纯电阻电路和非纯电阻电路（含电动机、电解槽等）的比较：

	纯电阻电路	非纯电阻电路
能量转化情况	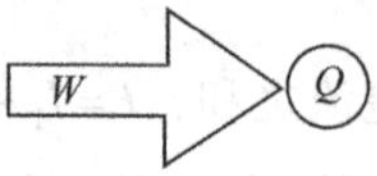	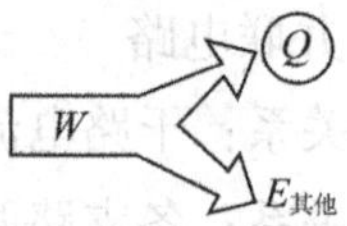
电功和电热的关系	$W=Q$ 即 $UIt=I^2Rt=\frac{U^2}{R}t$	$W=Q+E_{其他}$ 即 $UIt=I^2Rt+E_{其他}$
电功率和热功率的关系	$P=P_{热}$ 即 $UI=I^2R=\frac{U^2}{R}$	$P=P_{热}+P_{其他}$ 即 $UI=I^2R+P_{其他}$
欧姆定律是否成立	成立，$U=IR$，$I=\frac{U}{R}$	不成立，$U>IR$，$I<\frac{U}{R}$

5. 闭合电路的欧姆定律

（1）几种表达形式

① 电流形式：$I=\frac{E}{R+r}$，说明电流与电源电动势成正比，与电路的总电阻成反比。

② 电压形式：$E=Ir+IR$ 或 $E=U_{内}+U_{外}$，表明电源电动势在数值上等于电路中内、外电压之和。

③ 功率形式：$IE=IU_{外}+IU_{内}$或 $IE=IU_{外}+I^2r$。

说明：$I=\frac{E}{R+r}$或 $E=IR+Ir$ 只适用于外电路是纯电阻电路；$E=U+U_{内}$，既适用于外电路为纯电阻电路，也适用于外电路为非纯电阻电路。

基本公式：$E=U+U_{内}$，或 $E=U+Ir$，或 $E=I$（$R+r$），或 $I=\frac{E}{R+r}$。

（2）路端电压 U 与电流 I 关系（$U-I$ 关系）

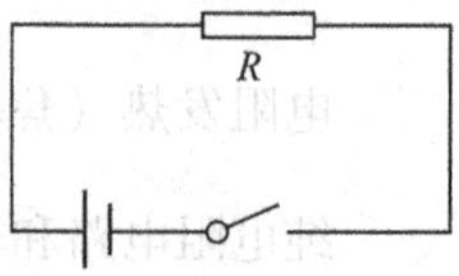

图 10－1

① 如图 10－2，a 线是闭合电路的欧姆定律 $U-I$ 关系，是电源的特征曲线，b 线是部分电路的欧姆定律 $U-I$ 关系，是电阻的特征曲线；

② a 线与纵轴交点表示电源电动势 E，斜率的绝对

值表示电源的内阻，即 $r=\dfrac{E}{I_m}=\left|\dfrac{\Delta U}{\Delta I}\right|$；

③ a 线与横轴交点表示短路电流 I_m 时，条件是纵坐标电压 U 从零开始，且 $I_m=\dfrac{E}{r}$；

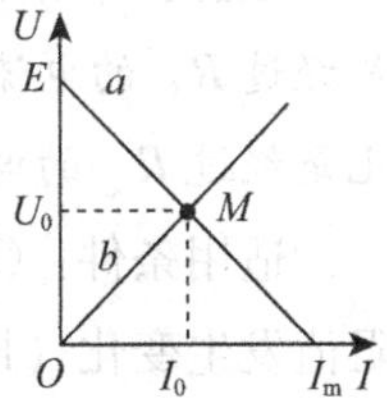

图 10－2

④ b 线斜率表示外电阻 R；

⑤ b 线与 a 线的交点表示此时电路的路端电压为 U_0，总电流为 I_0，$P_{出}=U_0I_0$。

电源的效率为 $\eta=\dfrac{U_0}{E}\times100\%=\dfrac{R}{R+r}\times100\%$。

（3）电路中各种功率的计算

电源的输出功率：$P_{出}=UI=I^2R=\dfrac{U^2}{R}$（**条件**：外电路为纯电阻电路）

电源内阻的消耗功率：$P_{内}=U_{内}I=I^2r=\dfrac{U_{内}^2}{r}$

电源的总功率：$P_{总}=P_{出}+P_{内}=UI+I^2r=EI=I^2(r+R)=\dfrac{E^2}{R+r}$

（**条件**：外电路为纯电阻电路）

（4）电源的效率 $\eta=\dfrac{P_{出}}{P_{总}}\times100\%=\dfrac{U}{E}\times100\%=\dfrac{R}{R+r}\times100\%$

（5）电源的输出功率随外电阻的变化关系

$P_{出}=I^2R=\dfrac{E^2R}{(R+r)^2}=\dfrac{E^2}{(R-r)^2/R+4r}$

① 当 $R=r$ 时，有最大输出功率：$P_m=\dfrac{E^2}{4r}$；

② 任意一个输出功率（除最大功率外）P_0 对应于两个不同的外电阻 R_1 和 R_2，且 $r=\sqrt{R_1R_2}$；

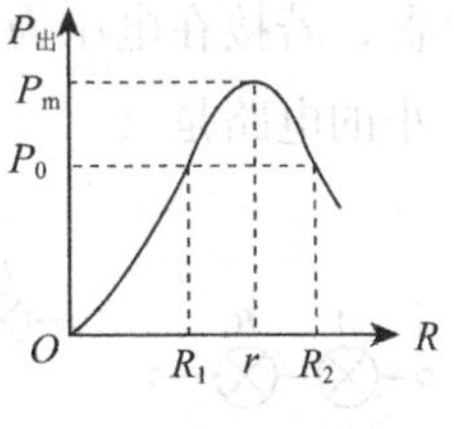

图 10－3

③ 当 $R<r$ 时，$R\uparrow\Rightarrow P_{出}\uparrow$；当 $R>r$ 时，$R\uparrow\Rightarrow P_{出}\downarrow$；

④ 电源的效率：$R\uparrow\Rightarrow\eta\uparrow$，当 $R=r$ 时，电源的输出功率最大，但效率仅为50%。

6. **动态电路的分析**

（1）串反并同法

串反：当电路中其中一个电阻变化时，与其串联或间接串联的各电学量（如电压、电流和功率）会发生相反的变化。

并同：当电路中其中一个电阻变化时，与其并联或间接并联的各电学量

（如电压、电流和功率）也会发生相同的变化。

注意：串并联关系的判断只能以“电阻 R 变化部分的电阻”为标准：凡是经过 $R_{变}$ 的电流经过（不管是全部还是部分）R_x，则 R 和 R_x 属于串联关系；凡是经过 $R_{变}$ 的电流一定不经过 R_x，则 R 和 R_x 属于并联关系。

适用条件：①电源内阻不为零或等效内阻不为零；②电路中只有电阻 R 阻值发生变化（即电阻 R 不能为分压接入）。

（2）总电阻变化判断方法

① 外电路任一电阻增大（减小），则总电阻就增大（减小）；

② 开关的通断使串联的用电器增多时，总电阻增大；

③ 开关的通断使并联的支路增多时，总电阻减小。

7. $R=\dfrac{\Delta U}{\Delta I}$与 $r=\dfrac{\Delta U}{\Delta I}$的区别

对于线性电阻 R：$R=\dfrac{U}{I}=\dfrac{\Delta U}{\Delta I}$；

对非线性电阻（或变化的外电阻）R：$R=\dfrac{U}{I}$，但 $R\neq\dfrac{\Delta U}{\Delta I}$。此时 $r=\dfrac{\Delta U}{\Delta I}$，$r$ 为电源的内阻或等效内阻。

10.1.2 典型例题

【例1】 额定电压都是 110 V，额定功率 $P_A=100$ W，$P_B=40$ W 的灯泡两盏，若接在电压为 220 V 的电路上时，两盏灯泡均能正常发光且消耗功率最小的电路是（　　）

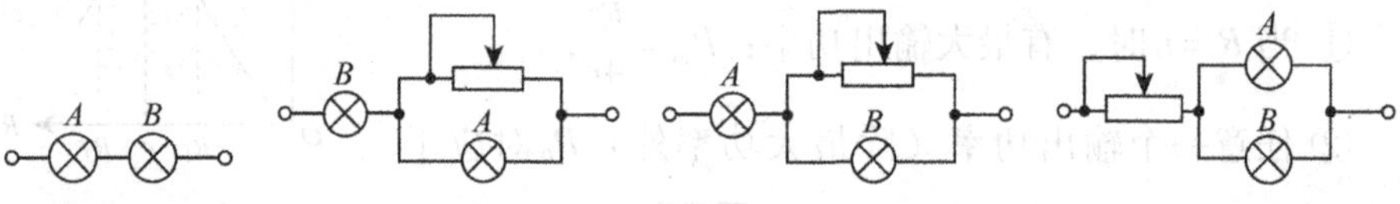

A　　　　B　　　　C　　　　D

【解析】 对灯泡有 $P=UI=\dfrac{U^2}{R}$，可知 $R_A<R_B$；在 A 选项中，由于 $R_A<R_B$，所以 $U_A<U_B$。由于 $U_B>110$ V，所以 B 灯烧毁，而 $U_A<110$ V，小于 A 灯的额定电压，A 灯不能正常发光；在 B 选项中，由于 $R_A<R_B$，A 灯与滑动变阻器并联，并联电阻显然小于 R_B，故 $U_B>U_{并}$，B 灯烧毁，且 A 灯不能正常发光；对于 C 选项，B 灯和滑动变阻器并联的电阻可能等于 R_A，因此 $U_A=U_B=110$ V，两灯都可以正常发光。对于 D 选项，如果滑动变阻器的有效电阻等于 A 和 B 的并联电阻，$U_A=U_B=110$ V，则两盏灯均可以正常发光。通过比较 C 和 D 选项中的两个电路，C 中的滑动变阻器的功率 $P=(I_A-I_B)\times110\ \text{V}$，而 D 中的滑动变阻器的功率 $P=(I_A+I_B)\times110\ \text{V}$，所以 C 选项中电路消耗的电能最低。故 C 正确。

【例 2】 小型直流电动机（其线圈内阻为 $r=1\ \Omega$）与规格为“4 V 4 W”的小灯泡并联，再和阻值 $R=5\ \Omega$ 的电阻串联，接在 $U=12$ V 电源两端，如图 10－4 所示，小灯泡恰好可以正常发光，电动机可以正常工作，求：

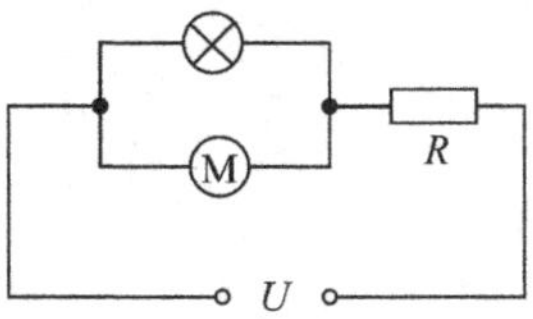

图 10－4

（1）通过电动机的电流；

（2）电动机的输出功率 $P_出$；

（3）电动机的效率。

【解析】（1）灯泡的电流：$I_L=\dfrac{P_L}{U_L}=\dfrac{4}{4}\ \text{A}=1\ \text{A}$；

电阻 R 的电流：$I_R=\dfrac{U-U_L}{R}=\dfrac{12-4}{5}\ \text{A}=1.6\ \text{A}$；

电动机的电流：$I=I_R-I_L=0.6\ \text{A}$；

（2）电动机消耗的总功率：$P=U_LI=4\times0.6\ \text{W}=2.4\ \text{W}$；

电动机的热功率：$P_热=I^2r=0.6^2\times1\ \text{W}=0.36\ \text{W}$；

电动机的输出功率：$P_出=P-P_热=2.04\ \text{W}$；

（3）电动机的效率：

$$\eta=\frac{P_出}{P}\times100\%=\frac{2.04}{2.4}\times100\%=85\%。$$

10.2 恒定电流的典型实验

10.2.1 要点点精

1. 电阻的测量方法

(1) 伏安法测电阻

① 测量电路——内接法、外接法

	内接法	外接法
电路图	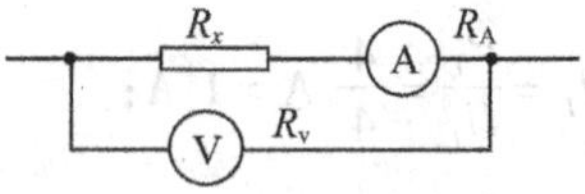	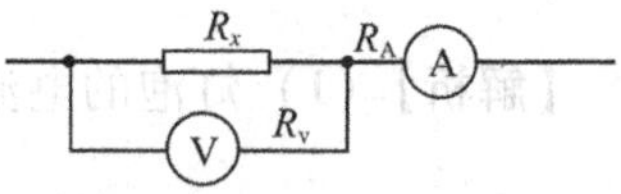
适用条件	$R_x >> R_A$ 或 $R_x^2 > R_A R_V$	$R_x << R_V$ 或 $R_x^2 < R_A R_V$
误差分析	$R_{测} = \frac{U_{测}}{I_{测}} = R_x + R_A > R_x$ 由于电流表的分压， 测量值大于真实值	$R_{测} = \frac{U_{测}}{I_{测}} = \frac{R_x R_V}{R_x + R_V} < R_x$ 由于电压表的分流， 测量值小于真实值
简记	大内小外；大内偏大，小外偏小	

② 供电电路（滑动变阻器的两种接法）——限流式、分压式

	限流式	分压式	
电路图	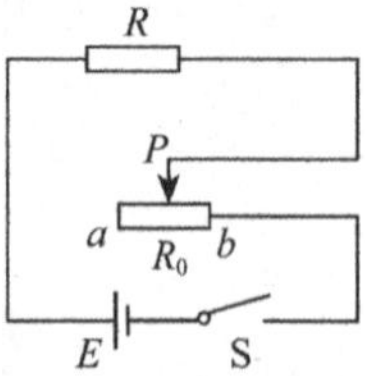	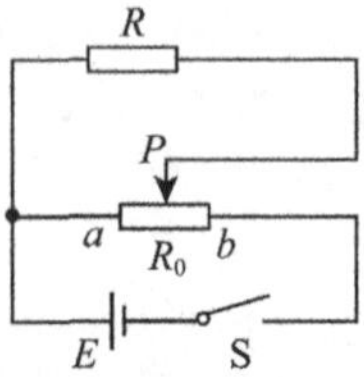	串并联 关系不同

续表

	限流式	分压式	
负载 R 上电压调节范围	$\frac{RE}{R+R_0} \leqslant U \leqslant E$	$0 \leqslant U \leqslant E$	分压调节范围大
负载 R 上电流调节范围	$\frac{E}{R+R_0} \leqslant I \leqslant \frac{E}{R}$	$0 \leqslant I \leqslant \frac{E}{R}$	分压调节范围大
闭合前触头 P 位置	a 端	a 端	为了保护电路元件，S 闭合时使电流、电压最小
适用条件	"滑小""零起""烧表"必须用分压式，其他情况两种方式都可用，但优先选用限流式		

电压表、电流表、滑动变阻器的选择：

电压表、电流表要求在保证安全的前提下（即最大电流、最大电压不要超过其量程），测量读数最好在满偏刻度的$\frac{1}{3}$ ~ $\frac{2}{3}$范围内；滑动变阻器要求便于调节，一般选总阻值小的。

（2）半偏法测电阻

① 恒流半偏法

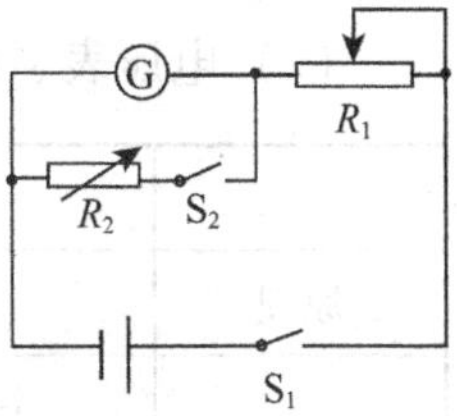

图 10－5

实验原理：先断开 S_2，闭合 S_1，调节滑动变阻器使电流表满偏，然后闭合 S_2 接通电阻箱 R_2，并调节电阻箱使电流表半偏，由于总电流几乎不变，电流表和 R_2上各有一半电流通过，这意味着它们的电阻相等，此时读出电阻箱的电阻值，即为电流表的内阻 $R_g = R_2$。

注意事项：

① 保证 $R_1 >> R_2$：当变阻器 R_2接入时，总电流保持几乎恒定不变是至关重要的，这样每个支路的电流各有一半。因此，R_1的实际阻值应远大于电流表的内阻（$R_1 > 100R_2$），这样总电流几乎保持不变。

② 电源电动势应尽可能大：R_1的大小不是由滑动变阻器的电阻值决定的，而是由以下公式决定：$R_1 = \frac{E}{I_g} - R_g$，在实验中，$I_g$ 和 R_g 都是一定的，为保证 $R_1 > 100R_2$，因此电源电动势应尽量选大一点的好。

③ 在调节电阻箱时，变阻器 R_1 要保持不变。

误差分析：若不能保证 $R_1 > > R_2$，由闭合电路欧姆定律（电源内阻忽略不计），有

$$E = I_g(R_1 + R_g),\ E = \frac{1}{2}I_gR_g + \left(\frac{\frac{1}{2}I_gR_g}{R_2} + \frac{1}{2}I_g\right)R_1,$$

化简得到 $R_g = \dfrac{R_1R_2}{R_1 - R_2} > R_2$，测量值偏小。

② 恒压半偏法

实验原理：闭合 S，调节 $R_0 = 0$，再调节 R 使电压表指针满偏，保持变阻器电阻值 R 不变，调节 R_0 使电压表指针半偏，记下 R_0 的值，则 $R_V = R_0$。

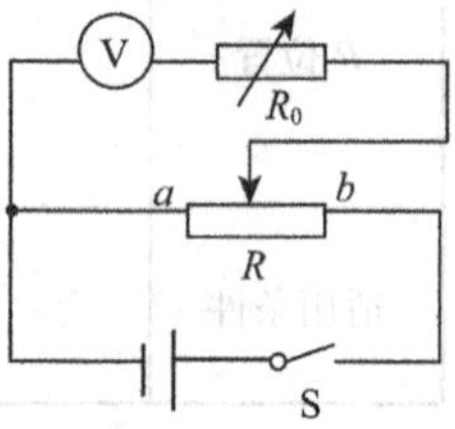

图 10－6

注意事项：$R_0 > > R$。

误差分析：$R_{测} > R_{真}$。

2. 电表的改装

(1) 小量程电流表（表头）

工作原理：指针偏转的角度与通过表头电流的大小成正比，即 $\theta = kI$。

三个参数：满偏电流 I_g，表头内阻 R_g，满偏电压 U_g，它们的关系为 $U_g = I_gR_g$。

(2) 电压表、电流表的改装

	改装为电压表	改装为电流表
原理	串联分压	并联分流
改装原理图	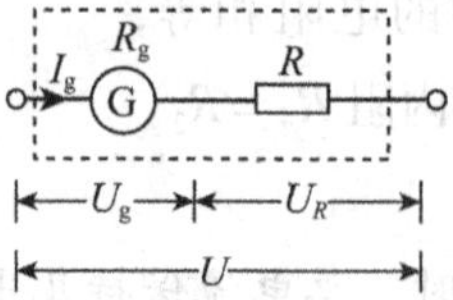	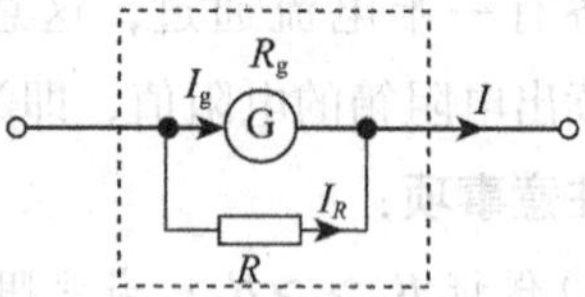
扩大量程原理	$R = \dfrac{U - I_gR_g}{I_g}$ $R = (n-1)R_g$，其中 $n = \dfrac{U}{U_g}$	$R = \dfrac{I_gR_g}{I - I_g}$ $R = \dfrac{1}{n-1}R_g$，其中 $n = \dfrac{I}{I_g}$
改装后电表内阻	$R_V = R + R_g > R_g$	$R_A = \dfrac{RR_g}{R + R_g} < R_g$

注意： 电压表和电流表实际上是一个特殊的电阻，如果已知电压表内阻 R_V 和电流表的内阻 R_A，则不管是电压表还是电流表都有三种作用：当作电阻使用，当作电压表使用，当作电流表使用，即“一表三用”。不管是改装成电压表还是电流表，电阻均可用串并联电路基本知识求解，并牢记“串联分压，并联分流”。

3. 测电源的电动势与内阻

（1）$U-I$ 法

① 公式法

由 $U=E-Ir$ 得：

$$E=\frac{I_1U_2-I_2U_1}{I_1-I_2},$$

$$r=\frac{U_2-U_1}{I_1-I_2};$$

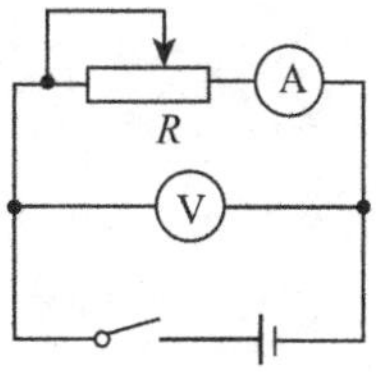

图 10－7

② 图像法

图线与纵轴的交点为电动势 E，图线与横轴的交点为短路电流（U 从零开始）。

短路电流 $I_{短}=\frac{E}{r}$。

图线斜率的绝对值表示内阻 $r=\left|\frac{\Delta U}{\Delta I}\right|$。

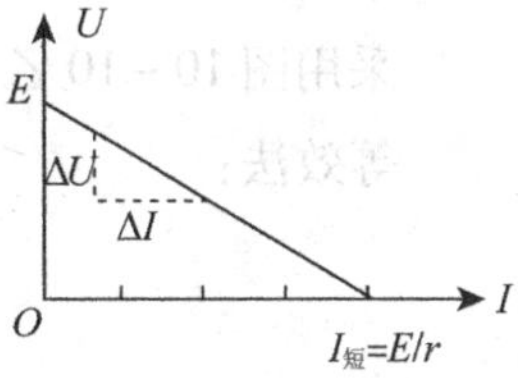

图 10－8

注意事项：

如图 10－9 甲所示，由于内阻较小，U 的变化很小，图线下面大部分面积得不到利用，则可使电压 U 轴不从零开始，而电流 I 必须从零开始得出如图10－9 乙所示的 $U-I$ 图线。

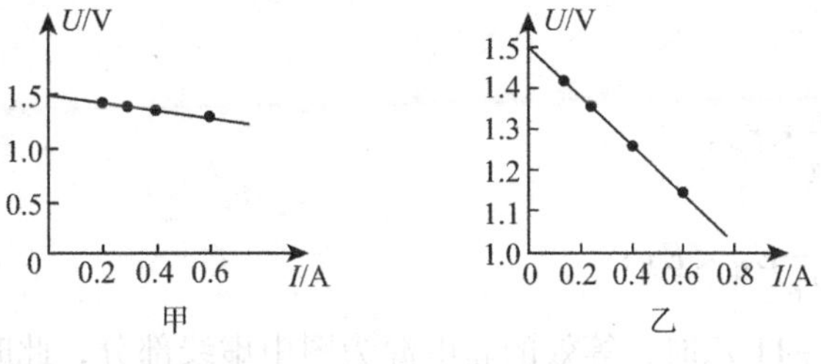

图 10－9

电源应尽量选内阻大一些的旧干电池，实验时电流 I 不要调得过大，每次读完 U、I 值应立即断开电源。

③ 误差分析：

图像法：

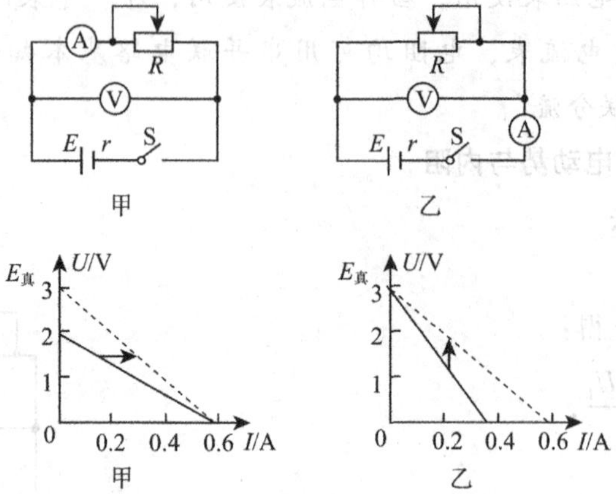

图 10－10

采用图 10－10 甲图由于电压表的分流而产生误差：$E_{测} < E_{真}$，$r_{测} < r_{真}$；

采用图 10－10 乙由于电流表的分压而产生误差：$E_{测} = E_{真}$，$r_{测} > r_{真}$。

等效法：

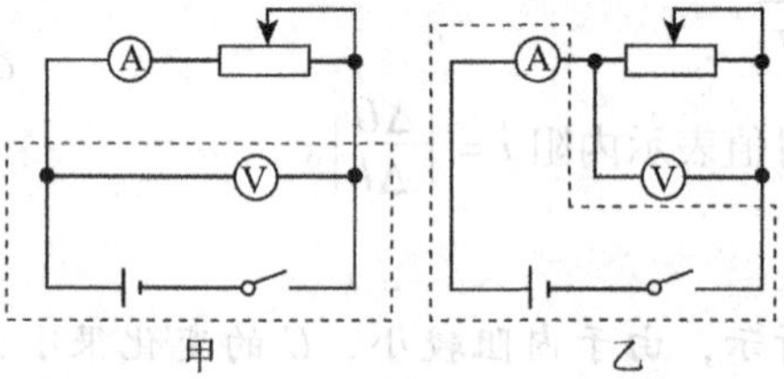

图 10－11

采用图 10－11 甲时，等效的新电源为图中虚线部分，此时如果断开外电路，则有

$$r_{测} = \frac{R_V \cdot r_{真}}{R_V + r_{真}} < r_{真},$$

$$E_{测} = \frac{R_V}{R_V + r_{真}} E_{真} < E_{真};$$

采用图 10－11 乙时，等效的新电源为图中虚线部分，此时如果断开外电路，则有

$r_{测} = r_{真} + R_A > r_{真}$，

$E_{测} = E_{真}$（内阻的测量误差非常大，所以一般不用此接法）。

(2) $I-R$ 法

由欧姆定律 $E=I(R+r)$ 可知，

$$\begin{cases}E=I_1(R_1+r),\\E=I_2(R_2+r),\end{cases}$$

把 $U_1=I_1R_1$ 和 $U_2=I_2R_2$ 对应代入 $U-I$ 法中即可求解。

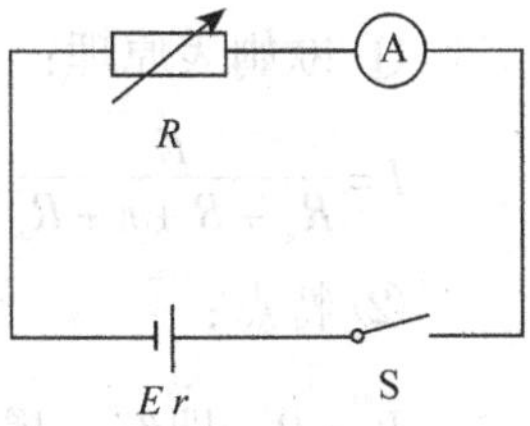

图 10－12

（**注意**：相当于用 IR 代替电压表的示数 U，与 $U-I$ 法（图 10－10 乙）相同）

说明：应用此种方法测得的电动势无系统误差，但内阻偏大。

(3) $U-R$ 法

根据 $E=U+\frac{U}{R}r$ 有

$$\begin{cases}E=U_1+\dfrac{U_1}{R_1}r,\\E=U_2+\dfrac{U_2}{R_2}r,\end{cases}$$

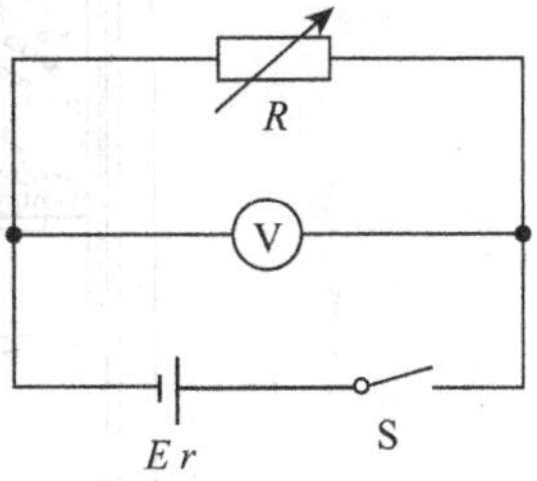

图 10－13

把 $I_1=\frac{U_1}{R_1}$和 $I_2=\frac{U_2}{R_2}$对应代入 $U-I$ 法中即可求解。

（**注意**：相当于用$\frac{U}{R}$代替电流表的示数 I，与 $U-I$ 法（图 10－10 甲）相同）

说明：应用此种方法测得的电动势和内阻均偏小。

4. 多用电表的使用

(1) 电压/电流挡读数：

方法：先选任一量程读数（但最好为 10 的整数倍），然后根据比值求出。

实例：若量程为 5 V，则读数为__________ V。

任选量程 250 读数为 175 V，根据$\frac{175}{U}=\frac{250}{5}$，得 $U=3.50$ V。

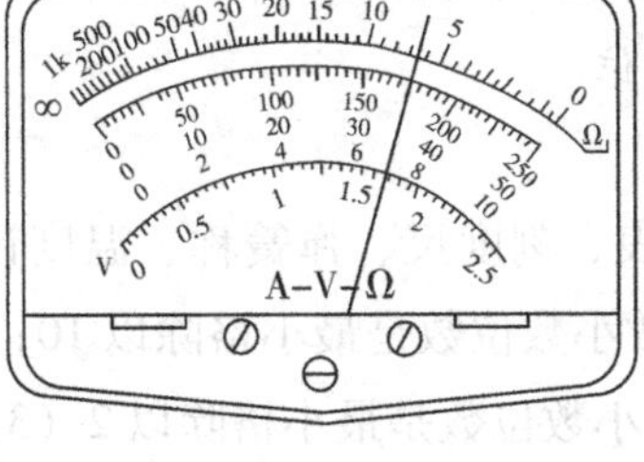

图 10－14

（2）欧姆表

① 欧姆表原理：

$I=\dfrac{E}{R_g+R+r+R_x}$，即 I 与 R_x 一一对应。

② 特点：

$R_x=0$，即红、黑表笔直接接触，此时 $I_g=\dfrac{E}{R_g+R+r}$，指针偏转角度最大，刻度值为零。

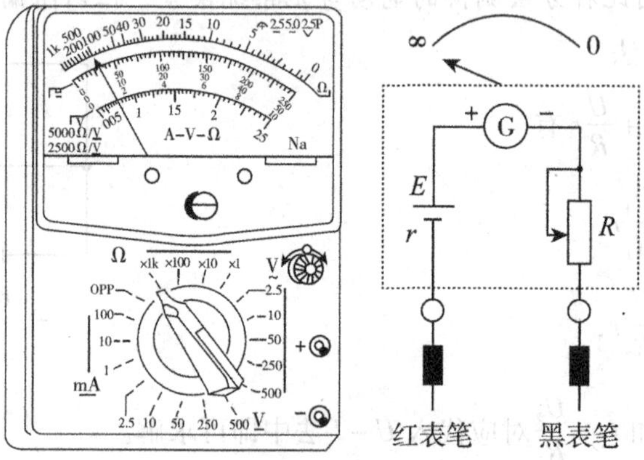

图 10－15

红、黑表笔不接触，$I=0$，指针不偏转，刻度值为∞。

测电阻 R_x 时，$I=\dfrac{E}{R_g+R+r+R_x}$。由于 I 和 R_x 之间不成线性关系，所以欧姆表刻度是不均匀的。测量时被测电阻要与原电路断开。

注意：

$R_{中}=R_{内}=r+R_g+R=\dfrac{E}{I_g}$，即中值电阻等于欧姆表的内阻。每次换挡，一定要重新进行欧姆调零。当偏角较小时，说明被测电阻阻值太大（不是太小），需要换用更大的挡位。

5. 基本仪表的读数

（1）电压表、电流表、刻度尺、弹簧称、温度计、天平的读数：若最小格是以 1 结尾的，则读数小数位数是最小格除以 10；若最小格是以 2（3，4，…，9）结尾的，则读数小数位数是最小格除以 2（3，4，…，9）。

（2）游标卡尺

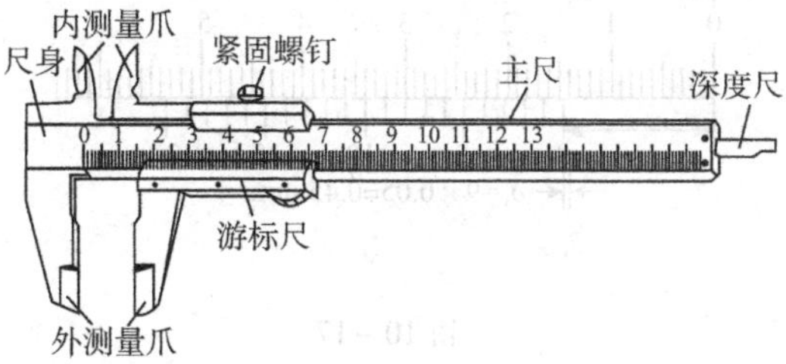

图 10－16

① 原理

不管游标尺上有多少个小等分刻度，它的刻度部分的总长度比主尺上的同样多的小等分刻度少 1 mm。常见的游标卡尺的游标尺上小等分刻度有 10 个的、20 个的和 50 个的，见下表：

刻度格数（分度）	刻度总长度	每小格与 1 mm 的差值	精确度（可准确到）
10	9 mm	0.1 mm	0.1 mm，即$\frac{1}{10}$ mm
20	19 mm	0.05 mm	0.05 mm，即$\frac{1}{20}$ mm
50	49 mm	0.02 mm	0.02 mm，即$\frac{1}{50}$ mm

② 读数：（要重点掌握）

如图 10－17 所示，若用 x 表示由主尺上读出的整毫米数；δ_x 表示小数毫米数，K 表示从游标尺上读出与主尺上某一刻线对齐的游标的格数，则记录结果表达式为（读数 $=x+\delta_x=x+K\times$ 精确度）mm。

主尺上读出副尺零刻线以左（简称：零起）的刻度，则：$x=14$ mm。

副尺上有一条刻度线与主尺对齐，则：

$\delta_x=0.05\times9$ mm $=0.45$ mm。将所得到的整数和小数部分相加，就是最终读数：$x+\delta_x=14$ mm $+0.45$ mm $=14.45$ mm $=1.445$ cm。

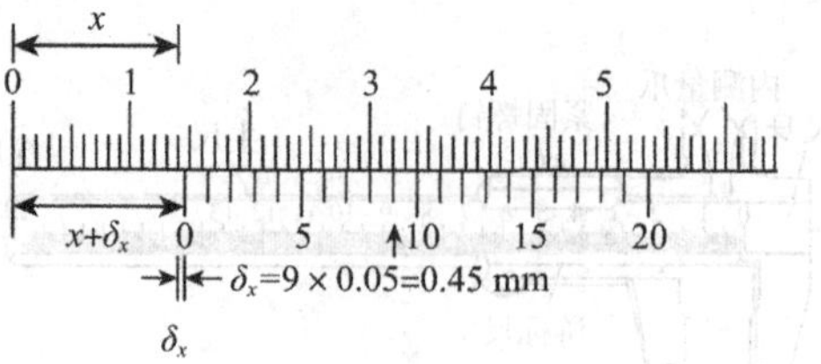

图 10 - 17

（3）螺旋测微器

① 原理：

测微螺杆 P 与固定刻度 S 之间的精密螺纹的螺距为 0.5 mm，即旋钮 K 每旋转一周，P 前进或后退 0.5 mm，而可动刻度 H 上的刻度为 50 小格，每转动一小格，P 前进或后退 0.01 mm，即螺旋测微器的精确度为 0.01 mm。读数时要估读到毫米的千分位，因此，螺旋测微器又叫千分尺。

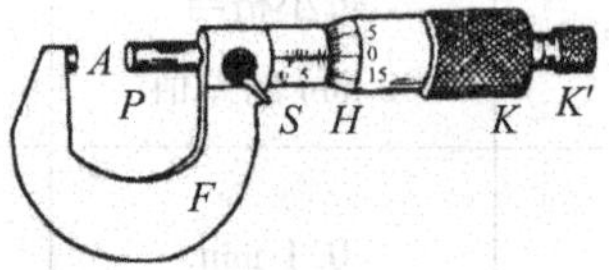

图 10 - 18

② 读数：（要重点掌握）

测量值（毫米）＝固定刻度数（毫米）（注意半毫米刻线是否露出）＋可动刻度数（估读一位）×0.01（毫米）。

注意：读数结果以毫米为单位，一定是三位小数。

如图 10 - 19 所示，固定刻度示数为 2.0 mm，不足半毫米，而从可动刻度上读的示数为 15.0，最后的读数为：

2.0 mm + 15.0 × 0.01 mm = 2.150 mm。

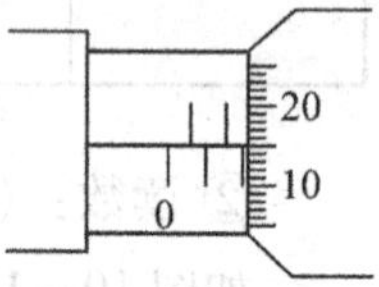

图 10 - 19

10.2.2 典型例题

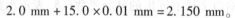

【例 1】在如图 10 - 20 所示的电路中，小量程电流表 G 的内阻 $R_g = 100\ \Omega$，满偏电流 $I_g = 1$ mA，$R_1 = 900\ \Omega$，$R_2 = \frac{100}{999}\ \Omega$。

（1）当 S_1 和 S_2 均断开时，改装成的是什么表？量程为多大？

（2）当 S_1 和 S_2 均闭合时，改装成的是什么表？量程为多大？

【解析】

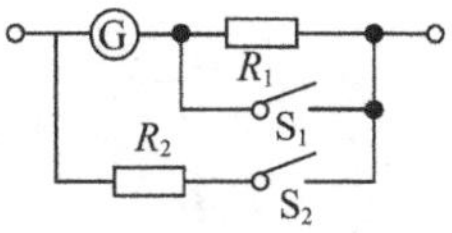

图 10－20

（1）断开 S_1 和 S_2，电流表 G 和电阻 R_1 为串联关系，改装成量程更大的电压表，电压表的内阻 $R_V=R_g+R_1=1000\ \Omega$，电压表的满偏电压为：$U=I_gR_V=0.001\times1000\ V=1\ V$。即改装成的电压表的量程为 1 V。

（2）S_1 和 S_2 均闭合时，电阻 R_1 被短路，电阻 R_2 与小量程电流表 G 并联，改装成较大量程的电流表。当小量程电流表 G 满偏时，通过 R_2 的电流为：$I_{R_2}=\dfrac{I_gR_g}{R_2}=\dfrac{0.001\times100}{\frac{100}{999}}\ A=0.999\ A$。故改装成的电流表的量程为 $I=I_{R_2}+I_g=0.999\ A+0.001\ A=1\ A$。

【例 2】 利用电流表和电压表测定一节干电池的电动势和内电阻，要求尽量减小实验误差。

（1）应该选择的实验电路是图中的__________（选填“甲”或“乙”）。

（2）现有电流表（0～0.6 A）、开关、导线若干以及以下器材：

A. 电压表（0～15 V）

B. 电压表（0～3 V）

C. 滑动变阻器（0～10 Ω）

D. 滑动变阻器（0～500 Ω）

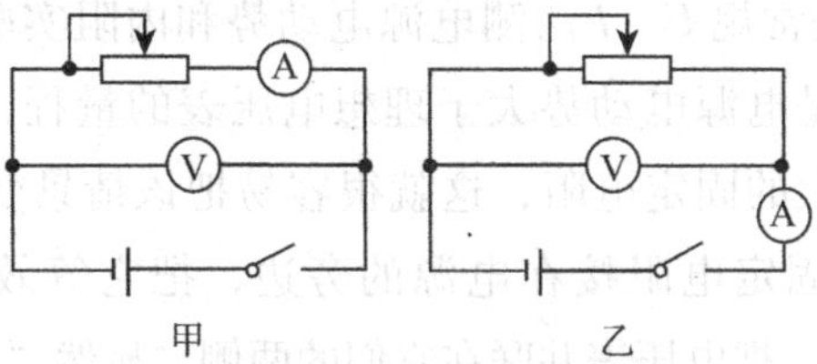

图 10－21

实验中电压表应选用__________；滑动变阻器应选用__________。（选填相应器材前的字母）

【解析】（1）如果用乙电路，误差来源于电流表的分压，测量时将电流表内阻等效成电源内阻的一部分，而电流表内阻与电源内阻很接近，故电源内阻测量误差很大。如果用甲电路，误差来源于电压表的分流，因为电压表的内阻远大于滑动变阻器的电阻，故电压表分流很小，测量引起的误差比较小，故选择甲电路图；（2）电源电动势为 1.5 V，因此电压表量程选择 3 V，故选 B；为使电流表有较大角度的偏转，需选用全阻值小的滑动变阻器，故选 C。

10.3 本章解题方略

例说测电源电动势和内阻的方法

一、$U-I$法

【例1】（05年全国Ⅰ卷）测量电源B的电动势E及内阻r（E约为4.5 V，r约为1.5 Ω）。器材：量程3 V的理想电压表，量程0.5 A的电流表A（具有一定内阻），固定电阻$R=4$ Ω，滑动变阻器R_n，开关S，导线若干。

（1）画出实验电路原理图。图中各元件需用题目中给出的符号或字母标出。

（2）实验中，当电流表读数为I_1时，电压表读数为U_1；当电流表读数为I_2时，电压表读数为U_2，则可求出$E=$________，$r=$________。（用I_1，I_2，U_1，U_2及R表示）

【解析】本题是常规$U-I$法测电源电动势和内阻实验的情景变式题，与课本上实验的区别是电源电动势大于理想电压表的量程，但题目中提供的器材中有一个阻值不大的固定电阻，这就很容易把该情景变式题"迁移"到已学过的实验上。把固定电阻接在电源的旁边，把它等效成电源的内阻即可（如图10－22所示），把电压表并联在它们的两侧，显然"内阻增大，内电压降落增大"，电压表所测量的外电压相应减小，通过定量计算，可知符合实验测量的要求。这样，一个新的设计性实验又回归到课本实验上。本题所提供的理想电压表量程小于被测电源电动势，需要学生打破课本实验思维和方法上的定势，从方法上进行创新，灵活运用所提供的器材创造性地进行实验设计。

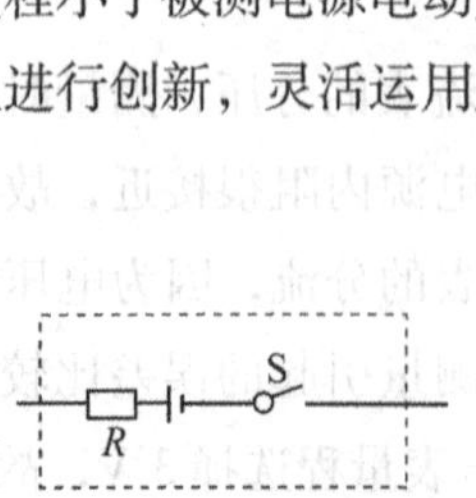

图10－22

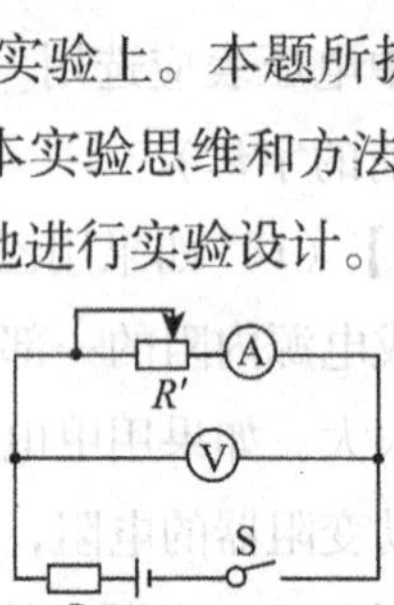

图10－23

（1）实验电路原理图如图 10－23 所示；

（2）根据 $E=U+Ir$，对于一个给定的电源 B，电动势 E 及内阻 r 是一定的，I 和 U 都随滑动变阻器 R' 的改变而改变，只要改变 R' 的阻值，即可测出两组 I 和 U 数据，列方程组得：

$E=U_1+I_1(R+r)$，

$E=U_2+I_2(R+r)$，

联立解方程组可得：$E=\dfrac{I_1U_2-I_2U_1}{I_1-I_2}$，$r=\dfrac{U_2-U_1}{I_1-I_2}-R$。

二、$I-R$ 法

【例 2】（06 年广东卷）某同学设计了一个如图 10－24 所示的实验电路用以测定电源电动势和内阻，使用的实验器材为：待测干电池组（电动势约 3V）、电流表（量程 0.6 A，内阻小于 1 Ω）、电阻箱（0～99.99 Ω）、滑动变阻器（0～10 Ω）、单刀双掷开关、单刀单掷开关各一个及导线若干。考虑到干电池的内阻较小，电流表的内阻不能忽略。

（1）该同学按图 10－24 连线，通过控制开关状态，测得电流表内阻约为 0.20 Ω。试分析该测量产生误差的原因是________________。

（2）简要写出利用图 10－24 所示电路测量电源电动势和内阻的实验步骤：

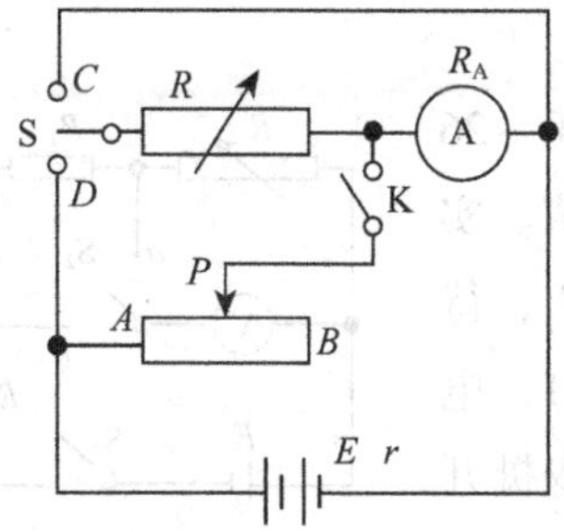

图 10－24

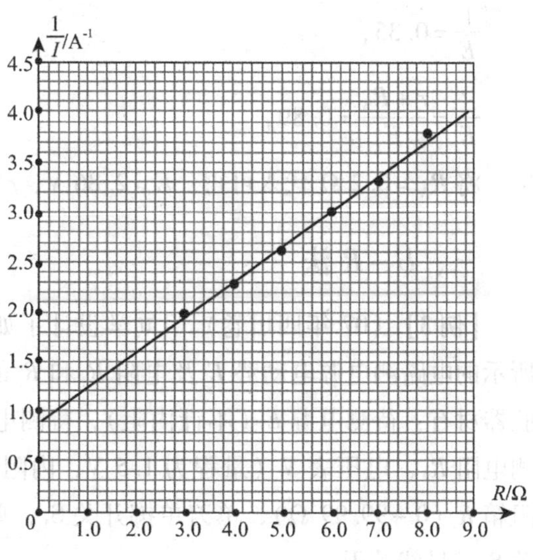

图 10－25

①____________________；②____________________；

（3）图10－25是由实验数据绘出的$\frac{1}{I}-R$图像，由此求出待测干电池组的电动势$E=$______V，内阻$r=$______Ω。（计算结果保留三位有效数字）

【解析】本题是$I-R$法测电源电动势和内阻与恒流半偏法测电表内阻的实验情景变式题，在测电源电动势和内阻实验中要考虑到电流表引起的误差，这就需要测量电流表内阻，自然而然地把该情景变式题"迁移"到已学过的实验上。而在测电源电动势和内阻时，将电流表内阻和电源的内阻等效成电源新的内阻，从而成功将实验的方法迁移到$I-R$法测电源电动势和内阻上。这样，一个新的综合性考查考生创造性的设计性实验又回到我们已有的知识与经验上。本题所提供的理想电压表量程小于被测电源电动势，需要学生打破课本实验思维和方法上的定势，大胆进行创新，灵活运用所提供的器材创造性地进行实验设计。

（1）并联电阻箱后回路总阻值减小，从而造成总电流增大。

（2）①调节电阻箱R，断开开关K，将开关S接D，记录电阻箱的阻值和电流表示数；②断开开关S，再次调节电阻箱R，将开关S接D，记录电阻箱的阻值和电流表示数。

（3）令$r'=r+R_A$，将$E=IR+Ir'$转化为$\frac{1}{I}=\frac{1}{E}R+\frac{r'}{E}$，由图10－25可知：

$\frac{1}{E}=0.35$，

$\frac{r'}{E}=\frac{r+R_A}{E}=0.89$，

将$R_A=0.2\ \Omega$代入可得：$E=2.86\ \text{V}$，$r=2.35\ \Omega$。

三、$U-R$法

【例3】（07年四川卷）甲同学设计了如图10－26所示的电路测电源电动势E及电阻R_1和R_2的阻值。实验器材有：待测电源E（不计内阻），待测电阻R_1，待测电阻R_2，电压表V（量程为1.5 V，内阻很大），电阻箱R（0－99.99 Ω），单刀单掷开关S_1，单刀双掷开关S_2，导线若干。

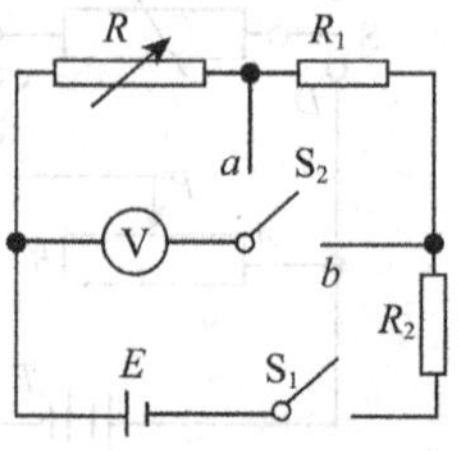

图10－26

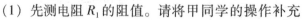

（1）先测电阻R_1的阻值。请将甲同学的操作补充

完整：闭合 S_1，将 S_2 切换到 a，调节电阻箱，读出其示数 r 和对应的电压表示数 U_1，保持电阻箱示数不变，__________，读出电压表的示数 U_2，则电阻 R_1 的表达式为 $R_1=$__________。

（2）甲同学已经测得电阻 $R_1=4.8\ \Omega$，继续测电源电动势 E 和电阻 R_2 的阻值。该同学的做法是：闭合 S_1，将 S_2 切换到 a，多次调节电阻箱，读出多组电阻箱示数 R 和对应的电压表示数 U，由测得的数据，绘出了如图 10－27 所示的 $\frac{1}{U}-\frac{1}{R}$ 图线，则电源电动势 $E=$______ V，电阻 $R_2=$______ Ω。

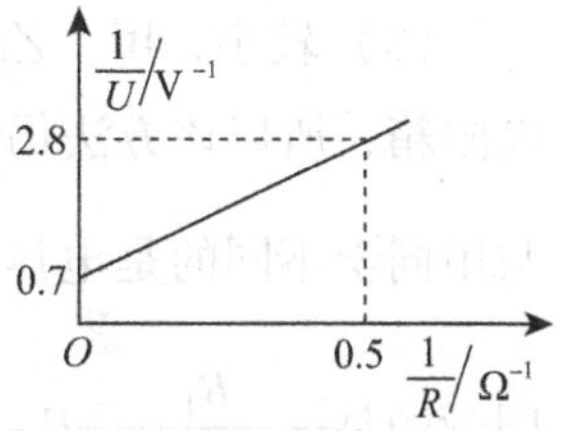

图 10－27

（3）利用甲同学设计的电路和测得的电阻 R_1，乙同学测电源电动势 E 和电阻 R_2 的阻值的做法是：闭合 S_1，将 S_2 切换到 b，多次调节电阻箱，读出多组电阻箱示数 R 和对应的电压表示数 U，由测得的数据绘出于相应的 $\frac{1}{U}-\frac{1}{R+R_1}$ 图线，根据图线得到电源电动势 E 和电阻 R_2。这种做法与甲同学的做法比较，由于电压表测得的数据范围__________（选填“较大”“较小”或“相同”），所以__________同学的做法更恰当一些。

【解析】在测电阻 R_1 时，通过开关的转换测两次电压，接着测量电源的电动势和电阻 R_2，而电源的内阻为零，如果将待测电阻 R_2 等效成电源的内阻 r，自然而然地可以把该情景变式题“迁移”到已有的知识和经验上。即将实验的方法迁移到 $U-R$ 法测电源电动势和内阻上。再利用数学知识将 $E=U+\frac{U}{R}r$ 变换为 $\frac{1}{U}=\frac{r}{E}\cdot\frac{1}{R}+\frac{1}{E}$，使之与表达式 $y=kx+b$ 比较，则 $\frac{1}{E}$ 是纵坐标的截距，$\frac{r}{E}$ 是图线的斜率，问题便可迎刃而解。

（1）将 S_2 切换到 b，根据串联电路电流相等，有 $\frac{U_1}{r}=\frac{U_2-U_1}{R_1}$，解得 $R_1=\frac{U_2-U_1}{U_1}r$。

（2）1.43，1.2。电源的内阻为零，如果将 R_1+R_2 等效成电源的内阻，即 $r=R_1+R_2$。显然这时可用 $U-R$ 法来测电源的电动势和“内阻”。根据闭合电路的欧姆定律有 $E=U+\frac{U}{R}r$，将其转化为 $\frac{1}{U}=\frac{r}{E}\cdot\frac{1}{R}+\frac{1}{E}$，由图 10－27

得纵坐标截距的倒数等于电源的电动势，即 $E=\frac{1}{0.7}=1.43\ \text{V}$，图线的斜率为 $\frac{r}{E}$，即 $r=\frac{2.8-0.7}{0.5}\times1.43=6\ \Omega$，所以 $R_2=r-R_1=1.2\ \Omega$。

（3）较小，甲。乙同学仅将 R_2 等效成电源的内阻 r，$R+R_1$ 则等效成新的电阻箱，所以该方法仍然可以看作是 $U-R$ 法测电源的电动势和“内阻”。但与甲同学不同的是电压表可调范围不同，甲同学的是 $0\sim\frac{R}{R+R_1+R_2}E$，而乙同学的是 $\frac{R_1}{R+R_1+R_2}E\sim\frac{R+R_1}{R+R_1+R_2}E$，所以说乙同学的电压表可调范围较小，则甲同学的方法更准确一些。

（原载《数理天地》2008 年第 4 期）

第11章 磁场

11.1　磁场的性质

11.1.1　要点点精

1. 磁场

(1) 基本特性：磁场对放入其中的磁体、电流和运动电荷有力的作用，但当 $v /\!/ B$ 或 $B /\!/ I$ 时没有力的作用。

(2) 方向：小磁针的 N 极所受磁场力的方向，或静止时 N 极所指的方向。

2. 磁感应强度（磁通密度）

(1) 物理意义：描述磁场的强弱与方向。

(2) 大小：$B=\dfrac{F}{IL}$（通电导线垂直于磁场）。

注意： B 的大小与 F，I，L 均无关。

(3) 方向：小磁针静止时 N 极的指向。

3. 安培的分子电流假说

安培认为，在原子、分子等物质微粒的内部存在着一种环形电流——分子电流。分子电流使每个物质微粒都成为一个微小的磁体，它的两侧相当于两个磁极（如图 11－1 所示）。

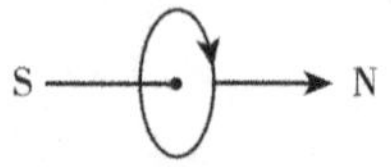

图 11－1

4. 磁感线

磁感线：在磁场中画出一些曲线，使曲线上每一点的切线方向都跟这点的磁感应强度方向一致。

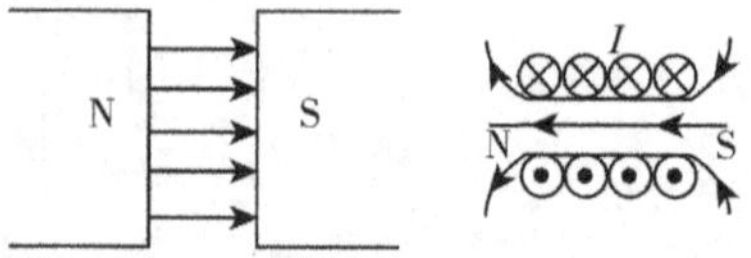

图 11－2

5. **匀强磁场**

匀强磁场：在磁场区域内，磁感线为平行等间距的直线。

6. **磁通量**

穿过某一面积的磁感线的条数，叫这个面积上的磁通量。

$$\Phi = BS\cos\theta,\ \begin{cases} 当\ \theta = 90^\circ 时，\Phi = 0, \\ 当\ \theta = 0^\circ 时，\Phi = BS。\end{cases}$$

（其中，θ 为面积 S 与垂直于 B 的投影面的夹角）

注意：磁通量与线圈的匝数 n 无关。

7. **地磁场**

（1）地磁场的 N 极在地球南极附近，S 极在地球北极附近，磁感线分布如图 11－3 所示。

（2）地磁场 B 的水平分量（B_x）总是从地球南极指向北极，而竖直分量（B_y）南北半球相反，在南半球垂直地面向上，在北半球垂直地面向下。

（3）在赤道平面上，距离地球表面高度相等的各点磁感应强度相等，且方向水平向北。

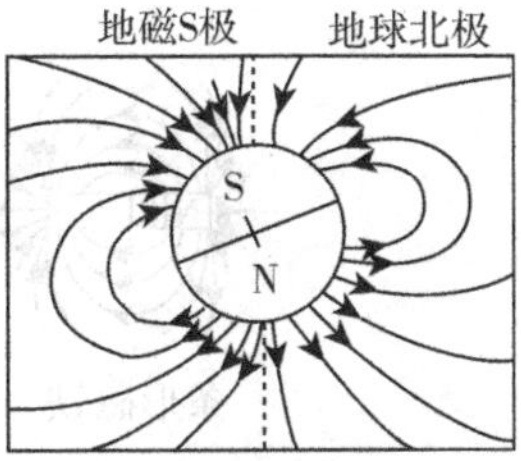

图 11－3

8. **磁场的叠加**

满足平行四边形定则。

9. **几种电流周围的磁场分布（形象记忆为“你真棒”手式）**

安培定则	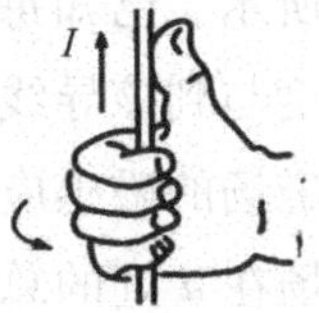	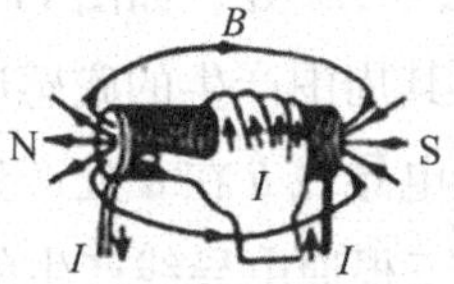	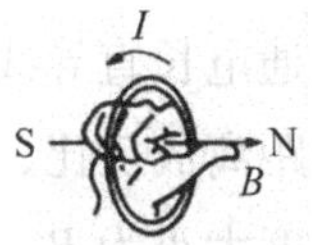
立体图	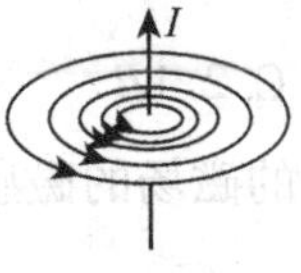	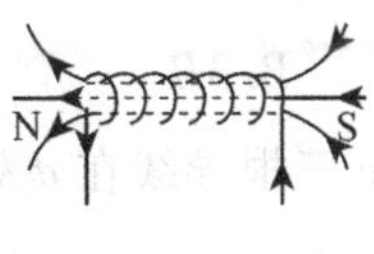	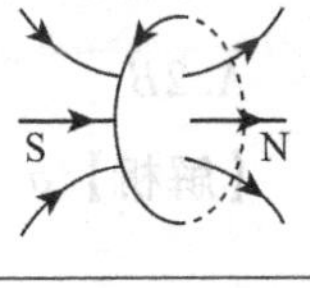
横截面图	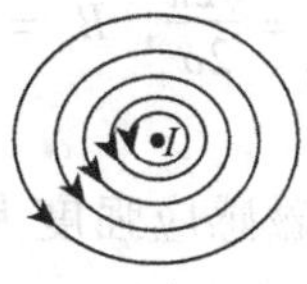	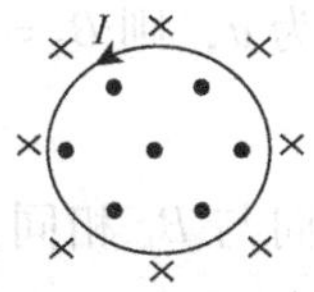	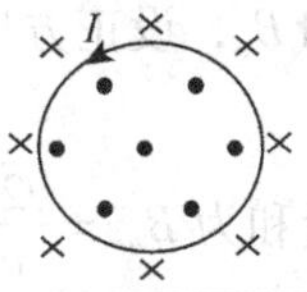

续表

纵截面图	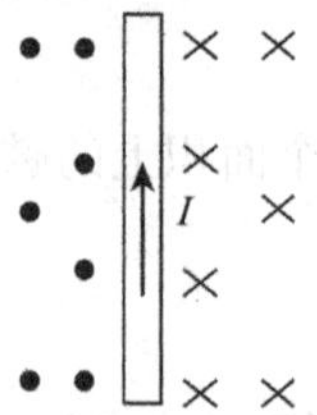	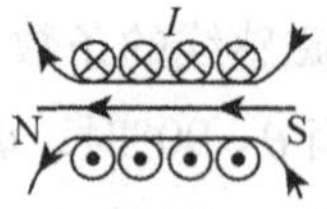	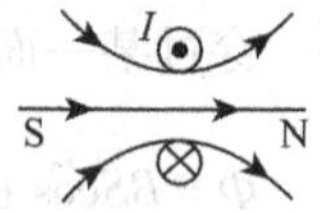

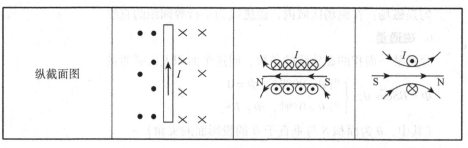

注意：电流的方向与磁场的方向由安培定则（右手螺旋定则）来判定。

10. **常见永磁体的磁场**

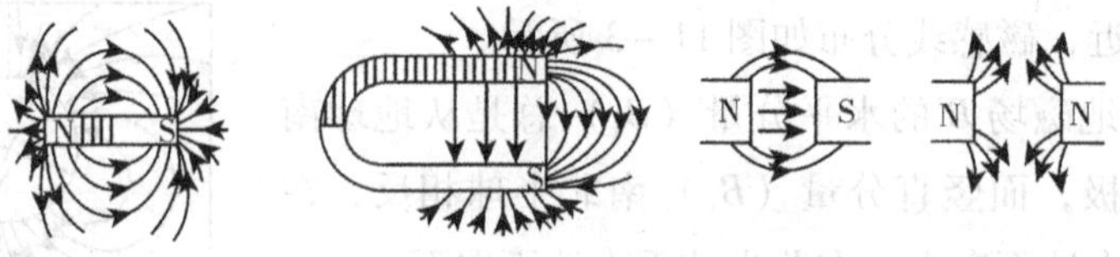

条形磁铁　　蹄形磁铁　　异名磁极　　同名磁极

图 11－4

11.1.2　典型例题

【例 1】三根完全相同的长直导线互相平行，通以大小和方向都相同的电流。它们的截面处于一个正方形 $abcd$ 的三个顶点 a，b，c 处，如图 11－5 所示。已知每根通电长直导线在其周围产生的磁感应强度与到该导线的距离成反比，通电导线 b 在 d 处产生的磁场的磁感应强度大小为 B，则三根通电导线产生的磁场在 d 处的总磁感应强度大小为（　　）

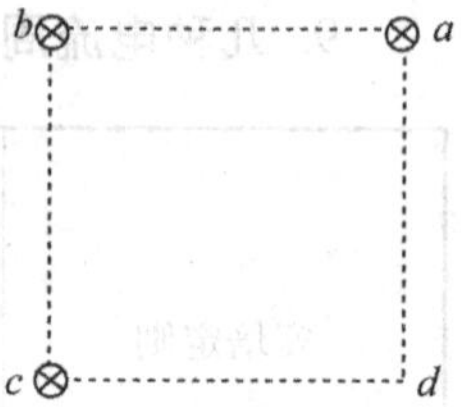

图 11－5

A. $2B$　　B. $3B$　　C. $2.1B$　　D. $3.8B$

【解析】a，b，c 三根导线在 d 处产生的磁场的磁感应强度分别为 B_a，B_b 和 B_c，设正方形边长为 a，则 $B_b=B=\frac{k}{\sqrt{2}a}=\frac{\sqrt{2}k}{2a}$，$B_a=B_c=\frac{k}{a}$，$B_a$ 与 B_c 的矢量和为 $B_{ac}=\frac{\sqrt{2}k}{a}$，方向与 B_b 相同，则总磁感应强度大小为 $B_{总}=B_b+B_{ac}=\frac{3\sqrt{2}k}{2a}=3B$，故答案为 B。

【例 2】（多选）如图 11－6 所示是等腰直角三棱柱，其平面 $ABCD$ 为正方形，边长为 L，按图示方式放置于竖直向下的匀强磁场中，磁感应强度为 B_0，则下列说法中正确的是（　　）

A. 穿过 $ABCD$ 平面的磁通量大小为 B_0L^2

B. 穿过 $BCFE$ 平面的磁通量大小为 $\frac{\sqrt{2}}{2}B_0L^2$

C. 穿过 $ADFE$ 平面的磁通量大小为零

D. 穿过 $ABCD$ 平面的磁通量大于穿过 $BCFE$ 平面的磁通量

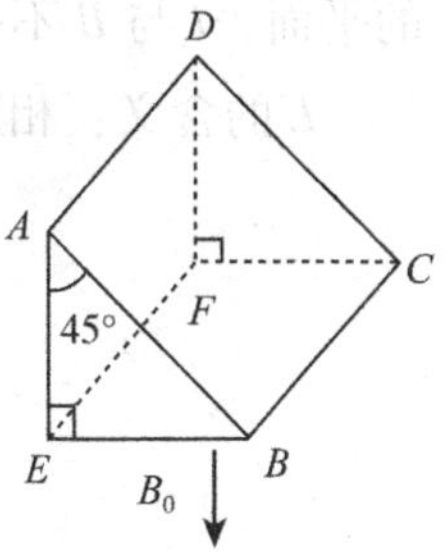

图 11－6

【解析】由 $\Phi = BS_{\perp}$ 可求得穿过 $ABCD$ 平面磁通量：$\Phi = B_0L^2\cos 45° = \frac{\sqrt{2}}{2}B_0L^2$，则 A 选项错；平面 $BCFE$ 垂直于 B_0，且有 $BC = L$，$CF = L\cos 45° = \frac{\sqrt{2}}{2}L$，则 $BCFE$ 的面积 $S = BC \cdot CF = \frac{\sqrt{2}}{2}L^2$，因而 $\Phi' = B_0S = \frac{\sqrt{2}}{2}B_0L^2$，则 B 正确，D 错误；平面 $ADFE$ 在与 B_0 垂直的方向上的投影面积为零，所以穿过它的磁通量为零，则 C 正确。故正确答案为 BC。

11.2　磁场对电流的作用——安培力

11.2.1　要点点精

1. 安培力

通电导线在磁场中受的力。

大小：$F = BIL\sin\theta$（θ 为 B 与 I 的夹角）。

（1）当 $B /\!/ I$ 时：$F = 0$；

（2）当 $B \perp I$ 时：$F = BIL$（当匝数为 N 时有：$F = NBIL$）。

方向：满足“左手定则”。

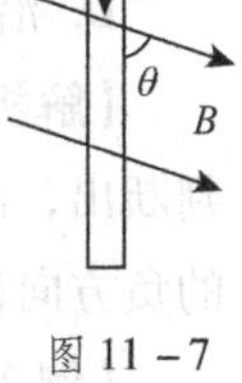

图 11－7

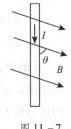

安培力的方向特点：$F \perp B$，$F \perp I$，即 F 垂直于 B 和 I 决定

的平面，I 与 B 不一定垂直。

L 的含义：相应的电流沿 L 由始端流向末端。

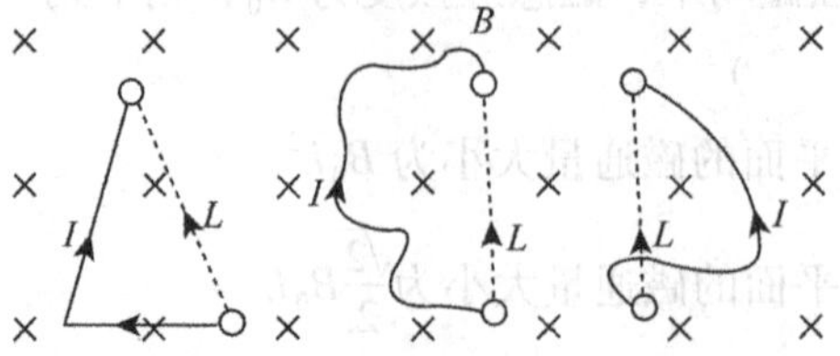

图 11－8

2. 平行通电直导线间的相互作用

同向电流相互吸引，反向电流相互排斥。

3. 安培力作用下通电导体运动方向的判定

（1）电流元法：多段直线电流元→每小段电流元所受安培力的方向→判断整体所受合力的方向。

（2）结论法：同向电流相互吸引，反向电流相互排斥。

（3）等效法：环形电流→小磁针，通电螺线管→条形磁铁。

（4）特殊位置法：特殊位置→安培力方向→运动方向。

（5）转换研究对象法：先分析电流受到的安培力，再确定磁体所受电流的作用力。

11.2.2 典型例题

【例 1】 如图 11－9，在 xOy 平面中有一通电直导线与 Ox 和 Oy 轴相交，导线中电流方向如图所示。该区域内有匀强磁场，通电直导线所受磁场力的方向与 Oz 轴的正方向相同。该磁场的磁感应强度的方向可能是（　　）

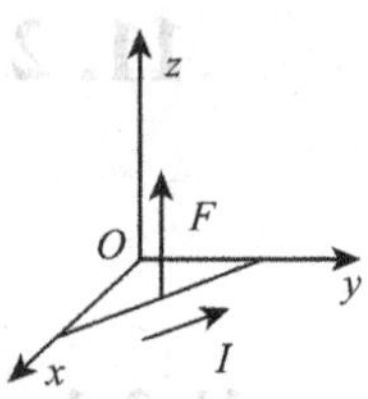

图 11－9

A. 沿 z 轴正方向

B. 沿 z 轴负方向

C. 沿 x 轴正方向

D. 沿 y 轴负方向

【解析】 由电流方向和受力方向，根据左手定则可以判断出，磁感应强度的方向沿 y 轴的负方向，或者沿 x 轴的负方向都是可以的，故 D 正确。

【例 2】 如图 11－10 所示，在与水平方向成 60°角的光

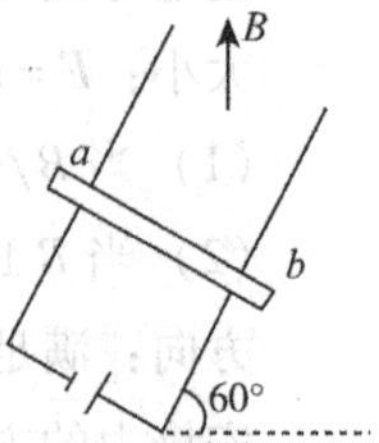

图 11－10

滑金属导轨之间有电源。将质量为0.3 kg的金属棒ab垂直放置在相距1 m的平行导轨上。在ab中通有从b到a，大小为3A的电流，匀强磁场方向竖直向上，这时金属棒恰好静止。求：（$g=10\ \mathrm{m/s^2}$）

（1）匀强磁场磁感应强度的大小；

（2）ab棒对导轨的压力。

【解析】

（1）ab棒静止，受力情况如图11－11所示，沿导轨方向受力平衡，则$mg\sin 60°=F\cos 60°$。

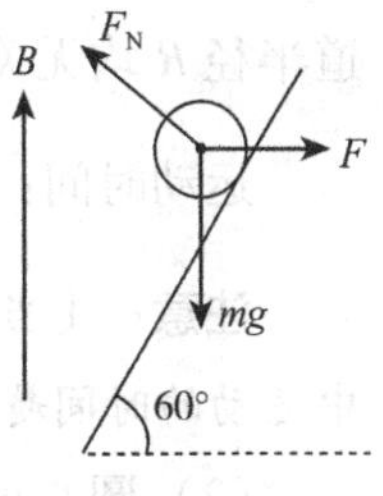

图11－11

又$F=BIL$，

解得：$B=\dfrac{mg\tan 60°}{IL}=\dfrac{0.3\times10\times\sqrt{3}}{3\times1}\ \mathrm{T}=\sqrt{3}\ \mathrm{T}$。

（2）根据牛顿第三定律得，ab棒对导轨的压力为：

$F'_N=F_N=\dfrac{mg}{\cos 60°}=\dfrac{0.3\times10}{\frac{1}{2}}\ \mathrm{N}=6\ \mathrm{N}$，方向垂直导轨向下。

11.3　磁场对运动电荷的作用——洛伦兹力

11.3.1　要点点精

1. 磁场对运动电荷的作用——洛伦兹力

大小：$F=qvB\sin\theta$，θ为v与B的夹角。

（1）当$B/\!/v$时：$F=0$；

（2）当$B\perp v$时：$F=qvB$。

方向：满足“左手定则”。

洛伦兹力的方向特点：$F\perp B$，$F\perp v$，即F垂直于B和v决定的平面，所以洛伦兹力永远都不做功。

2. 带电粒子在匀强磁场中的运动

（1）若$v/\!/B$，带电粒子不受洛伦兹力，在匀强磁场中做匀速直线运动。

(2) 若 $v \perp B$，带电粒子仅受洛伦兹力作用，在垂直于磁感线的平面内以入射速度 v 做匀速圆周运动。（重、难点部分）

(1) 常用公式

轨道半径：$r=\frac{mv}{Bq}$（由 $Bqv=m\frac{v^2}{r}$ 得出）

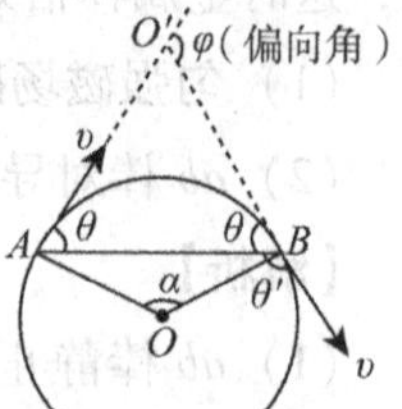

图 11－12

运动周期：$T=\frac{2\pi R}{v}=\frac{2\pi m}{Bq}$（周期 T 与速度 v、轨道半径 R 均无关）

运动时间：$t=\frac{\alpha}{2\pi}T=\frac{\alpha}{360^\circ}T=\frac{l}{v}$（$l$——弧长）

注意：①当速率 v 一定时，弧长（或弦长）越长，则带电粒子在有界磁场中运动的时间越长；②不论速率 v 多大，圆心角 α 越大，运动时间越长。

(2) 圆心角 α、偏向角 φ、弦切角 θ

粒子速度的偏向角 φ 等于圆心角（又叫回旋角）α，并等于弦切角 θ（速度 v 方向与弦 AB 的夹角）的 2 倍，如图 11－12 所示，即 $\varphi=\alpha=2\theta=\omega t$。

注意：要使粒子在磁场中运动的圆心角（偏向角）最大，则应使轨迹所对应的弦最长。

(3) 定圆心、求半径、画轨迹、找圆心角

圆心的确定：由下面三条线中任意两条确定：①速度入射点的垂直线；②入射点和出射点连线的中垂线；③入射速度与出射速度夹角的角平分线。

半径的求解和计算：由公式 $r=\frac{mv}{Bq}$ 或者利用几何关系，根据直角三角形的勾股定理或余弦定理求出该圆的可能半径。

3. 常见仪器

(1) 速度选择器

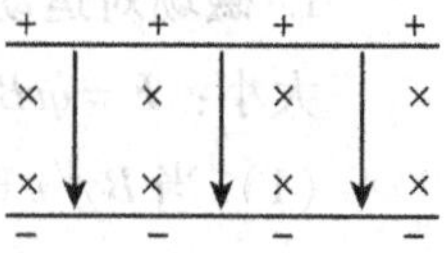

图 11－13

平行板中电场强度 E 的方向与磁感应强度 B 的方向垂直。这种装置可以选择具有一定速度的粒子，因此被称为速度选择器。带电粒子能沿直线匀速通过速度选择器的条件是 $qE=qvB$，即 $v=\frac{E}{B}$（选择的速度 v 与电荷量 q 的大小、正负均无关）。

(2) 质谱仪

构造：如图 11－14 所示，由粒子源、加速电场、偏转磁场和照相底片等构成。

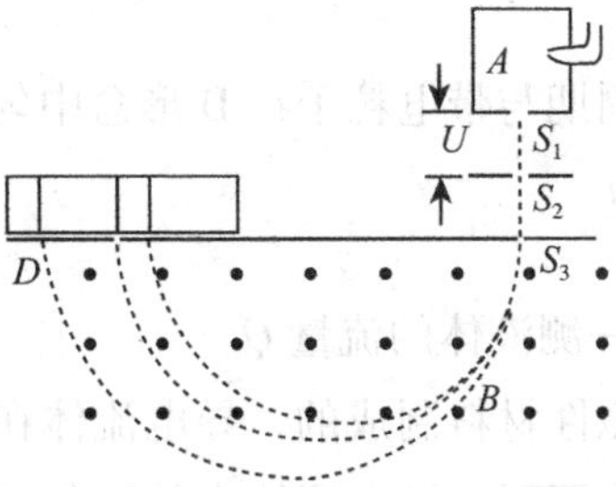

图 11－14

原理：粒子首先在电场中加速：$qU=\frac{1}{2}mv^2$①，在磁场中受洛伦兹力而偏转，做匀速圆周运动，根据牛顿第二定律得到关系式 $Bqv=m\frac{v^2}{r}$，即 $r=\frac{mv}{Bq}$②。

由①②两式可得出需要研究的物理量：

粒子轨道半径：$r=\frac{1}{B}\sqrt{\frac{2mU}{q}}$。

粒子质量：$m=\frac{qr^2B^2}{2U}$。

比荷：$\frac{q}{m}=\frac{2U}{B^2r^2}$。

(3) 回旋加速器

构造：两个半径为 R 的 D 形金属扁盒、粒子源、匀强磁场、高频电源、粒子引出端。

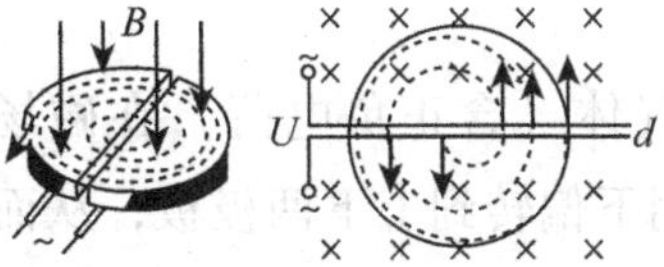

图 11－15

原理：

电场加速：$qU=\Delta E_k$；

磁场约束偏转：由 $Bqv=m\frac{v^2}{r}$，得：$v=\frac{qBr}{m}\propto r$；

射出时的能量：$E_k=\frac{1}{2}mv^2=\frac{q^2B^2R^2}{2m}$。

回旋圈数：$n=\frac{E_k}{2qU}$。

所用时间：$t=nT$。

条件：高频电源的周期与带电粒子在D形盒中匀速圆周运动的周期相等。

即 $T_{电场}=T_{磁场}=\dfrac{2\pi m}{Bq}$。

（4）电磁流量计——测液体的流量 Q

原理：流管是由非磁性材料制成的，导电流体在其中流动，在洛伦兹力的作用下，导电流体中的正负离子反向偏转，上下两端之间形成电势差。当自由电荷所受电场力与洛伦兹力平衡时，该电势差保持恒定。

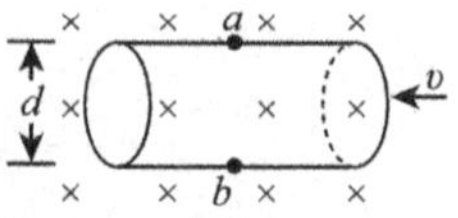

图 11－16

由 $qvB=qE=\dfrac{qU}{d}$，

得：$v=\dfrac{U}{Bd}$（或 $U=Bdv$），

流量：$Q=Sv=\dfrac{SU}{Bd}=\dfrac{\pi dU}{4B}$。

（5）霍尔效应

原理：将矩形截面载流导体置于匀强磁场中。当磁场方向与电流方向垂直时，导体在垂直于磁场和电流方向上存在电势差，这种现象被称为霍尔效应。由此产生的电势差称为霍尔电压。由 $qvB=qE=\dfrac{qU}{d}$ 得：$U=Bdv$。

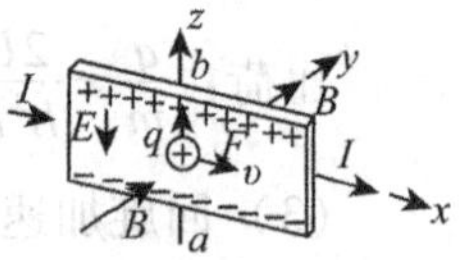

图 11－17

注意：要区别载流子是正电荷还是负电荷。

（6）磁流体发电机

原理：高温等离子气体（含正负电荷）在磁场中运动，在洛伦兹力的作用下偏转到上下两极板，从而产生电势差为外界供电。设 AB 平行板的面积为 S，板间距离为 d，喷气速度为 v，板间磁感应强度为 B，发电机的电动势为 E，由 $qvB=\dfrac{qE}{d}$ 得：$E=Bdv$。

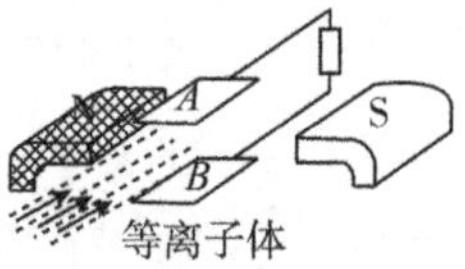

图 11－18

（7）显像管

原理：带电粒子在电场中加速后进入磁场发生偏转，射出磁场后做直线运动打到荧光屏上。

5. 物理学史

（1）奥斯特发现了电流的磁效应（**注意：**法拉第发现了电磁感应定律，

即磁生电）。

（2）安培发现磁场对电流的作用，即安培力。

（3）洛伦兹发现磁场对运动电荷的作用，即洛伦兹力。

（4）汤姆逊利用阴极射线的磁偏转发现了电子。

（5）汤姆逊的学生阿斯顿利用质谱仪发现了氖20和氖22，证实了同位素的存在。

（6）汤姆逊的学生阿斯顿发明了质谱仪。

11.3.2　典型例题

【例1】在图11－19中虚线所示的区域存在匀强电场和匀强磁场，建立坐标系如图所示，一带电粒子沿 x 轴正方向进入此区域，在穿过此区域的过程中运动方向始终不发生偏转，不计重力的影响，电场强度 E 和磁感应强度 B 的方向可能是（　　）

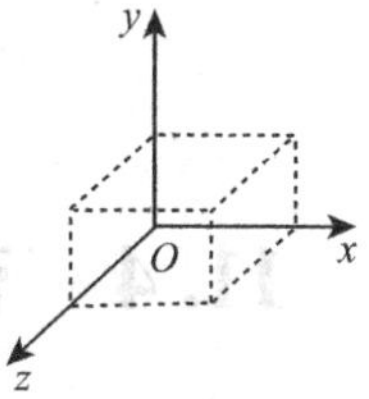

图11－19

A. E 和 B 都沿 x 轴方向

B. E 沿 y 轴正方向，B 沿 z 轴正方向

C. E 沿 z 轴正方向，B 沿 y 轴正方向

D. E、B 都沿 z 轴方向

【解析】带电粒子的电性未知，为了便于分析，我们假设粒子带正电荷。在选项A中，磁场对粒子施加的力为零。电场力与粒子运动方向共线，运动方向不会偏转，所以A是正确的。在选项B中，电场力的方向是向上的，洛伦兹力的方向是向下的。当这两个力平衡时，粒子的运动方向不发生偏转。在选项C中，电场力和洛伦兹力都沿 z 轴的正方向。在选项D中，电场力沿 z 轴方向，洛伦兹力沿 y 轴方向，这两个力无法平衡。两个力的合力与粒子的运动方向不在同一直线上，所以粒子会做曲线运动。如果粒子带负电，仍然有上述结果。所以AB正确。

【例2】如图11－20所示，MN 为铝质薄平板，铝板上方和下方分别有垂直于纸面的匀强磁场（未画出）。一带电粒子从紧贴铝板上表面的 P 点垂直于铝板向上射出，从 Q 点穿越铝板后到达 PQ 的中点 O。已知粒子穿越铝板时，其动能损失一半，速度方向和电荷量不变。不计重力，铝板上方和下方的磁感应强度大小之比为（　　）

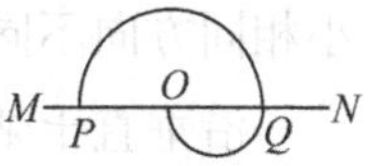

图11－20

第11章　磁场

A. 1∶2　　B. 2∶1　　C. $\sqrt{2}$∶2　　D. $\sqrt{2}$∶1

【解析】设带电粒子在 P 点时初速度为 v_1，从 Q 点穿过铝板后速度为 v_2，则 $E_{k1}=\frac{1}{2}mv_1^2$，$E_{k2}=\frac{1}{2}mv_2^2$。由题意可知 $E_{k1}=2E_{k2}$，即$\frac{1}{2}mv_1^2=mv_2^2$，则$\frac{v_1}{v_2}=\frac{\sqrt{2}}{1}$。由洛伦兹力提供向心力，即 $qvB=\frac{mv^2}{r}$，得 $B=\frac{mv}{qr}$。由题意可知$\frac{r_1}{r_2}=\frac{2}{1}$，所以$\frac{B_1}{B_2}=\frac{v_1r_2}{v_2r_1}=\frac{\sqrt{2}}{2}$，故正确答案为 C。

11.4　带电粒子在磁场中运动的典型题型

11.4.1　要点点精

1. 直线形边界

（1）若粒子从单边界磁场进入，具有对称性，即怎么进去就怎么出来。同向异侧夹角相等，如图 11－21 所示。

（2）若从双边界或多边界磁场进入，则需要考虑到相切，要利用几何关系。

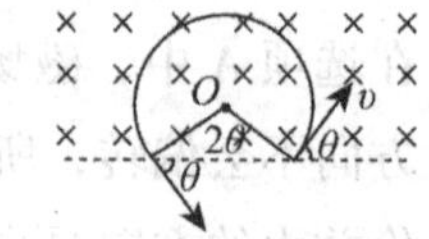

图 11－21

2. 圆形边界

大多数情况下粒子的入射方向为径向，在这种情况下，粒子离开磁场时，速度方向的反向延长线必过圆心（如图 11－22）。有时涉及另外两个问题：

（1）若磁场圆的半径与轨迹圆的半径相等，从圆周上某一点射入速度大小相同方向不同的同种粒子，射出磁场时的方向都是相同的。

沿垂直于某直径的方向射入的粒子一定全部从该直径与圆的交点射出（如图 11－23）；反之，从过某直径与圆的交点射入的粒子一定以垂直于该直径的方向射出磁场（如图 11－24）。磁场圆的圆心、轨迹圆的圆心、粒子的入射点、粒子的出射点这四个点构成一个菱形。

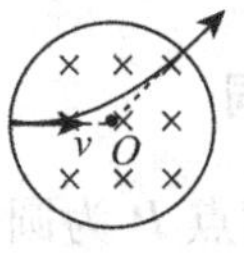

图 11－22

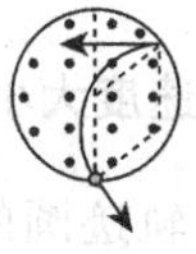
图 11－23

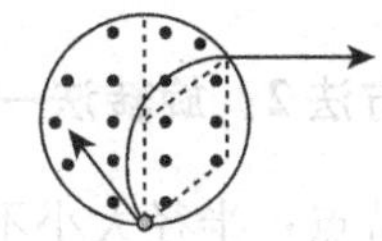
图 11－24

（2）若带电粒子沿任一方向射入圆形磁场，磁场圆的圆心 O_1 与轨迹圆的圆心 O_2 连线与过入射点的半径 AO_2 所成的夹角 $\angle AO_2O_1$ 等于磁偏向角 θ 的一半，即 $\angle AO_2O_1=\dfrac{\theta}{2}$（如图 11－25）。

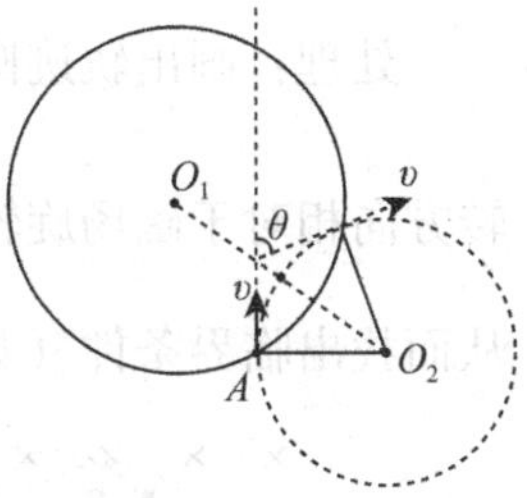

图 11－25

（3）运动时间最长的问题——当粒子在圆形磁场中运动的轨迹对应的弦是磁场圆的直径，此时偏向角有最大值（轨迹圆半径大于磁场圆的半径）。

3. 临界问题——过定点的动态圆

以题目中的“恰好”“最大”“最高”“至少”等关键字为突破口，借助半径 R 和速度 v（或磁场 B）之间的约束关系进行动态运动轨迹分析，确定轨迹圆和边界的关系，并找出临界点，然后利用数学方法求解极值，常用结论如下：

（1）刚好穿出磁场边界的条件是带电粒子在磁场中运动的轨迹与边界相切。

（2）当速度 v 一定时，弧长（或弦长）越长，圆心角越大，带电粒子在有界磁场中运动的时间越长。

（3）当速率 v 变化时，圆心角越大，运动时间越长。

思维方法：过定点的动态圆

方法 1：放缩法——粒子源发射的速度方向一定，大小不同

特点：轨迹圆的圆心在速度的垂线 PP' 上，半径大小发生变化（如图 11－26）。

处理：以入射点 P 为定点，圆心在直线 PP' 上，将半径放缩作出轨迹，从而找出临界条件（如图 11－27）。

图 11－26

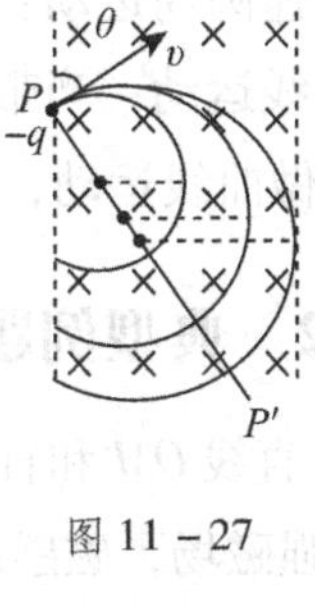

图 11－27

方法 2：旋转法——粒子源发射速度大小一定，方向不同

特点：半径大小不变，$R=\dfrac{mv}{Bq}$，轨迹圆的圆心在以入射点 P 为圆心，半径 $R=\dfrac{mv}{Bq}$的圆（这个圆称为"轨迹圆心圆"）上（如图 11－28）。

处理：画出轨迹圆心圆（以 $R=\dfrac{mv}{Bq}$为半径，以入射点为圆心，沿粒子偏转方向相对于磁场旋转），将一半径为 $R=\dfrac{mv}{Bq}$的圆沿着"轨迹圆心圆"旋转，从而找出临界条件（如图 11－29）。

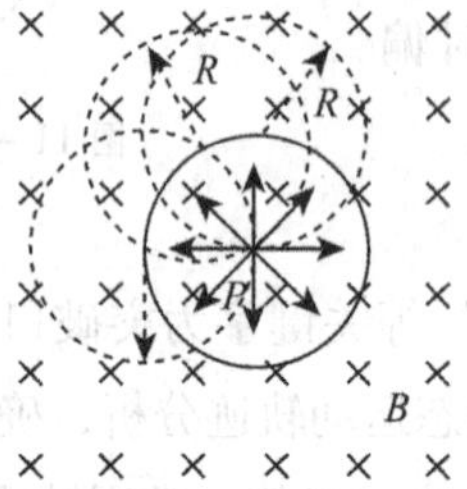

图 11－28

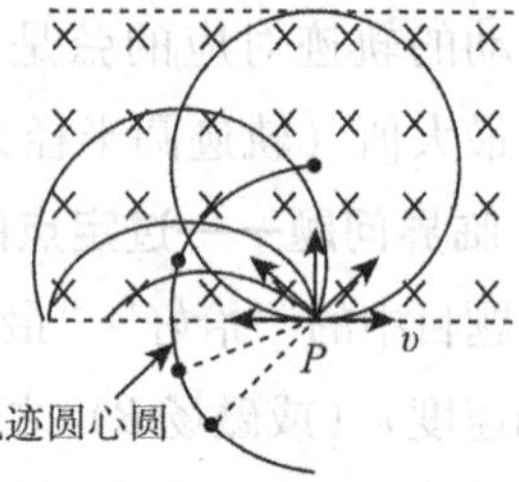

图 11－29

4. 面积极值

弦为磁场圆的直径时有最小面积。

5. 多解问题

带电粒子电性的不确定性、磁场方向的不确定性、运动的重复性、临界状态不唯一导致多解。

6. 复合场（匀强磁场、匀强电场、重力场）典型运动问题

（1）直线运动：如果受到洛伦兹力，一定做匀速直线运动。

（**注意**：*有磁场不一定做匀速直线运动，因为沿磁场方向运动不受洛伦兹力而可能做匀变速直线运动*）

（2）匀速圆周运动：重力与电场力平衡，相当于只受洛伦兹力作用。

（3）曲线运动：当带电粒子所受合外力是变力，且与初速度方向不在一条直线上时做曲线运动，根据动能定理和能量守恒定律来求解。

11.4.2 典型例题

【**例 1**】直线 OM 和直线 ON 之间的夹角为 30°，如图 11－30 所示，直线 OM 上方存在匀强磁场，磁感应强度大小为 B，方向垂直于纸面向外。一带电粒子

的质量为 m，电荷量为 q ($q>0$)。粒子沿纸面以大小为 v 的速度从 OM 上的某点向左上方射入磁场，速度与 OM 成 30°角。已知该粒子在磁场中的运动轨迹与 ON 只有一个交点，并从 OM 上另一点射出磁场。不计重力，粒子离开磁场的出射点到两直线交点 O 的距离为（　　）

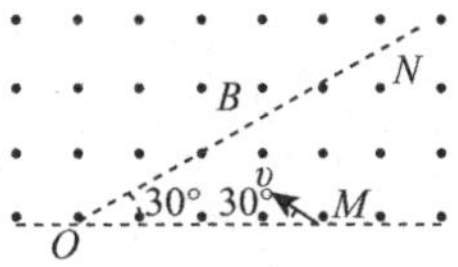

图 11－30

A. $\dfrac{mv}{2qB}$　　　　B. $\dfrac{\sqrt{3}mv}{qB}$

C. $\dfrac{2mv}{qB}$　　　　D. $\dfrac{4mv}{qB}$

【解析】带电粒子在磁场中做圆周运动的轨道半径为 $r=\dfrac{mv}{qB}$。轨迹与 ON 相切，画出粒子的运动轨迹如图 11－31 所示，由几何知识得 $CO'D$ 为一直线，$\overline{OD}=\dfrac{\overline{CD}}{\sin 30°}=2\,\overline{CD}=4r=\dfrac{4mv}{qB}$，故选项 D 正确。

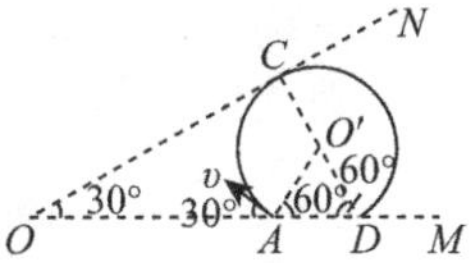

图 11－31

【例 2】（多选）如图 11－32 所示，左、右边界分别为 PP'、QQ'的匀强磁场的宽度为 d，磁感应强度大小为 B，方向垂直纸面向里。一个质量为 m、电荷量为 q 的带电粒子，沿图示方向以速度 v_0 垂直射入磁场，欲使粒子不能从边界 QQ' 上射出，粒子入射速度 v_0 的最大值可能是（　　）

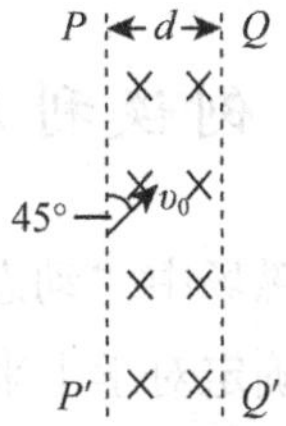

图 11－32

A. $\dfrac{Bqd}{m}$　　B. $\dfrac{(2+\sqrt{2})\ Bqd}{m}$　　C. $\dfrac{(2-\sqrt{2})\ Bqd}{m}$　　D. $\dfrac{\sqrt{2}Bqd}{2m}$

【解析】粒子射入磁场后做匀速圆周运动，由 $r=\dfrac{mv_0}{qB}$知，粒子的入射速度 v_0 越大，r 越大，当粒子的径迹和边界 QQ' 相切时，粒子刚好不从 QQ' 射出，此时其入射速度 v_0 应为最大。若粒子带正电，其运动轨迹如图 11－33 甲所示（此时圆心为 O 点），容易看出 $R_1\sin 45°+d=R_1$，将 $R_1=\dfrac{mv_0}{qB}$代入上式得 $v_0=\dfrac{(2+\sqrt{2})\ Bqd}{m}$，B 选项正确。若粒子带负电，其运动轨迹如图 11－33 乙所示（此时圆心为 O'点），容易看出 $R_2+R_2\cos 45°=d$，将 $R_2=\dfrac{mv_0}{qB}$代入上式得 $v_0=\dfrac{(2-\sqrt{2})\ Bqd}{m}$，C 选项正确。故正确答案为 BC。

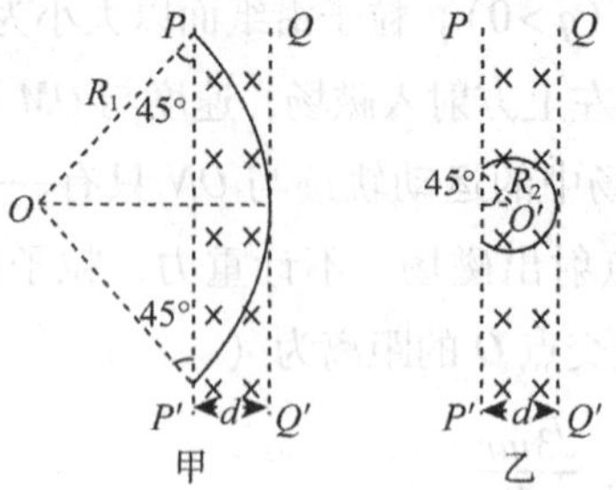

图 11－33

11.5　本章解题方略

例谈利用几何画板优化“动态圆问题”教学

磁场中“动态圆问题”是高中物理的一个难点，其中运动圆轨迹规律变化的确定对学生来说是最为困难的。在传统教学中，我们往往通过讲授的方式进行阐述，学生对于圆的轨迹变化规律普遍感到难于理解，特别是临界点情况。而通过几何画板的动态功能，可追踪轨迹圆的变化状态，将其隐性规律显性化，化繁为简，快速创设易于学生理解的学习情境。本文就动态圆问题的三种模型进行归类总结，并整合几何画板的功能特点，展示带电粒子在磁场中运动的动态过程，从而帮助学生顺利突破这一学习难点。

一、入射速度的入射点与方向已知，其大小变化

模型一：垂直纸面向里的匀强磁场，速度大小不同的带正电的粒子沿与竖直方向成 θ 角的方向射出。

利用几何画板通过改变速度 v_0 的大小，追踪圆弧的轨迹，如图 11－34 所示，不难发现，过定点 O 放缩圆有以下规律：

（1）各动态圆过一定点 O；

（2）各动态圆周期 T 相同；

（3）各动态圆圆心所在的轨迹为直线；

（4）动态圆的半径 R 各不相同。

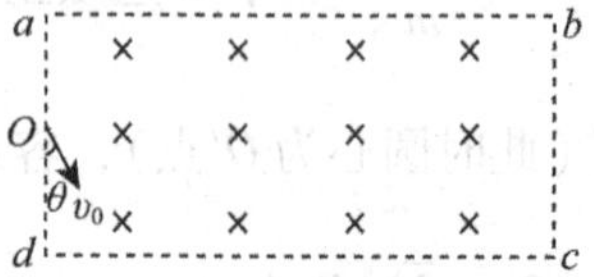

图 11－34

【例1】（2013年南通模拟卷）如图11－35所示，一足够长的矩形区域 $abcd$ 内充满方向垂直纸面向里的、磁感应强度为 B 的匀强磁场，在 ad 边中点 O，垂直磁场方向向里射入一速度方向跟 ad 边夹角 $\theta=30°$，大小为 v_0 的带正电粒子，已知粒子质量为 m，电荷量为 q，ad 边长为 L，ab 边足够长，粒子重力不计，求：

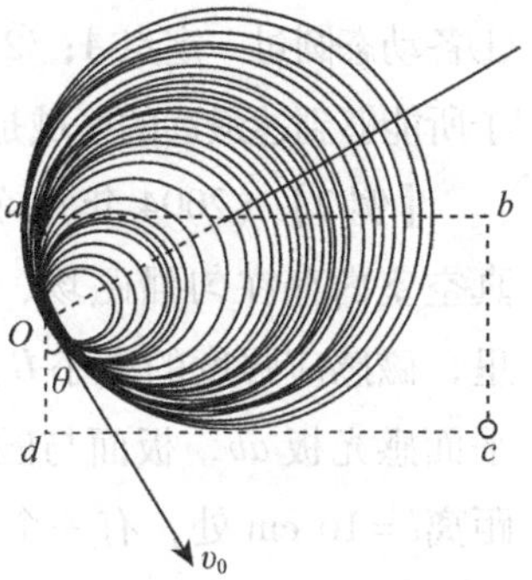

图11－35

（1）粒子能从 ab 边上射出磁场的 v_0 大小范围。

（2）如果带电粒子不受上述 v_0 大小范围的限制，求粒子在磁场中运动的最长时间。

【分析】 通过几何画板的追踪功能，利用放缩圆法动态放缩粒子速度的大小，将粒子在磁场中做匀速圆周运动轨迹动态生成后展示在学生眼前，如图11－35所示。在磁场中做匀速圆周运动的粒子，其速度越大，半径 r 越大。随着半径 r 的增大，其运动轨迹首先与上边界 ab 相切，此时轨迹半径最小，对应的速度为最小值。半径 r 继续增大，当其运动轨迹与下边界 cd 相切时，轨迹半径最大，对应的速度最大。粒子轨迹所对圆心角最大时，在磁场中运动时间最长，当其轨迹恰好与 ab 边相切或轨迹圆更小时时间最长，求出此时的圆心角，然后再求出相应的运动时间。

点评： 在传统的物理教学中，学生很难理解这一动态过程，而利用几何画板的动态显示过程，点击速度 v_0 箭头末端的红点改变速度的大小，几何画板就能生成如图11－35所示的一系列动态圆，生动再现学生的学习情境，帮助学生顺利理解轨迹圆与 ab，cd 边界相切时是速度及时间的临界点，从而顺利解决问题。

二、入射速度的入射点与速度大小已知，其方向变化

模型二： 在垂直纸面向里的匀强磁场中，带正电的粒子从磁场中 A 点以相等速度 v 沿各个方向射入磁场中。

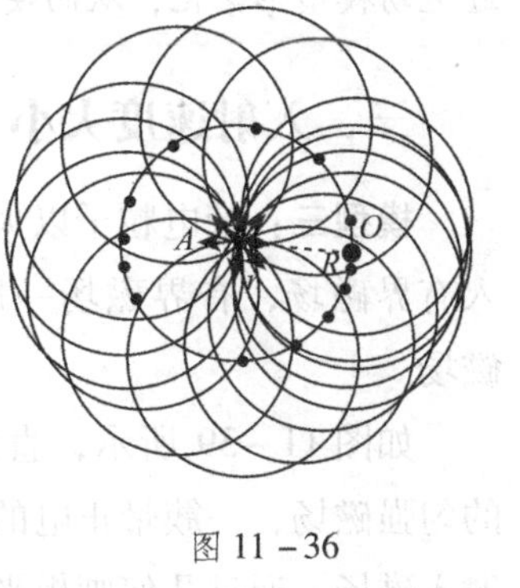

图11－36

利用几何画板通过改变轨迹圆心 O，从而改变速度的方向，追踪圆弧的轨迹，如图11－36所示，不难发现，过定点 A 的放缩圆有以下规律：

①各动态圆过一定点A；②各动态圆的圆心，其所在轨迹为圆；③在纸面内，各粒子所能够到达最远的区域是以$2R$为半径构成的新圆；④各动态圆周期T相同。

【例2】（2004年广东高考卷）如图11－37，真空室内存在匀强磁场，磁场方向垂直于纸面向里，磁感应强度的大小$B=0.60\ \mathrm{T}$，磁场内有一块平面感光板ab，板面与磁场方向平行，在到ab的距离$l=16\ \mathrm{cm}$处，有一个点状的α粒子放射源S，它向各个方向发射α粒子，α粒子的速度都是$v=3.0\times10^{6}\ \mathrm{m/s}$，已知$\alpha$粒子的电荷与质量之比$\frac{q}{m}=5.0\times10^{7}\ \mathrm{C/kg}$，现只考虑在纸面内运动的$\alpha$粒子，求$ab$上被$\alpha$粒子打中的区域的长度。

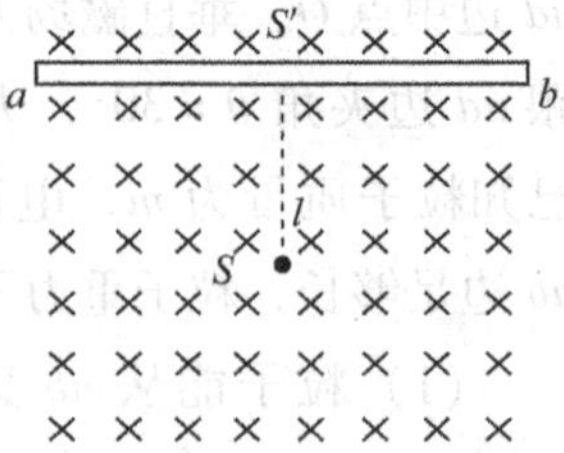

图11－37

【分析】 带电粒子在磁场中做匀速圆周运动，由洛伦兹力充当向心力可求出粒子的半径，通过几何画板的动画功能，利用旋转圆法很容易得出在a端与板相切时为粒子到达板的左端最远处，而在b端为直径时才为到达板的右端最远处。如图11－38所示，根据几何关系，可求出打中ab区域的长度。

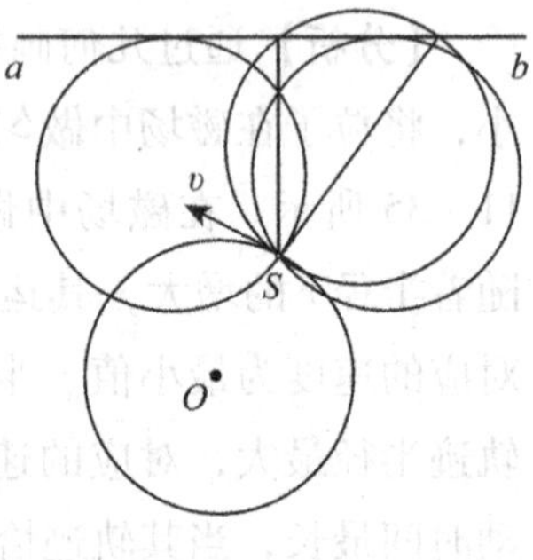

图11－38

点评：本题中左侧的临界值为相切打中ab板左侧最远位置，很多学生认为右侧也为相切时为粒子打中ab板右侧最远位置，然而利用几何画板旋转如图11－38所示的圆心O点，应用几何画板动态功能及追踪功能很容易得出如图11－38所示的右侧两个特殊位置的圆，只有当过定点S的圆与直线ab的交点为直径时才是粒子打中ab板右侧最远位置，这时再解释“圆上的两点最远时必为直径”就很容易理解，这种情境的展示把抽象的空间轨迹运动模型形象化，从而使学生解决问题时得以事半功倍。

三、入射速度大小与方向已知，其入射点变化

模型三：带电粒子以大小和方向相同的速度射入有界磁场，有界磁场一般为直线形和圆形边界磁场。

如图11－39所示，直线右侧为垂直纸面向里的匀强磁场，一簇带正电的粒子以相同的速度平行射入磁场，通过几何画板平移圆心，得到如图所示

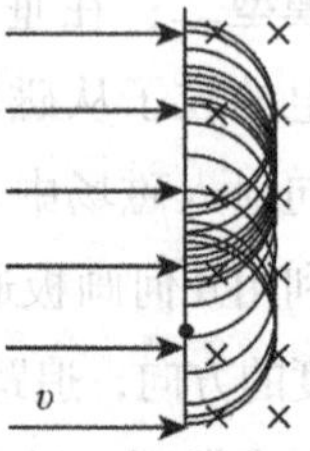

图11－39

的轨迹圆，发现有以下规律：①各动态圆的半径 R 相同；②各圆圆心在初速度垂直线上，并且离速度入射点的距离为 R；③圆心的轨迹也为直线。

【例 3】（2007 年四川高考卷）如图 11－40 所示，长方形 $abcd$ 长 $ad=0.6$ m，宽 $ab=0.3$ m，O，e 分别是 ad，bc 的中点，以 ad 为直径的半圆内有垂直纸面向里的匀强磁场（边界上无磁场），磁感应强度 $B=0.25$ T。一群不计重力、质量 $m=3\times10^{-7}$ kg、电荷量 $q=+2\times10^{-3}$ C 的带电粒子以速度 $v=5\times10^{2}$ m/s 沿垂直 ad 方向射入磁场区域（　　）

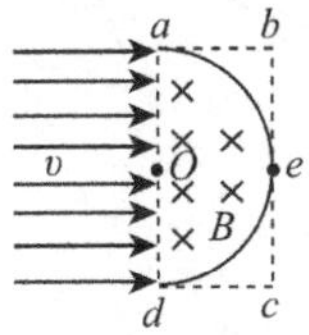

图 11－40

A. 从 Od 边射入的粒子，出射点全部分布在 Oa 边

B. 从 aO 边射入的粒子，出射点全部分布在 ab 边

C. 从 Od 边射入的粒子，出射点分布在 Oa 边和 ab 边

D. 从 aO 边射入的粒子，出射点分布在 ab 边和 bc 边

【分析】粒子进入磁场后做匀速圆周运动，根据洛伦兹力提供向心力先得到轨道半径，再找出圆心，通过几何画板利用平移圆法，能够很快确定半径并分析出可能的轨迹，不难得到正确答案为 D，如图 11－41 所示。

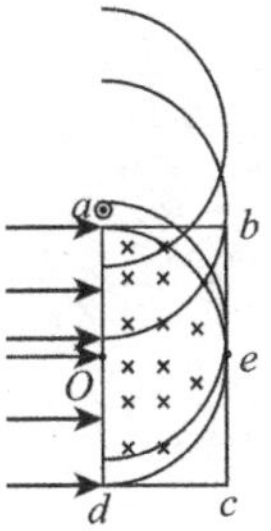

图 11－41

点评：本题的关键是计算出半径后找到圆心，分析可能出现的各种轨迹，然后找到出射点，课堂中通过几何画板，使圆心 O 点在 ad 边移动，自动生成如图 11－41 所示动态轨迹。利用平移圆法将变化的过程动态地展示在学生眼前，有助于学生对问题的理解。

综上可知，在物理课堂教学中，恰当地使用几何画板辅助教学，可为学生创设可视化、更有体验感的教学情境。这种深度融合信息技术的教学模式，可快速推进物理课堂教学的变革，真正实现信息技术与物理教学的有效整合。

（原载《中学教学参考》2018 年第 11 期）

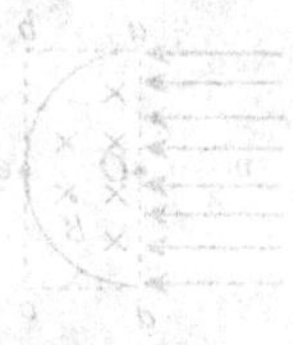

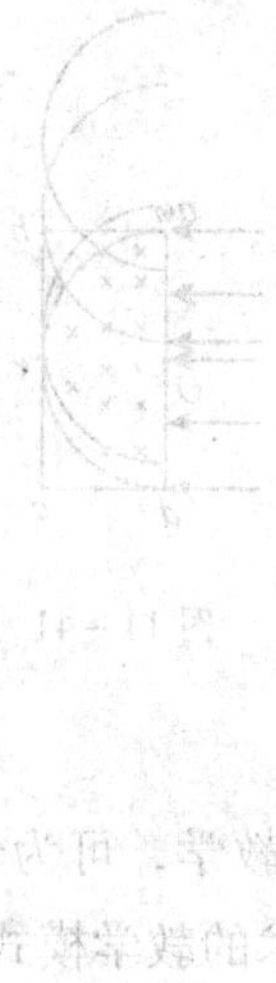

第12章 电磁感应

12.1　电磁感应的性质

12.1.1　要点点精

1. 基本概念

（1）感应电流产生的条件：闭合电路的磁通量发生变化。

（2）电磁感应：因磁通量发生变化而产生感应电流的现象。在电磁感应中产生的电动势称为感应电动势。

（2）感应电动势产生的条件：磁通量发生变化。

（3）涡流：当金属块放在变化的磁场中，穿过金属块的磁通量发生变化，金属块中就会产生感应电流，这种电流像水的旋涡一样，所以叫涡流。

（4）录音的原理是电流的磁效应，放音的原理是电磁感应。

2. 法拉第电磁感应定律

（1）内容：电路中感应电动势大小与穿过这一电路的磁通量的变化率成正比。

（2）公式：$E=n\dfrac{\Delta\Phi}{\Delta t}=n\dfrac{\Delta B}{\Delta t}S=n\dfrac{\Delta S}{\Delta t}B$

（**注意：**E 的大小与 $\Delta\Phi$ 无必然联系，$\Delta\Phi$ 很大，E 可能为零，$\Delta\Phi$ 很小，E 可能很大）

当部分导体切割磁感线时：

$$E=BLv\sin\theta=\begin{cases}\theta=0°\text{时}，E=0\\ \theta=90°\text{时}，E=BLv\end{cases}$$（其中 θ 为 B 与 v 之间的夹角）

注意：感应电动势的计算：

（1）$E=n\dfrac{\Delta\Phi}{\Delta t}=n\dfrac{\Delta B}{\Delta t}S=n\dfrac{\Delta S}{\Delta t}B$（普适公式）

注意：S 是指有效面积。

（2）$E=BLv$（垂直平动切割，即 B，L，v 三者相互垂直）

（3）$e=NBS\omega\sin(\omega t+\varphi)$，$E_m=NBS\omega$（转轴垂直于磁场的线圈匀速转动

切割磁感线）

(4) $E=\frac{1}{2}BL^2\omega$（直导体绕一端匀速转动切割磁感线）

$E=\frac{|L_1^2-L_2^2|}{2}B\omega$（直导体绕所在直线上任意一点匀速转动切割磁感线）

(5) $E_{自}=L\frac{\Delta I}{\Delta t}$（自感）

3. **感应电流的方向**

(1) 楞次定律

① 内容：

表述1：感应电流具有这样的方向，即感应电流的磁场总要阻碍引起感应电流的磁通量的变化。

表述2：感应电流的磁场总要阻碍磁体与磁场间的相对运动。

② 具体应用：

基本方法——一原二感三电流

第一步（简称：一原）$\begin{cases}\text{原磁场 } B \text{ 的方向如何}\\ \text{原磁通量如何变化}\end{cases}$

第二步（简称：二感）$\xrightarrow{\text{增反减同判断}}$感应电流的磁场 B' 方向

第三步（简称：三电流）$\xrightarrow{\text{安培定则判断}}$感应电流的方向

阻碍原磁通量的变化——“增反减同”

当原磁通量减小时，感应电流的磁场与原磁场方向相同，以阻碍其减小。

当原磁通量增加时，感应电流的磁场与原磁场方向相反，以阻碍其增加。

阻碍（导体的）相对运动——“来拒去留”

靠近时相互排斥，远离时相互吸引。

阻碍原磁通量的变化——“增缩减扩”

磁通量增加，线圈面积“缩小”；磁通量减小，线圈面积“扩张”。（**注意：**磁场只能从一面穿过，不能同时还有磁场从另一面穿回）

阻碍线圈自身电流的变化（自感现象）

(2) 右手定则：内容略。(应用条件：部分导体切割磁感线时)

注意区别：右手定则、左手定则、右手螺旋定则（安培定则）。

右手定则用来判断感应电流方向，左手定则用于判断磁场力的方向，简称“左力右电”；而安培定则用于判断电流与磁场之间的相互作用力方向。

4. **自感现象**

（1）由于导体（如线圈）自身电流变化所产生的电磁感应现象，叫自感现象，导体自身电流变化所产生的感应电动势叫自感电动势。

（2）公式：$E=L\dfrac{\Delta I}{\Delta t}$。

自感系数 L（单位：亨利（H））：L 是线圈本身的属性，与线圈的形状、横截面积、长短、匝数等有关。线圈的横截面积越大，匝数越多、越密，长度越长，它的自感系数就越大。将铁芯插入线圈中，自感系数也会增大。

（3）作用：总是阻碍线圈中自身电流发生变化，从 $0\to I_{正常}$ 或从 $I_{正常}\to 0$。

（4）应用——开关通断引起灯泡亮度变化的问题。

注意： 闪亮再慢慢熄灭情况的判定。

（5）两种典型的自感

	通电自感	断电自感
电路图	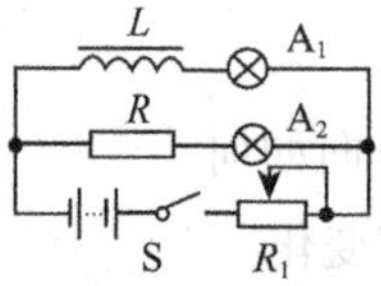	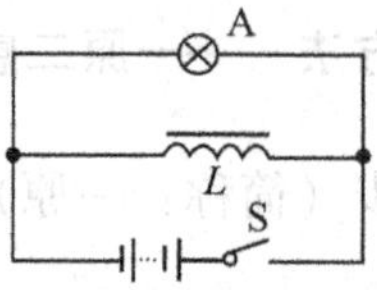
器材要求	A_1、A_2 同规格，$R=R_L$，L 较大	L 很大（有铁芯）
现象	在 S 闭合瞬间，灯 A_2 立即亮起来，灯 A_1 逐渐变亮，最终一样亮	在开关 S 断开时，灯 A 渐渐熄灭或闪亮一下再熄灭
原因	由于开关闭合时，流过电感线圈的电流迅速增大，线圈产生自感电动势，阻碍了电流的增大，使流过灯 A_1 的电流比流过灯 A_2 的电流增加得慢	S 断开时，线圈 L 产生自感电动势，阻碍了电流的减小，使电流继续存在一段时间，灯 A 中电流反向不会立即熄灭。若 $R_L<R_A$，原来的 $I_L>I_A$，则 A 灯熄灭前要闪亮一下。若 $R_L\geqslant R_A$，原来的电流 $I_L\leqslant I_A$，则灯 A 逐渐熄灭不会闪亮一下
能量转化	电能转化为磁场能	磁场能转化为电能
线圈的作用	相当于一个电阻逐渐减小的变阻器	相当于一个电流逐渐减小的电源

5. **重要结论**

（1）通过闭合回路产生的感应电荷量：$q=N\dfrac{\Delta\Phi}{R_{总}}$。

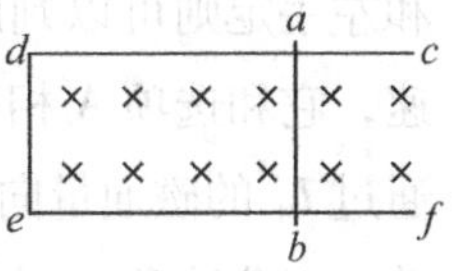

图 12 – 1

（2）部分导体 ab 切割磁感线产生感应电流而受到的安培力：

大小：$F_{安}=\dfrac{B^2L^2v}{R_{总}}$。

方向：与导体相对磁场的运动方向相反。

6. **物理学史**

（1）奥斯特发现了电流的磁效应，即电生磁。

（2）法拉第发现了电磁感应定律，即磁生电。

12.1.2 典型例题

【例 1】 如图 12 – 2 所示，1831 年法拉第把两个线圈绕在一个铁环上，A 线圈与电源、滑动变阻器 R 组成一个回路，B 线圈与开关 S、电流表 G 组成另一个回路。通过多次实验，法拉第终于总结出产生感应电流的条件。关于该实验下列说法正确的是（　　）

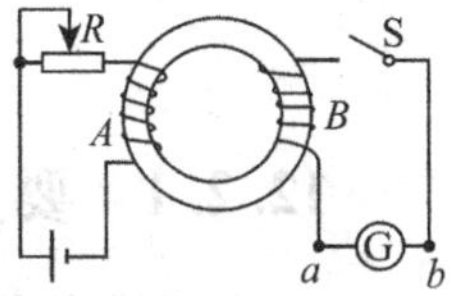

图 12 – 2

A. 闭合开关 S 的瞬间，电流表 G 中有 $a\to b$ 的感应电流

B. 闭合开关 S 的瞬间，电流表 G 中有 $b\to a$ 的感应电流

C. 闭合开关 S 后，在增大电阻 R 的过程中，电流表 G 中有 $a\to b$ 的感应电流

D. 闭合开关 S 后，在增大电阻 R 的过程中，电流表 G 中有 $b\to a$ 的感应电流

【解析】 在闭合 S 瞬间，通过 B 线圈的磁通量不变，G 中没有感应电流，A 和 B 选项都是错误的。闭合 S 后，如果 R 增大，A 线圈中的电流减小。根据右手螺旋定则，通过 B 线圈的磁通量向下并减小，根据楞次定律可知电流表 G 中的电流方向是 $b\to a$，所以 D 选项是正确的。

【例 2】（多选）如图 12 – 3 所示，水平放置的两条光滑轨道上有可自由移动的金属棒 PQ、MN，当 PQ 在外力作用下运动时，MN 在磁场力作用下向右运动，则 PQ 所做的运动可能是（　　）

A. 向右加速运动

B. 向左加速运动

C. 向右减速运动

D. 向左减速运动

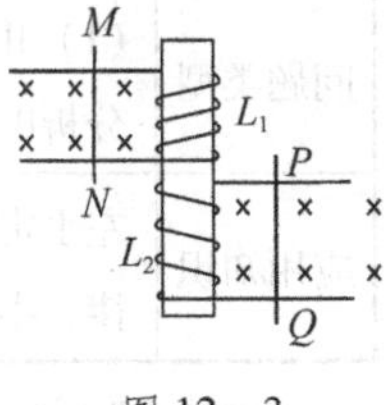

图 12 – 3

【解析】如果 PQ 向右加速，通过 L_1 的磁通量向上且增加。根据楞次定则和左手定则可以判断，MN 向左移动，所以选项 A 是错误的。如果 PQ 向左加速，它和选项 A 相反，所以选项 B 是对的。如果 PQ 向右减速，根据右手定则，通过 L_1 的磁通量向上并且减少，根据楞次定律和左手定则可以确定 MN 向右移动，因此选项 C 对。如果 PQ 向左减速，则情况与选项 C 完全相反，故选项 D 错误，所以 BC 选项正确。

12.2 电磁感应的应用

12.2.1 要点点精

1. **电磁感应中的电路问题**

电源是将其他形式的能转化为电能的装置。在电磁感应现象里，通过导体切割磁感线和线圈磁通量的变化而将其他形式的能转化为电能。故将“导体切割磁感线或线圈磁通量的变化”等效为电源部分。

(1) 内电路：切割磁感线运动的导体或磁通量发生变化的线圈相当于电源；

(2) 外电路：切割磁感线部分导体的电阻或磁通量发生变化线圈的电阻相当于电源的内阻，其余部分是外电路。

2. **电磁感应中的图像问题**

图像类型	(1) 磁感应强度 B、磁通量 Φ、感应电动势 E 和感应电流 I 随时间 t 变化的图像，即 $B-t$ 图像、$\Phi-t$ 图像、$E-t$ 图像和 $I-t$ 图像；(2) 对于切割磁感线产生感应电动势和感应电流的情况，还常涉及感应电动势 E 和感应电流 I 随线圈位移 x 变化的图像，即 $E-x$ 图像和 $I-x$ 图像
问题类型	(1) 由给定的电磁感应过程判断或画出正确的图像；(2) 由给定的有关图像分析电磁感应过程，求解相应的物理量
应用知识	左手定则、安培定则、右手定则、楞次定律、法拉第电磁感应定律、欧姆定律、牛顿运动定律、函数图像相关知识等

注意：感应电量 $q=It$ 为 $I-t$ 图中的面积。

3. **电磁感应中的能量问题**

（1）从能量的角度出发，应用动能定理或能量守恒定律的基本方法是：受力分析→明确哪些力做功，做正功还是负功→弄清楚哪些形式的能量参与转化，由动能定理或能量守恒定律列方程组求解。

（2）如果是恒定电流：$Q=I^2Rt$；如果是变化电流：$W_{其他}-W_{克安}=\Delta E_K$，$Q=W_{克安}$。

4. **电磁感应中的力电问题**

导体受力运动产生感应电动势→感应电流→通电导体受到安培力→外力变化→加速度变化→速度变化→感应电动势变化……周而复始地循环，直至最终达到稳定状态，此时加速度为零，而速度 v 达到最大值后做匀速直线运动或通过减速达到稳定值做匀速直线运动。

分类：电→动→电；动→电→动；单杆；双杆。

12.2.2　典型例题

【例1】 如图 12－4 所示，边长为 L 的正方形导线框质量为 m，由距磁场 H 高处自由下落，其下边 ab 进入匀强磁场后，线圈开始做减速运动，直到其上边 cd 刚刚穿出磁场时，速度减为 ab 边刚进入磁场时的一半，磁场的宽度也为 L，则线框穿越磁场过程中产生的焦耳热为（　　）

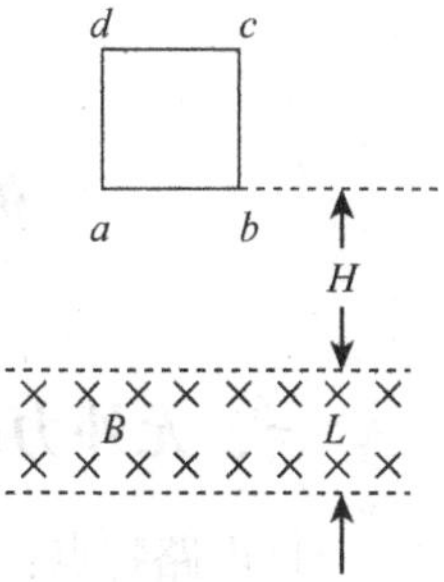

图 12－4

A. $2mgL$　　　　B. $2mgL+mgH$

C. $2mgL+\frac{3}{4}mgH$　　　　D. $2mgL+\frac{3}{4}mgH$

【解析】 设线框刚进入磁场时的速度为 v_1，则刚穿出磁场时的速度 $v_2=\frac{v_1}{2}$。线框自开始进入到完全穿出磁场时下落高度为 $2L$。由题意：$\frac{1}{2}mv_1^2=mgH$，$\frac{1}{2}mv_1^2+mg\cdot 2L=\frac{1}{2}mv_2^2+Q$，联立解得：$Q=2mgL+\frac{3}{4}mgH$，故 C 选项正确。

【例2】（多选）如图 12－5 所示，金属杆 MN 在三角形金属框架上以速度 v 从图示位置开始向右做匀速滑动，框架夹角为 θ，杆和框架由粗细均匀横截面积相同的同种材料制成，则回路中的感应电动势 E 和电流 I 随时间 t 变化的规律分别是图中的（　　）

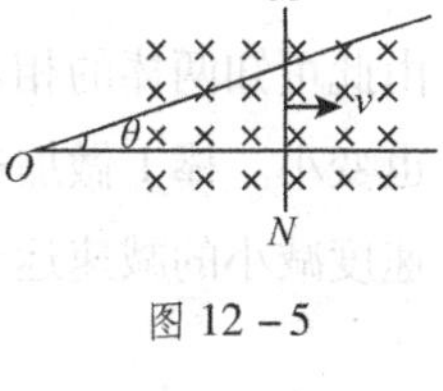

图 12－5

A　　B　　C　　D

【解析】由公式 $E=Blv$ 知，l 均匀增大，则感应电动势 E 均匀增大，且图示位置 E 不为零，则 B 选项正确；回路电流 $I=\dfrac{E}{R}=\dfrac{Blv}{\rho L/S}$，式中 L 为回路的周长，由三角形相似可推得 l 与 L 的比值为定值，故电流的大小是恒定的，则 D 选项正确。故答案为 BD。

12.3　本章解题方略

例谈电磁感应中等距双杆模型

一、无外力的等距双杆

① 电路特点：棒 2 相当于电源；棒 1 受安培力而加速运动，运动后产生反电动势。②电流特点：$I=\dfrac{Blv_2-Blv_1}{R_1+R_2}=\dfrac{Bl\ (v_2-v_1)}{R_1+R_2}$，随着棒 2 的减速和棒 1 的加速，两棒的相对速度（v_2-v_1）变小，回路中电流也变小。当 $v_1=0$ 时，电流最大 $I_m=\dfrac{Blv_2}{R_1+R_2}$；当 $v_2=v_1$ 时，电流最小为零。③两棒的运动情况：两杆受到的安培力大小为 $F_安=BIl=\dfrac{B^2l^2\ (v_2-v_1)}{R_1+R_2}$，由此可知两棒的相对速度变小，感应电流和安培力也变小。棒 1 做加速度减小的加速运动，棒 2 做加速度减小的减速运动，最终两棒具有共同速度，如

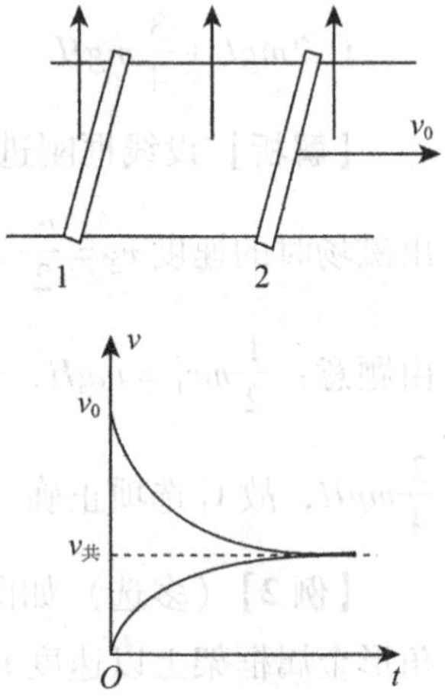

图 12－6

图 12－6 所示。

【例 1】（单选）如图 12－7，水平面内固定有两根平行的光滑长直金属导轨，导轨间距为 L，电阻不计。整个装置处于两个磁感应强度大小均为 B、方向相反的竖直匀强磁场中，虚线为两磁场的分界线。质量均为 m 的两根相同导体棒 MN、PQ 静置于图示的导轨上（两棒始终与导轨垂直且接触良好）。现使 MN 棒获得一个大小为 v_0、方向水平向左的初速度，则在此后的整个运动过程中（　　）

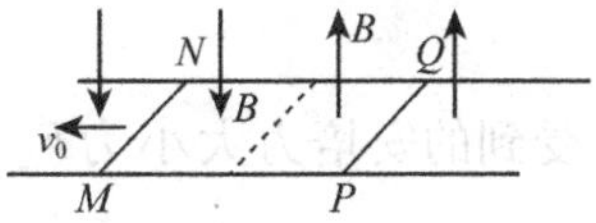

图 12－7

A. 两棒受到的安培力冲量大小相等，方向相反

B. 两棒最终的速度大小均为$\frac{v_0}{2}$，方向相同

C. MN 棒产生的焦耳热为$\frac{mv_0^2}{4}$

D. 通过 PQ 棒某一横截面的电荷量为$\frac{mv_0}{2BL}$

【解析】 A. MN 棒向左运动，由右手定则可知，MN 中的电流由 N 到 M，PQ 中的电流由 P 到 Q，由左手定则可知，MN 棒受到的安培力方向向右，PQ 棒受到的安培力方向也向右，由于两棒组成串联回路，所以两棒中的电流相等，由 $F=BIL$ 可知，安培力大小相等，由 $I=Ft$ 可知，两棒受到的安培力冲量大小相等，方向相同，故 A 错误；BC。由于 MN 棒受到的安培力方向向右，PQ 棒受到的安培力方向也向右，则 MN 棒向左做减速运动，PQ 棒向右做加速运动，两棒切割磁感线产生的感应电动势正极与正极相连，当两棒产生的电动势相等时，则两棒速度大小相等，回路中的电流为零，此后两棒以相同速率反方向做匀速直线运动，取向左为正方向，对两棒分别应用动量定理得 $-\overline{F}t=mv-mv_0$，$-\overline{F}t=-mv$，解得 $v=\frac{v_0}{2}$，由能量守恒定律得 $Q=\frac{1}{2}mv_0^2-\frac{1}{2}\times 2mv^2=\frac{1}{4}mv_0^2$，则 MN 棒产生的焦耳热为$\frac{1}{8}mv_0^2$，故 BC 错误；D. 对 PQ 棒，由动量定理得，$B\overline{I}Lt=mv$，即 $BLq=m\cdot\frac{v_0}{2}$，则 $q=\frac{mv_0}{2BL}$，故 D 正确。故选 D。

二、有外力的等距双杆

①电路特点：杆 2 相当于电源；杆 1 受安培力而加速运动。②运动分析：

某时刻回路中的电流 $I=\frac{Blv_2-Blv_1}{R_1+R_2}=\frac{Bl\ (v_2-v_1)}{R_1+R_2}$，两杆受到的安培力大小为 $F_{安}=BIl=\frac{B^2l^2\ (v_2-v_1)}{R_1+R_2}$，对杆 1 有 $a_1=\frac{F_{安}}{m_1}$，对杆 2 有 $a_2=\frac{F-F_{安}}{m_2}$，由此可知：最初阶段杆 2 的加速度大于杆 1 的加速度，所以有（v_2-v_1）越来越大，电流也越来越大，则安培力 $F_{安}$ 也越来越大，直到 $a_2=a_1$ 时，两杆的速度差（v_2-v_1）恒定，从而可知电流 I 和安培力 $F_{安}$ 也恒定，最终两杆均做匀加速运动，如图 12－8 所示。

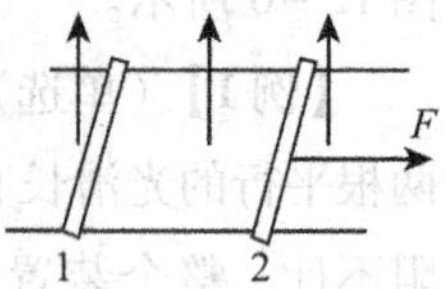

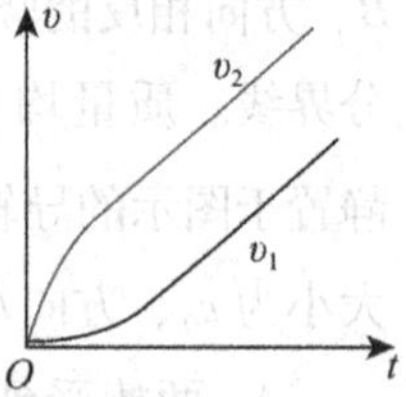

图 12－8

【例 2】（多选）如图 12－9 所示，位于同一水平面上的两根足够长的平行金属导轨固定在竖直向上的匀强磁场中。导轨上有两个完全相同的金属杆 1 和 2，它们与导轨均接触良好。两杆与导轨之间的动摩擦系数相同且不为零，最大静摩擦力等于滑动摩擦力。现在用平行于导轨的恒力 F 拉动金属杆 2，使其开始运动。在足够长的时间内，下面描述两个金属棒的速度 v 和时间 t 之间关系的图像可能正确的是（　　）

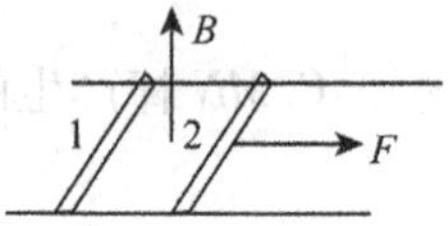

图 12－9

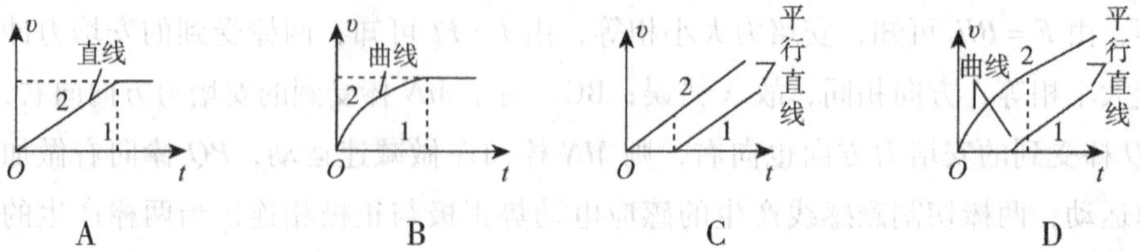

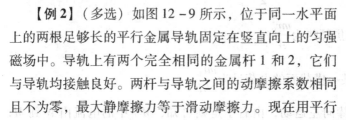

【解析】 AB. 当力 F 作用在杆 2 上时，杆 2 将立即加速运动。同时产生感应电流，从而产生向左的安培力，此时的加速度 $a=\frac{F-F_{安}-\mu mg}{m}=\frac{F-\frac{B^2L^2v}{R_{总}}-\mu mg}{m}$，然后随着速度的增加，可知杆 2 做加速度减小的加速运动，当加速度减小到零时，它以恒定的速度做匀速运动。如果杆 1 所受的安培力小于其最大静摩擦力，则杆 1 在此过程中始终静止不动，则 A 错误，B 正确。CD. 由以上分析可知，如果安培力增大到一定值时杆 2 启动，则随着安培力的增加，杆 2 做加速度增大的加速运动，杆 1 做加速度减小的减速运动，当两杆速度差不变时，安培力恒定，则加速度也恒定不变，选项 C 错，D 是正确的。故选择 BD。

【例 3】（多选）如图 12－10，U 形光滑金属框 $abcd$ 置于水平绝缘平台上，ab 和 cd 平行，与 bc 边垂直。ab、cd 足够长，整个金属框电阻可忽略。一根具有一定电阻的导体棒 MN 置于金属框上，用水平恒力 F 向右拉动金属框，运动过程中装置始终处于竖直向下的匀强磁场中，MN 与金属框保持良好接触，且与 bc 边保持平行。经过一段时间后（　　）

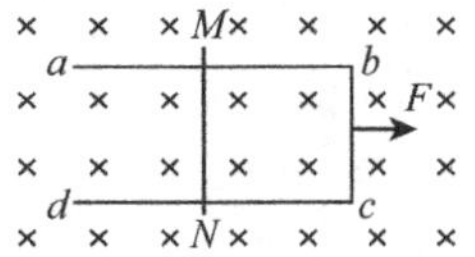

图 12－10

A. 金属框的速度大小趋于恒定值

B. 金属框的加速度大小趋于恒定值

C. 导体棒所受安培力的大小趋于恒定值

D. 导体棒到金属框 bc 边的距离趋于恒定值

【解析】由 bc 边切割磁感线产生电动势形成电流，使得导体棒 MN 受到向右的安培力做加速运动。bc 边受到向左的安培力，在拉力作用下也向右做加速运动。当 MN 运动时，金属框的 bc 边和导体棒 MN 一起切割磁感线，设导体棒 MN 和金属框的速度分别为 v_1，v_2，则电路中的电动势 $E=BL(v_2-v_1)$，电流 $I=\frac{E}{R}=\frac{BL(v_2-v_1)}{R}$，金属框和导体棒 MN 受到的安培力 $F_{安框}=\frac{B^2L^2(v_2-v_1)}{R}$，与运动方向相反，$F_{安MN}=\frac{B^2L^2(v_2-v_1)}{R}$，与运动方向相同。设导体棒 MN 和金属框的质量分别为 m_1，m_2，则对导体棒 MN，$\frac{B^2L^2(v_2-v_1)}{R}=m_1a_1$。对金属框，$F-\frac{B^2L^2(v_2-v_1)}{R}=m_2a_2$。由于初速度均为零，则 a_1 从零开始逐渐增加，a_2 从 $\frac{F}{m_2}$ 开始逐渐减小。当 $a_1=a_2$ 时，相对速度 $v_2-v_1=\frac{FRm_1}{2B^2L^2(m_1+m_2)}$ 大小将恒定，整个运动过程用速度时间图像描述如图 12－11。

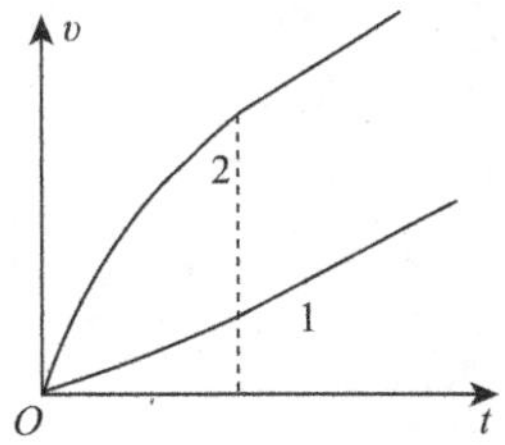

图 12－11

综上可得，金属框的加速度趋于恒定值，安培力也趋于恒定值，BC 选项正确；金属框的速度会一直增大，导体棒到金属框 bc 边的距离也会一直增大，AD 选项错误。故选 BC。

第13章 交变电流

13.1　交变电流的产生

13.1.1　要点点精

1. 交流电的产生

（1）产生：将闭合矩形线圈置于匀强磁场中，并绕垂直磁场方向的轴做匀速转动。

（2）中性面：$B \perp S$，Φ 最大，$\frac{\Delta \Phi}{\Delta t}$，$E$，$U$，$I$ 最小（为零）；电流的方向发生改变，一个周期内两次经过中性面。

2. 交流电的基本规律

N 匝线圈，其面积为 S，线圈内阻为 r，外电阻为 R，在一匀强磁场中（磁感应强度为 B）绕垂直于磁感应强度 B 的轴以角速度 ω 匀速转动，即构成交流电源；交流电源通过滑环和电刷引到外电路，即构成交流全电路。

交流电四个值：瞬时值、最大值、有效值、平均值。

（1）最大值：交变电流的电流或电压所能达到的最大值，出现在 $B /\!/ S$ 位置。电容器的耐压值指的是峰值（即最大值）。

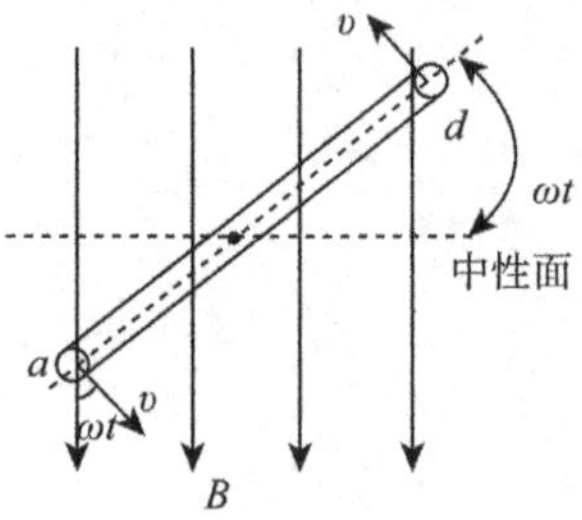

图 13－1

最大电动势：$E_m = NBS\omega = N\Phi_m\omega$。

最大电流：$I_m = \frac{NBS\omega}{R+r}$。

最大电压：$U_m = I_m R$。

（2）瞬时值：交变电流某一时刻的值，是时间的函数。

$e = E_m \sin \omega t$。（从中性面计时）（家庭电压：$e = 311\sin 100\pi t$）

$i = I_m \sin \omega t$。（从中性面计时）

$u = U_m \sin \omega t$。（从中性面计时）

（3）有效值：让交变电流与恒定电流通过相同的电阻，如果它们在一个周期内产生的热量相等，则这个恒定电流的 I 和 U 就是这个交变电流的有效值。

$E=\frac{E_m}{\sqrt{2}}=0.707E_m$。（条件：正、余弦式交流电）

$I=\frac{I_m}{\sqrt{2}}=0.707I_m$，$U=\frac{U_m}{\sqrt{2}}=0.707U_m$。

其他交流电有效值求解方法——分段法：

根据焦耳定律的热效应，对一个周期，将其分段变成恒定电流进行计算。

如：$T=T_1+T_2$，U_1，U_2，I_1，I_2指相应时间的有效值，则$\frac{U^2}{R}T=\frac{U_1^2}{R}T_1+\frac{U_2^2}{R}T_2$，$I^2RT=I_1^2RT_1+I_2^2RT_2$。

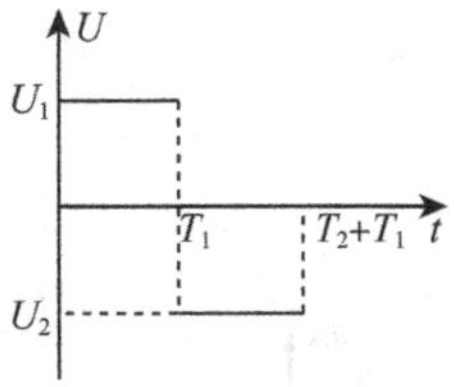

图 13－2

（4）平均值 $\overline{E}$：对于某一段时间或某一过程，其平均感应电动势 $\overline{E}=N\cdot\frac{\Delta\Phi}{\Delta t}$⇒平均电流 $\overline{I}=\frac{\overline{E}}{R+r}$⇒平均电压 $\overline{U}=\overline{I}\cdot R$。

注意：

① 只有在求电荷量 q 时用平均值：$q=\overline{I}\Delta t=N\frac{\Delta\Phi}{R}$。

② 在 $i-t$ 图像中图线与横轴所围面积为电荷量 q。

③ 家庭电压：瞬时值 $e=311\sin 100\pi t$（V），最大值为 311 V（或 $220\sqrt{2}$ V），有效值为 220 V，角速度为 100π rad/s，周期为 0.02 s，频率为 50 Hz。

（5）正弦式交变电流的图像

	磁通量	电动势	电压	电流
函数	$\Phi=\Phi_m\cos\omega t=BS\cos\omega t$	$e=E_m\sin\omega t=NBS\omega\sin\omega t$	$u=U_m\sin\omega t=\frac{R}{R+r}E_m\sin\omega t$	$i=I_m\sin\omega t=\frac{E_m}{R+r}\sin\omega t$
图像	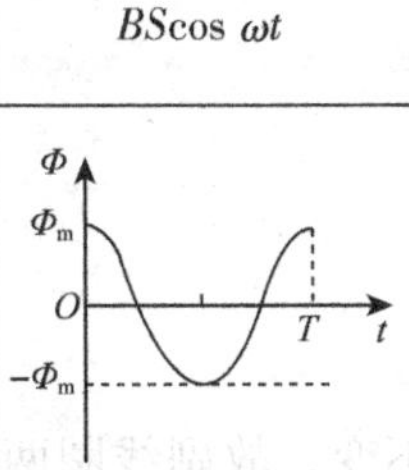	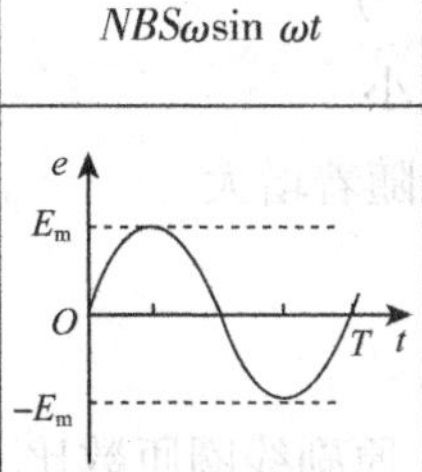	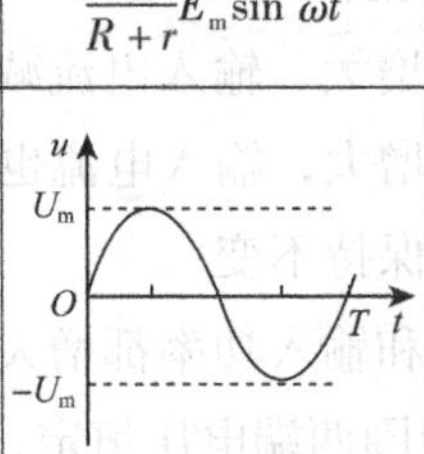	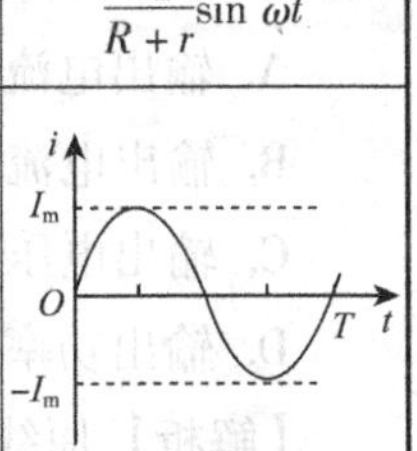
说明	S 为线圈面积；N 为线圈匝数；r 为线圈电阻（内阻）；R 为外电阻			

13.1.2 典型例题

【例 1】 如图 13 -3a 所示，将一个矩形线圈 *abcd* 置于匀强磁场中，并绕 OO'轴以角速度 ω 逆时针匀速转动。如果线圈平面与磁场的夹角 $\theta=45°$（如图 13 -3b 所示）时为计时的起点，规定电流从 a 流向 b 时为正方向。以下四幅图中正确的为（　　）

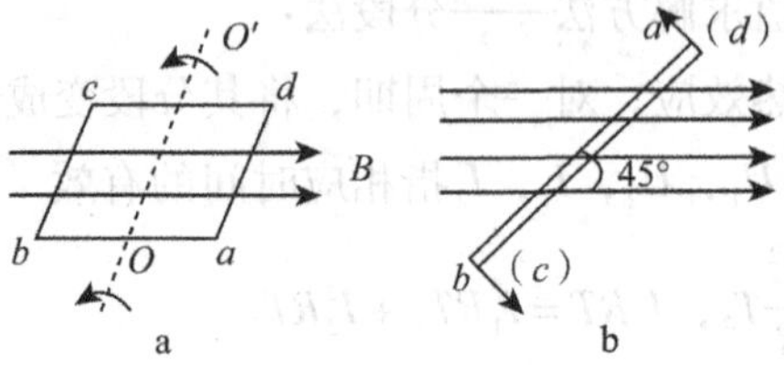

图 13 -3

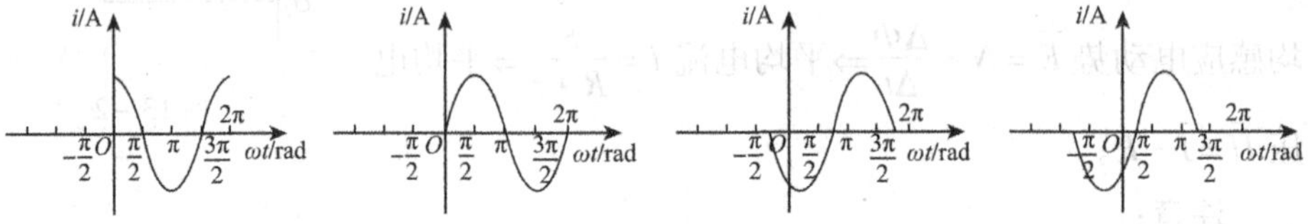

A　　B　　C　　D

【解析】 在 $t=0$ 时，根据图 13 -3b 所示的旋转方向，由右手定则可知，此时 ad 中的电流方向是从 a 到 d，线圈中的电流方向是 $a\to d\to c\to b\to a$，与规定的正方向相反，电流为负。此时，ad 和 bc 的速度与磁场成 45°角，由 $E=2Blv_{\perp}$，可得 $E=2\frac{\sqrt{2}}{2}Blv=\frac{\sqrt{2}}{2}E_m$，所以电流也等于最大值的$\frac{\sqrt{2}}{2}$倍，从图 13 -3b 也可以看出，在接下来的 45°角转动过程中，ad 和 bc 的切割速度越来越小，因此感应电动势和感应电流也逐渐变小。由此可以看出，D 是正确的。

【例 2】（多选）理想变压器原线圈两端电压不变，当副线圈电路中的电阻减小时，以下说法正确的是（　　）

A. 输出电流增大，输入电流减小

B. 输出电流增大，输入电流也随着增大

C. 输出电压保持不变

D. 输出功率和输入功率都增大

【解析】 原线圈两端电压恒定，原副线圈匝数比不变，故副线圈两端电压恒定，C 正确。当副线圈电路中的电阻减小时，输出电流增大，因此输入电流也增大，B 正确。由 $P=UI$ 知输出功率增大，而 $P_{in}=P_{out}$，则输入功率也增大，D 是正确的。故选 BCD。

13.2　变压器及远距离送电

13.2.1　要点点精

1. 变压器

（1）工作原理：互感现象。

（2）能量转化：电能→磁场能→电能。

（3）原、副线圈的 T、f、$\Delta\Phi$、$\frac{\Delta\Phi}{\Delta t}$、$P$ 不变，只改变电压 U 与电流 I。

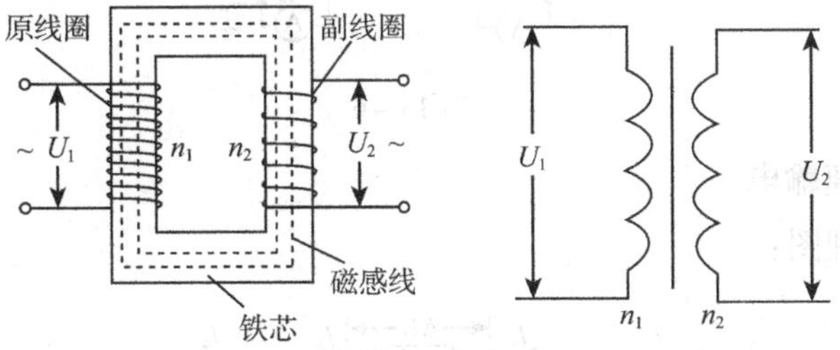

图 13－4

（4）输入端一定要接交流电，如果是直流电，则输出为零。

（5）四大关系：

电压关系：$\frac{U_1}{U_2}=\frac{n_1}{n_2}$，输入电压 U_1决定输出电压 U_2。

电流关系：$\frac{I_1}{I_2}=\frac{n_2}{n_1}$（一个副线圈），输出电流 I_2决定输入电流 I_1。

$I_1n_1=I_2n_2+I_3n_3+\cdots$（多个副线圈）。

功率关系：$P_1=P_2$，即：$U_1I_1=U_2I_2$，输出功率 P_2决定输入功率 P_1。

频率关系：$f_1=f_2$，变压器不改变交变电流的频率。

（6）几种常见的变压器

① 自耦变压器——调压变压器，如图 13-5 甲（降压作用）和乙（升压作用）所示。

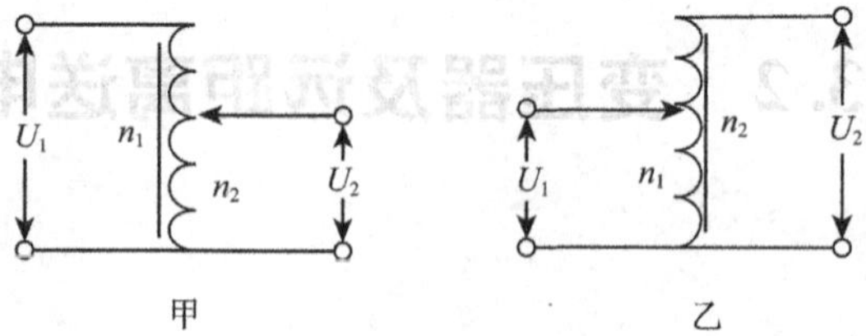

图 13-5

② 互感器 $\begin{cases}\text{电压互感器，} n_1 > n_2\text{：把高电压变成低电压。}\\ \text{电流互感器，} n_1 < n_2\text{：把大电流变成小电流。}\end{cases}$

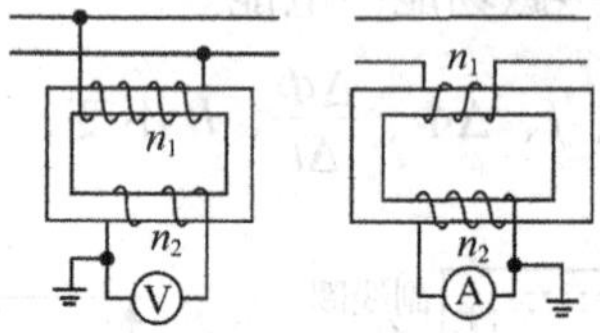

图 13-6

2. 远距离输电

（1）原理图：

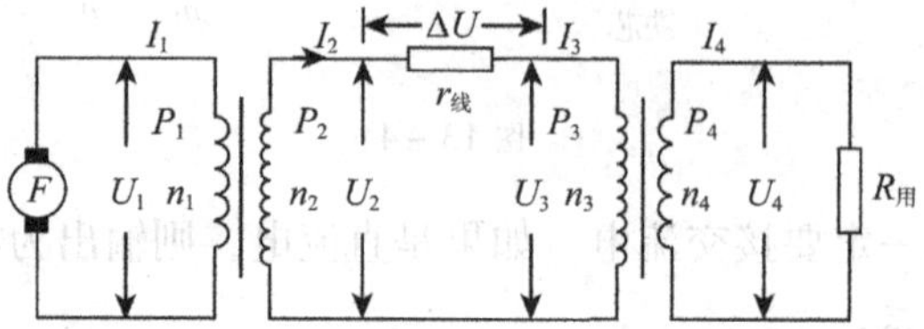

图 13-7

（2）三个回路中三大关系：

功率关系：$P_1 = P_2$，$P_3 = P_4$，$P_2 = P_3 + \Delta P$。

电压关系：$\dfrac{U_1}{U_2} = \dfrac{n_1}{n_2}$，$\dfrac{U_3}{U_4} = \dfrac{n_3}{n_4}$，$U_2 = U_3 + \Delta U$。

电流关系：$\dfrac{I_1}{I_2} = \dfrac{n_2}{n_1}$，$\dfrac{I_3}{I_4} = \dfrac{n_4}{n_3}$，$I_2 = I_3$。

输送电流：$I = \dfrac{P}{U}$，U 为输送电压（$U = U_2$），P 为输送功率。

损失功率：$\Delta P = I^2 r_{线} = \frac{(\Delta U)^2}{r_{线}} = \left(\frac{P}{U}\right)^2 r_{线}$。输送电压升高 n 倍，损失功率减少 n^2 倍

损失电压：$\Delta U = Ir_{线} = U_2 - U_3$。

13.2.2 典型例题

【例 1】（多选）在图 13－8 甲所示的电路中，理想变压器原副线圈匝数比为 20∶1。图中的电表都为理想电表，R 为光敏电阻（阻值随光强的增大而减小），L_1 和 L_2 为两个相同的灯泡。原线圈连接到如图 13－8 乙所示正弦交流电上，以下说法正确的是（　　）

A. 交流电压的频率为 50 Hz

B. 电压表的示数为 11 V

C. 当照射 R 的光强增大时，电流表的示数变大

D. 若 L_1 的灯丝烧断后，电压表的示数会变小

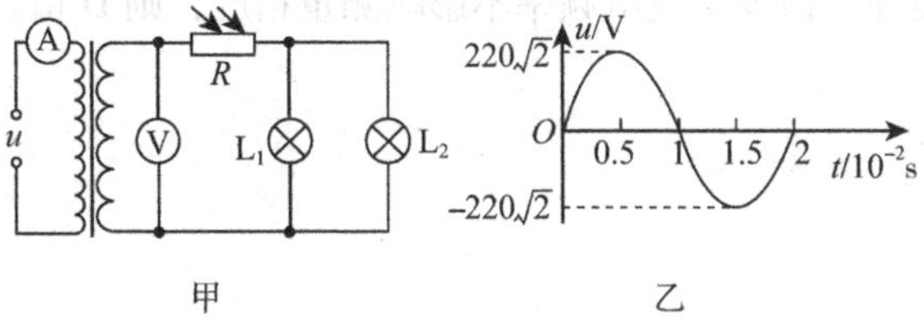

图 13－8

【解析】 由图乙有，交流电周期 $T = 0.02$ s，即频率为 $f = \frac{1}{T} = 50$ Hz，所以 A 是正确的；原线圈输入电压的最大值是 $220\sqrt{2}$ V，故原线圈接入电压的有效值 $U = 220$ V，由于变压器原副线圈的匝数比是 20∶1，所以副线圈的输出电压为 11 V，即电压表读数为 11 V，故 B 正确；光强增大，R 阻值减小，根据 $I = \frac{U}{R}$ 知，副线圈电流增大，所以其输出功率也增大，根据能量守恒定律可知，原线圈的输入功率也增大，则原线圈的电流也随之增大。因此，电流表示数变大，所以 C 是正确的。当 L_1 灯丝烧断后，变压器的输入电压保持不变，根据变压比公式，输出电压也保持不变。因此，电压表读数保持不变。故选 ABC。

【例 2】（多选）某 50 Hz 钳形电流表的工作原理如图 13－9 所示。当一根交流导线穿过环形铁芯的中间时，与绕在铁芯周围的线圈相连的仪表指针发生偏转。不计漏磁和各种能量损失，$n_2 = 1000$ 匝，用该表测量 50 Hz 交流电时（　　）

A. 电流表 G 中通过的是交变电流

B. 若 G 中通过的电流为 50 mA，则导线中的被测电流为 50 A

C. 若导线中通过的是 10 A 矩形脉冲交流电，G 中通过的电流是 10 mA

D. 当用该表测量 400 Hz 的电流时，测量值比真实值小

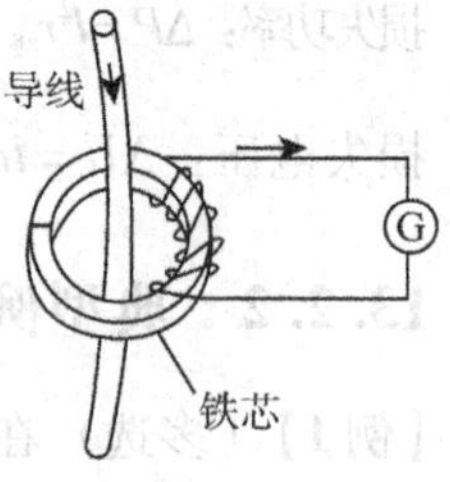

图 13-9

【解析】变压器只改变交流电电压，不改变交流电频率。电流表 G 中的交流电流频率仍然相同，A 是正确的；根据电流与匝数的关系：$\frac{I_1}{I_2}=\frac{n_2}{n_1}$，$I_1=\frac{n_2}{n_1}I_2=\frac{1000}{1}\times 0.05\ \text{A}=50\ \text{A}$，B 正确；对于 C 选项，当电流方向不变时，而电流大小也保持不变，此时副线圈中没有感应电流，则 C 错；根据变压器互感原理和法拉第电磁感应定律，改变交流电频率不影响测量精度，则 D 错。故选 AB。

13.3 本章解题方略

两种特殊类型的变压器

一、原线圈含电阻的变压器

此类问题的求解秘诀是先设原线圈（或副线圈）的电流为 I，根据原副线圈的电流比写出原副线圈中的电流关系式，然后再根据原副线圈中的电压比列出相应的电压关系式从而求解。

1. 原线圈电阻是串联形式

【例 1】（单选）一含有理想变压器的电路如图 13-10 所示，图中电阻 R_1，R_2和 R_3的阻值分别为 3 Ω，1 Ω 和 4 Ω，A 为理想交流电流表，U 为正弦交流电源，输出电压的有效值恒定。当开

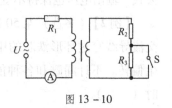

图 13-10

关 S 断开时，电流表的示数为 I；当 S 闭合时，电流表的示数为 $4I$。该变压器原、副线圈匝数比为（　　）

A. 2　　　　B. 3　　　　C. 4　　　　D. 5

【解析】 当 S 断开时，等效电路如图 13－11 甲所示。对原线圈有 $U = U_{R_1} + U_1 = IR_1 + U_1$，假设 $\frac{n_1}{n_2} = n$，根据变压器原理，$U_1 = nU_2 = n \cdot I_2 \ (R_2 + R_3) = 5nI_2$。又 $I_2 = nI_1$，所以 $U_1 = 5n^2I$，可得 $U = 3I + 5n^2I$。当 S 闭合时，等效电路如图 13－11 乙所示，同理可得 $U = 12I + 4n^2I$，联立解得 $n = 3$，故选项 B 正确。

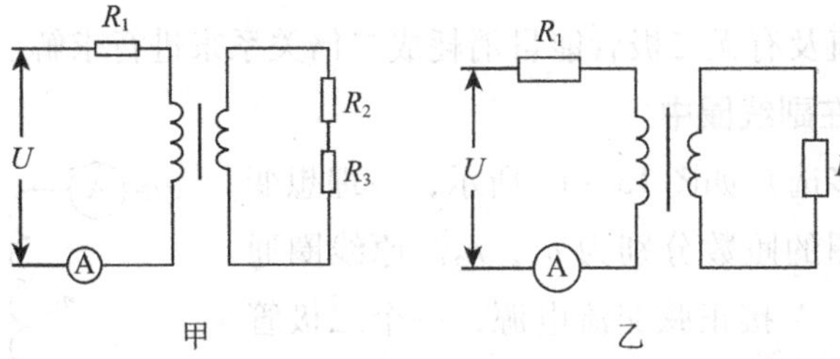

图 13－11

2. **原线圈电阻是并联形式**

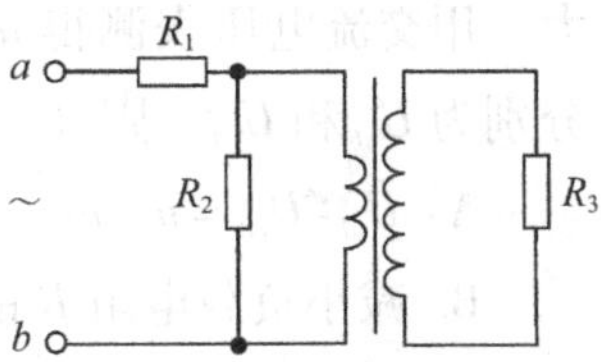

图 13－12

【例 2】（多选）理想变压器与三个阻值相同的定值电阻 R_1，R_2，R_3 组成如图 13－12 所示的电路，变压器原副线圈的匝数比为 1∶2，在 a、b 间接入正弦式交变电流，则下列说法正确的是（　　）

A. R_1，R_2，R_3 两端的电压之比为 5∶1∶2

B. R_1，R_2，R_3 的功率之比为 25∶1∶4

C. a，b 间输入功率与变压器输入功率之比为 15∶4

D. a，b 间输入电压与变压器输入电压之比为 3∶1

【解析】 设流过副线圈的电流为 I_0，由于理想变压器 $\frac{I_原}{I_副} = \frac{n_2}{n_1} = \frac{2}{1}$，则流过原线圈的电流为 $2I_0$，又因为 $\frac{U_原}{U_副} = \frac{n_1}{n_2} = \frac{1}{2}$，$I_3 = \frac{U_副}{R_3} = I_0$，则流过 R_2 的电流 $I_2 = \frac{U_原}{R_2} = \frac{\frac{1}{2}U_副}{R_2} = \frac{1}{2}I_0$，则流过 R_1 的电流 $I_1 = 2I_0 + I_2 = \frac{5}{2}I_0$，由于三个电阻相等，因此 R_1，R_2，R_3 两端的电压之比为 $I_1 : I_2 : I_3 = 5 : 1 : 2$，A 正确；$R_1$，$R_2$，$R_3$ 的

功率之比为 $P_1:P_2:P_3=I_1^2:I_2^2:I_3^2=25:1:4$，B 正确；由于变压器本身不消耗能量，则 a，b 间输入功率与变压器输入功率之比为（$P_1+P_2+P_3$）$:P_3=15:2$，C 错误；a，b 间输入电压与变压器输入电压之比为 $\dfrac{U_1+U_2}{U_2}=\dfrac{\frac{5}{2}I_0+\frac{1}{2}I_0}{\frac{1}{2}I_0}=\dfrac{6}{1}$，D 错误。故选 AB。

二、含二级管的变压器

由于二极管具有单向导电性，故有半个周期不处于工作状态，需要根据交流电的有效值及有无二极管能量消耗成二倍关系来进行求解。

1. 二极管在副线圈中

【例 3】（多选）如图 13－13 所示，一理想变压器原、副线圈的匝数分别为 n_1，n_2。原线圈通过一理想电流表 A 接正弦交流电源，一个二极管和阻值为 R 的负载电阻串联后接到副线圈的两端。假设该二极管的正向电阻为零，反向电阻为无穷大。用交流电压表测得 a，b 端和 c，d 端的电压分别为 U_{ab} 和 U_{cd}，则（　　）

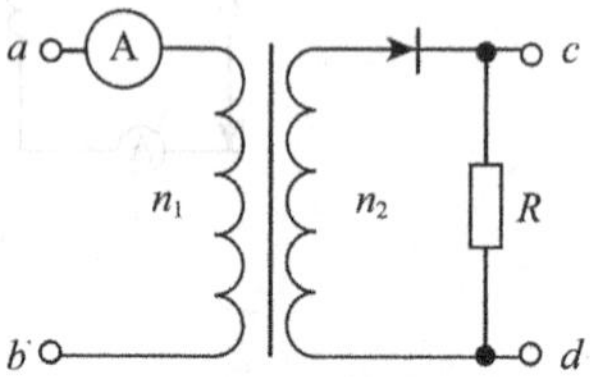

图 13－13

A. $U_{ab}:U_{cd}=n_1:n_2$

B. 减小负载电阻 R 的阻值，电流表的读数变大

C. 减小负载电阻 R 的阻值，c，d 间的电压 U_{cd} 不变

D. 将二极管短路，变压器的输入功率变为原来的 4 倍

【解析】 A. 假设副线圈两端电压的有效值为 U_2，根据理想变压器的电压与匝数成正比，即有 $U_{ab}:U_2=n_1:n_2$，因二极管的单向导电性，cd 间电压的有效值并不等于副线圈两端电压的有效值，所以 $U_{ab}:U_{cd}$ 不等于 $n_1:n_2$，则 A 错误；B. 副线圈两端的电压依赖于输入电压和匝数，所以副线圈两端的电压不变，电阻 R 减小，则电流增大，副线圈的功率增大，使得输入功率也增大，而输入电压不变，则输入电流增大，所以电流表的示数增大，则 B 正确；C. cd 间的电压与原线圈的输入电压以及原、副线圈的匝数比有关，与负载电阻无关，所以 cd 间的电压 U_{cd} 不会随着负载电阻变化而变化，则 C 正确；D. 假设副线圈两端交变电压的峰值为 U_m，副线圈回路的电流峰值为 I_m，则二极管短路前有：副线圈两端电压的有效值 $U_2=\dfrac{U_m}{\sqrt{2}}$，由 $W=\dfrac{U^2}{R}t$ 计算电阻 R 的电

能得$\dfrac{\left(\dfrac{U_m}{\sqrt{2}}\right)^2}{R}\dfrac{T}{2}=\dfrac{U_{cd}^2}{R}T$，求得$U_{cd}=\dfrac{U_m}{2}$，副线圈回路电流的有效值$I_2\neq\dfrac{I_m}{\sqrt{2}}$，由$W=I^2Rt$计算电阻$R$的电能得$\left(\dfrac{I_m}{\sqrt{2}}\right)^2R\dfrac{T}{2}=I_{cd}^2RT$，解得$I_{cd}=\dfrac{I_m}{2}$，则$P_{cd}=U_{cd}I_{cd}=\dfrac{U_mI_m}{4}$。二极管短路后有：$cd$两端电压等于副线圈两端电压，即$U'_{cd}=\dfrac{U_m}{\sqrt{2}}$，流经定值电阻$R$的电流$I'_{cd}=\dfrac{I_m}{\sqrt{2}}$，则$P'_{cd}=U'_{cd}I'_{cd}=\dfrac{U_mI_m}{2}$，所以$P'_{cd}=2P_{cd}$。由于理想变压器原线圈上的功率与副线圈上的相等，所以将二极管短路，变压器的输入功率变为原来的2倍，则D错误。故选BC。

2. 二极管在原线圈中

【例4】（单选）如图13－14，理想变压器的原线圈与二极管一起接在$u=220\sqrt{2}\sin 100\pi t$（V）的交流电源上，副线圈接有$R=55\Omega$的电阻，原、副线圈匝数比为2∶1。假设该二极管的正向电阻为零，反向电阻为无穷大，电流表为理想电表，则（　　）

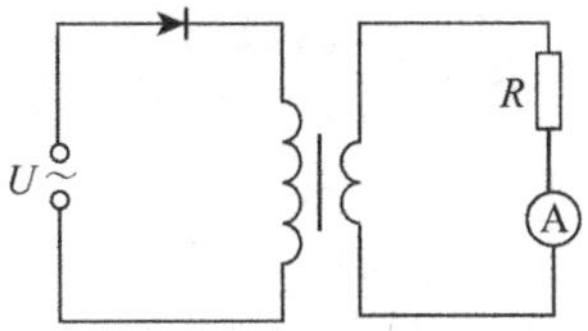

图13－14

A. 副线圈的输出功率为110 W

B. 原线圈的输入功率为$110\sqrt{2}$ W

C. 电流表的读数为1 A

D. 副线圈输出的电流方向不变

【解析】由于二极管的作用，原交流电只有半个周期有电流通过原线圈，根据交流电有效值的定义有：$\dfrac{U_1^2}{R}T=\dfrac{\left(\dfrac{U_m}{\sqrt{2}}\right)^2}{R}\cdot\dfrac{T}{2}+0$，可得$U_1=110\sqrt{2}$ V，所以$U_2=\dfrac{n_2}{n_1}U_1=55\sqrt{2}$ V，$I_2=\dfrac{U_2}{R}=\sqrt{2}$ A，$P_2=U_2I_2=110$ W，则选项A正确，C错误。再依据理想变压器的功率关系$P_1=P_2=110$ W，则选项B错误。由于二极管的作用，原线圈中的电流方向不变，但依据楞次定律，原线圈电流增大或减小时，副线圈的电流方向不同，则选项D错误。故选A。

第14章 热学

14.1　分子动理论、固体与液体

14.1.1　要点点精

1. **分子动理论的基本观点**

（1）物体由大量分子组成。

① 大小：直径数量级为 10^{-10} m；

球体模型：$d=\sqrt[3]{\frac{6V_0}{\pi}}$，正方体模型：$d=\sqrt[3]{V_0}$，油膜法测分子直径：$d=\frac{V}{S}$；（**注意**：对于气体，$d$ 是指气体分子之间的平均距离，并不是分子的直径）

② 质量：数量级为 10^{-26} kg；

③ 阿伏伽德罗常数：$N_A=6.02\times10^{23}\ \text{mol}^{-1}$。

常用的物理量及关系式：（以固体、液体分子模型为例）

m—物质的质量，M—摩尔质量，m_0—分子的质量，

V—物质的体积，V_m—摩尔体积，V_0—分子的体积，

N_A—阿伏伽德罗常数，n—物质的量，N—分子总个数，

ρ—物质的密度。

物质密度：$\rho=\frac{m}{V}=\frac{M}{V_m}=\frac{m_0}{V_0}$

物质的量：$n=\frac{N}{N_A}=\frac{m}{M}=\frac{V}{V_m}$

阿伏伽德罗常数：$N_A=\frac{N}{n}=\frac{M}{m_0}=\frac{V_m}{V_0}$

分子总数：$N=nN_A=\frac{m}{m_0}=\frac{V}{V_0}$

分子质量：$m_0=\frac{m}{N}=\frac{M}{N_A}$

分子体积：$V_0=\frac{V}{N}=\frac{V_m}{N_A}$

需记住：$N_A=6.02\times10^{23}\ mol^{-1}$，$V_m=22.4\ L=22.4\times10^{-3}\ m^3$，$\rho_水=1.0\times10^3\ kg/m^3$，$1\ m^3=10^3\ dm^3$（L）$=10^6\ cm^3$（mL）或 $1\ cm^3$（mL）$=10^{-6}\ m^3$，$1\ dm^3$（L）$=10^{-3}\ m^3$，$1\ m^2=10^2\ dm^2=10^4\ cm^2$ 或 $1\ cm^2=10^{-2}\ dm^2$，$1\ dm^2=10^{-2}\ m^2$

（2）分子永不停息地做无规则运动———热运动

① 扩散现象：不同物质彼此进入对方的现象。

温度越高，扩散现象越明显。

② 布朗运动：悬浮在液体（或气体）中微粒的永不停息的无规则运动。

布朗运动是微粒（显微镜下观察的微粒）的运动，不是分子的运动，但是反映了分子永不停息地做无规则运动。

原因：大量液体分子对悬浮微粒撞击的不平衡性造成的。

温度越高，微粒越小，布朗运动越明显。

（3）分子间存在着相互作用力———分子力

分子间总是同时存在引力与斥力，他们的合力称为分子力。分子间的引力和斥力都随分子间距离的增大而减小（或者减小而增大），但斥力总是变化的更快。

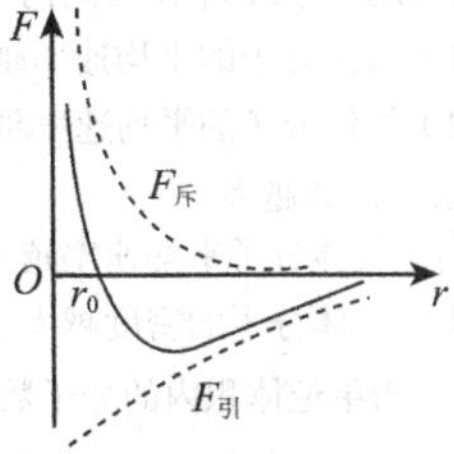

图 14－1

当 $r=r_0$ 时，引力等于斥力，分子力为零。

当 $r<r_0$ 时，随着分子间距离的减小，引力与斥力都变大，但斥力变化的更快，且分子力表现为斥力。

当 $r>r_0$ 时，随着分子间距离的增大，引力与斥力都变小，但斥力变化的更快，且分子力表现为引力。

当 $r\geq10r_0$ 时，分子之间的相互作用力可以忽略不计。

2. 气体分子速率分布规律———麦克斯韦速率分布规律

气体分子向各个方向运动的机率均等。

气体分子的速率分布，表现出“中间多，两头少”的统计分布规律。

当温度升高时，气体分子的平均速率增大（注意：不是每个分子的速率都增大），最概然速率 v_p（峰值）向速率大的一侧移动。

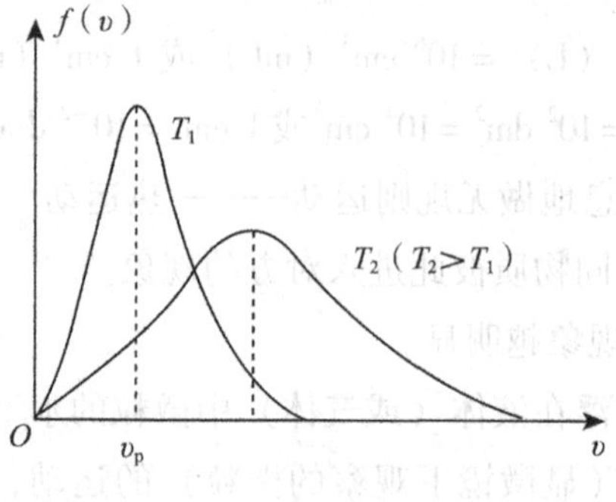

图 14－2

3. 气体压强

产生原因：大量气体分子对器壁的持续碰撞。

大小：大量气体分子作用在器壁单位面积上的平均撞击力（或所有分子单位时间作用于单位面积器壁上的平均冲量），即：$p=\frac{F}{S}=\frac{I}{St}$。

决定因素：（从撞击的力度和撞击的次数两个方面来理解）

- 微观
  - 气体分子的密度：气体分子密度越大，单位时间内与单位面积器壁碰撞的分子数就越多
  - 气体分子的平均速率
    - （1）气体分子的平均速率越大，分子对器壁的平均撞击力越大
    - （2）气体分子的平均速率越大，单位时间内单位面积器壁受撞击的次数越多
- 宏观
  - 温度：体积不变，温度越高，气体分子平均速率越大，气体的压强就越大
  - 体积：温度不变，体积越小，气体分子的密度越大，气体的压强就越大

（注意：气体分子的密度是指单位体积内的分子数）

图 14－3

4. 物体的内能

（1）内能：物体内部所有分子热运动的动能和分子势能的总和。即：$U_{内}=E_{k总}+E_{p总}=N\overline{E}_k+N\overline{E}_p$（$N$ 是指分子的总数）。

内能大小的决定因素：物体的质量、温度和体积。

改变物体内能的两种方式：做功与热传递。这两者在改变物体内能上是等效的，但方式上有本质不同。

（2）分子动能

温度是物体内分子热运动平均动能的标志。

温度越高，分子平均动能越大，与物质的种类和质量均无关（$\overline{E}_k=\frac{3}{2}kT$，

其中 k 为常数）。

（3）分子势能

分子力做功的特点：分子力做正功，分子势能减小；分子力做负功，分子势能增大。（注意：分子力做功，分子动能与分子势能之和保持不变）

分子势能与分子间距离的关系：

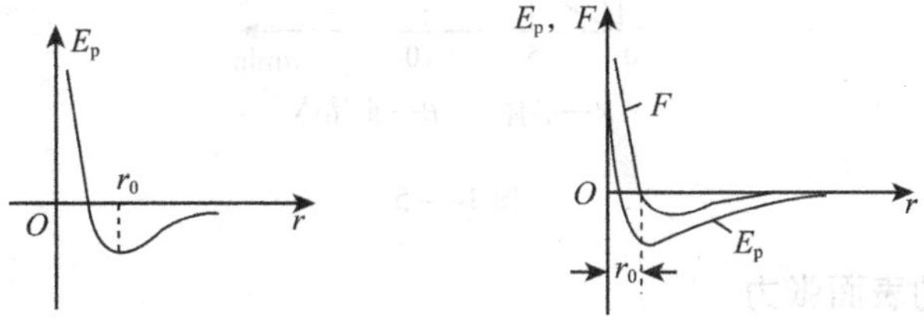

图 14－4

① 当 $r>r_0$ 时，分子力为引力，当 r 增大时，分子力做负功，分子势能增大；

② 当 $r<r_0$ 时，分子力为斥力，当 r 增大时，分子力做正功，分子势能减小；

③ 当 $r=r_0$ 时，分子力为零，分子势能最小，但并不为零。（注意：此时分子动能最大）

分子势能与体积有关。

注意：对于“热胀冷缩”的物体，体积越大，分子势能越大，体积越小，分子势能越小；而对于一些特殊物质，如水结成冰，体积增大，分子势能反而减小。

5. 晶体（单晶体、多晶体）、非晶体

项目	晶体		非晶体
	单晶体	多晶体	
外形	有规则的几何形状	没有规则的几何形状	没有规则的几何形状
熔点	有固定的熔点		无固定的熔点
物理性质	各向异性	各向同性	各向同性
原子排列	有规则，但多晶体每个晶体间的排列无规则		无规则
典型物质	糖、食盐、味精、冰、雪、金属、硫酸铜等		玻璃、蜂蜡、松香、沥青、橡胶等
形成与转化	有的物质在某种条件下是晶体，但在另一种条件下却是非晶体；有的晶体与非晶体在一定条件下还可以相互转化		

6. **晶体、非晶体熔化图**

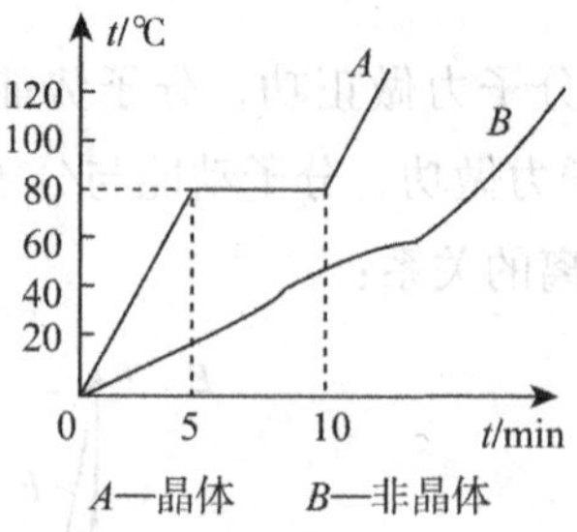

图 14－5

7. **液体的表面张力**

概念：液体表面层各部分间互相吸引的力，是分子力的宏观表现。

作用：液体的表面张力使液面具有收缩的趋势。

方向：表面张力跟液面相切，与液面的任一分界线垂直。

大小：液体的温度越高，表面张力越小；液体中溶有杂质时，表面张力变小；液体的密度越大，表面张力越大。

8. **浸润、不浸润**

浸润：内聚力小于附着力→附着层中的液体分子比其内部更密→附着层里液体分子表现出斥力→与固体接触的表面有扩展的趋势→从而形成浸润现象（形成凹形弯月面）。

不浸润：内聚力大于附着力→附着层中的液体分子比其内部更疏→附着层里液体分子表现出引力（与表面张力相似的收缩力）→与固体接触的表面有缩小的趋势→从而形成不浸润现象（凸形弯月面）。

浸润、不浸润是分子力的宏观表现。

9. **毛细现象**

毛细管插入液体中，浸润液体沿细管上升，不浸润液体沿细管下降的现象。

液晶：具有液体的流动性与连续性，晶体的各向异性。液晶既不是液体，也不是晶体。

类型：向列型（受电压影响，应用于显示器等），胆甾型（受温度影响，应用于测温等）、近晶型。

（**注意**：*以上的表面张力、浸润与不浸润、毛细现象、液晶的具体应用见课本*）

14.1.2 典型例题

【例1】如图14-6所示，甲分子固定在坐标原点O，乙分子位于x轴上，甲分子对乙分子的作用力与两分子间距离的关系如图中曲线所示，$F>0$为斥力，$F<0$为引力。a，b，c，d为x轴上四个特定的位置。现把乙分子从a处由静止释放，则（　　）

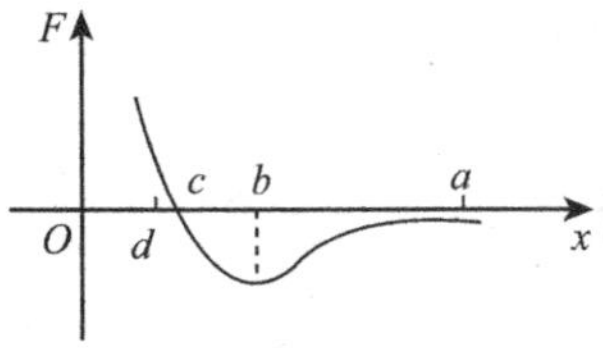

图14-6

A. 乙分子从a到b做加速运动，由b到c做减速运动

B. 乙分子由a到c做加速运动，到达c时速度最大

C. 分子间从a至c只有引力，从c至d只有斥力

D. 从a至d的全过程中，引力减小，斥力增大

【解析】当分子在c点时，两个分子之间的分子力为零。在从a到c的过程中，分子力表现为引力，而在c到d的过程中，分子力表现为斥力。因此，乙分子先从a加速到c，然后从c减速到d，在c达到最大速度。故选项B对。

【例2】（多选）下列关于布朗运动的说法中正确的是（　　）

A. 布朗运动就是分子的无规则运动

B. 布朗运动是液体分子无规则运动的反映

C. 悬浮颗粒越小，布朗运动越明显

D. 温度越高，布朗运动越剧烈

【解析】理解布朗运动要知道在光学显微镜下是看不到水分子的，布朗运动是悬浮颗粒的无规则运动，可以在光学显微镜下观察到。水分子的无规则运动以不均匀的方式从各个方向撞击到颗粒上，导致悬浮颗粒做无规则运动。因此，悬浮颗粒永不停息的无规则运动反映了水分子永不停息的无规则运动。颗粒越小，温度越高，布朗运动越剧烈，分子的无规则运动也被称为热运动。所以选BCD。

14.2 气　体

14.2.1 要点点精

1. 气体实验三定律

实验定律	玻意耳定律（等温变化）	查理定律（等容变化）	盖·吕萨克定律（等压变化）
内容表述	一定质量的某种气体，在温度不变的情况下，压强与体积成反比	一定质量的某种气体，在体积不变的情况下，压强与热力学温度成正比	一定质量的某种气体，在压强不变的情况下，其体积与热力学温度成正比
公式表示	$pV=$恒量 $p_1V_1=p_2V_2=\cdots=p_nV_n$	$\frac{p}{T}=$恒量 $\frac{p_1}{T_1}=\frac{p_2}{T_2}=\cdots=\frac{p_n}{T_n}=\frac{\Delta p}{\Delta T}$	$\frac{V}{T}=$恒量 $\frac{V_1}{T_1}=\frac{V_2}{T_2}=\cdots=\frac{V_n}{T_n}=\frac{\Delta V}{\Delta T}$
图像表示	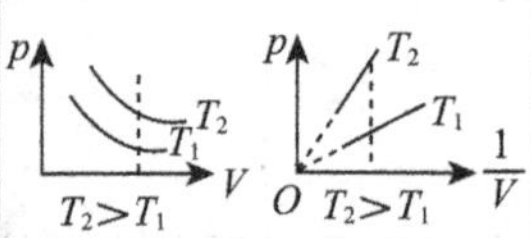	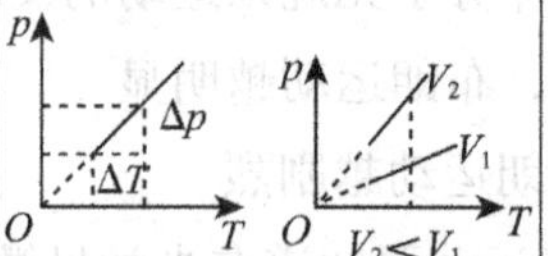	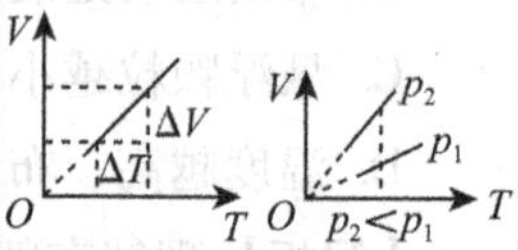
状态方程	克拉珀龙方程：$pV=nRT$（其中 $n=\frac{m}{M}$ 为物质的量，R 为常数） 若 n 不变，即为一定质量的理想气体 $\frac{p_1V_1}{T_1}=\frac{p_2V_2}{T_2}=\cdots=\frac{p_nV_n}{T_n}$ $\frac{p_1V_1}{T_1}+\frac{p_2V_2}{T_2}+\cdots+\frac{p_nV_n}{T_n}=\frac{pV}{T}$（混合气体）		
成立条件	压强不太大，温度不太低的一定质量的气体，可视为理想气体		

2. **几个重要的结论**

（1）混合的理想气体：对于不会发生反应的几种理想气体混合在一起的情况，可用下面两种方法来处理：

① 道尔顿分压定律：当 n 种气体混合在一个容器中时，它们所产生的总压强等于每一种气体单独在这个容器中时所产生的压强之和，即：

$$p=p_1+p_2+\cdots+p_n。$$

② 混合气体的状态方程：各个独立的容器相连通后，设混合后气体的状态参量为（p，V，T），混合前各部分气体的状态参量为（p_1，V_1，T_1），（p_2，V_2，T_2），……，（p_n，V_n，T_n），则状态方程为：

$$\frac{p_1V_1}{T_1}+\frac{p_2V_2}{T_2}+\cdots+\frac{p_nV_n}{T_n}=\frac{pV}{T}。$$

注意：

上述公式对一定质量的一团气体分成几个状态不同的部分也适用。

对一些变质量问题（充气、抽气、气体迁移等），用此关系式处理也很方便。

（2）气体密度与状态参量的关系：将 $V=\frac{m}{\rho}$ 代入状态方程得：

$$\frac{p_1}{\rho_1T_1}=\frac{p_2}{\rho_2T_2}。$$

（3）热力学温度与摄氏温度关系：$T=273+t$，$\Delta T=\Delta t$。

（4）压强定义及液体压强：$p=\frac{F}{S}$，$F=pS$，$p=\rho gh$（h 指液体的深度）。

（5）大气压强：$p_0=1\ \text{atm}=1.0\times10^5\ \text{Pa}=76\ \text{cmHg}$。

（6）标准状态是指温度为0℃（即冰水混合物的温度），压强为1 atm。

3. **封闭气体压强的计算**

帕斯卡定律：加在密闭静止液体上的压强，能够大小不变地由液体向各个方向传递。

连通器原理：在连通器中，同一种液体（中间液体不间断）的同一水平面上的压强是相等的。

若液面与外界大气压相接触，则液面下 h 处的压强为：$p=p_0+p_h=p_0+\rho gh$。（p_0为外界大气压，适用条件是液体静止或匀速）

求解方法：

力的平衡法：封闭在静止容器中的气体压强，应对固体（如活塞、气缸等）进行受力分析，然后根据力的平衡条件求解，分析时注意别忘记大气压

力 p_0S；

动力学法：当封闭的气体处于非平衡状态时应对固体（如活塞、气缸、水银等）进行受力分析，然后根据牛顿第二定律 $F_{合}=ma$ 求解，分析时注意别忘记大气压力 p_0S。

4. 饱和汽与饱和汽压

饱和汽压只与温度有关（随温度升高而增大），而与体积无关。

饱和汽不满足气体实验定律。

5. 相对湿度

相对湿度是指绝对湿度（或空气中水蒸气的实际压强）与同一温度下水的饱和汽压之比。

即：$相对湿度=\dfrac{绝对湿度}{同一温度下的水的饱和汽压}\times 100\%$

相对湿度越大，则人感觉越潮湿（或闷热）；反之，相对湿度越小，人感觉越干燥。

14.2.2 典型例题

【例1】（多选）一定质量的理想气体，经等温压缩，气体的压强增大，用分子动理论的观点分析，这是因为（　）

A. 气体分子每次碰撞器壁的平均冲力增大

B. 单位时间内单位面积器壁上受到气体分子碰撞的次数增多

C. 气体分子的总数增加

D. 单位体积内的分子数目增加

【解析】理想气体等温压缩时，体积减小，单位体积内分子数增加，单位时间内对单位面积壁面上的碰撞次数增加，压强增大。然而，每次撞击壁面时气体分子的平均冲力保持不变。因此，B 和 D 是正确的，而 A 和 C 是错误的。故选 BD。

【例2】（多选）如图 14－7 所示，一定质量的理想气体，从 A 状态开始，先后经历了 B 与 C 两个状态，最后到 D 状态，下列判断正确的是（　）

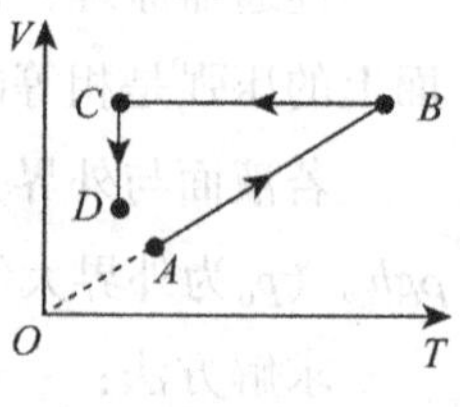

图 14－7

A. $A\to B$ 过程温度升高，压强不变

B. $B\to C$ 过程体积不变，压强变小

C. $B\to C$ 过程体积不变，压强不变

D. $C \to D$ 过程体积变小，压强变大

E. $C \to D$ 过程温度不变，压强变小

【解析】从图 14－7 中可以看出，从 A 到 B 的过程中，气体温度升高，体积增大，体积与温度成正比，由$\frac{pV}{T}=C$可知，气体压强不变，故选项 A 正确；从 B 到 C 的过程中，温度降低，体积保持不变，由$\frac{pV}{T}=C$可知，气体压强变小，故选项 B 正确，C 错误；在 $C \to D$ 过程中，气体温度保持不变，体积减小，由$\frac{pV}{T}=C$可知，气体压强变大，故选项 D 正确，E 错误。故选 ABD。

14.3 热力学定律

14.3.1 要点点精

1. 热力学第一定律（第一类永动机不可能实现）

（1）做功与热传递是改变物体内能的两种方式，两种方式在效果上是等效的，但本质不同。

（2）热力学第一定律表达式：$\Delta U = W + Q$

物理量	W	Q	ΔU
+	外界对物体做功	物体吸收热量	内能增加
−	物体对外界做功	物体放出热量	内能减少

$W = p \cdot \Delta V$，体积增大，气体对外界做功，取负；体积减小，外界对气体做功，取正。

2. 能量守恒定律

对能量守恒定律有贡献的科学家：迈尔、焦耳、亥姆霍兹。(具体内容略)

3. 热力学第二定律（第二类永动机不可能实现）

克劳修斯表述（热传导的方向性）：

不可能使热量从低温物体传向高温物体而不引起其他变化。

可理解为：高温物体 $\xrightleftharpoons[\text{热量有条件}]{\text{热量自发}}$ 低温物体。

高温物体 $\xrightleftharpoons[\text{热量 }Q\text{ 不能自发传给}]{\text{热量 }Q\text{ 能自发传给}}$ 低温物体。

开尔文表述（机械能与内能转化的方向性）：

不可能从单一热源吸收热量并使之完全转化为功而不引起其他变化。

可理解为：功 $\xrightleftharpoons[\text{有条件}]{\text{自发}}$ 内能。

功 $\xrightleftharpoons[\text{不能自发地且不能完全转化为}]{\text{能自发地完全转化为}}$ 内能。

热力学第二定律的实质：

凡是与热现象有关的宏观过程都具有方向性。

热力学第二定律的微观本质：

一切不可逆过程总是沿着大量分子热运动无序程度增大的方向进行。

附：

制冷工作原理

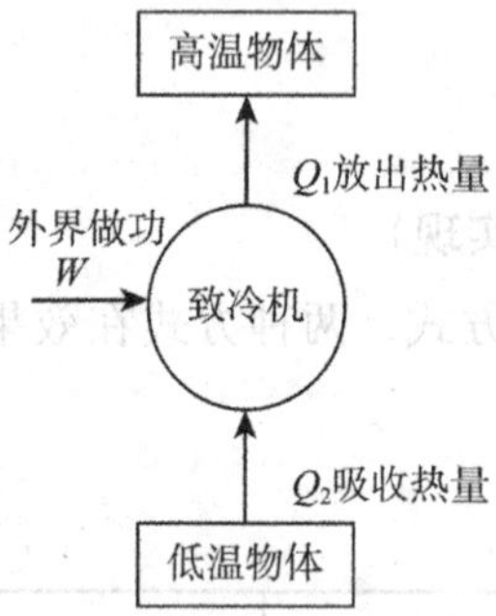

图 14－8

热机工作原理

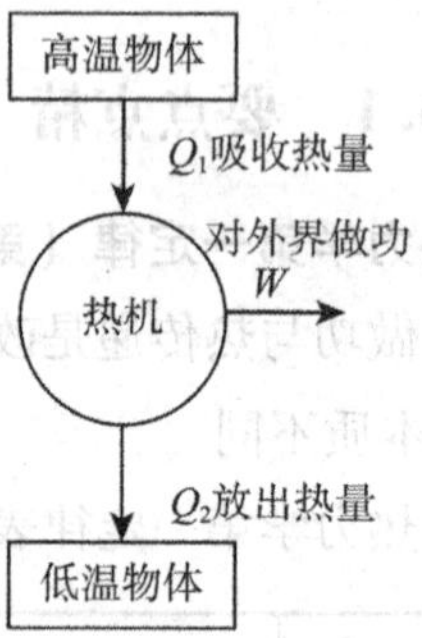

图 14－9

4. 热力学第三定律

绝对温度零度不可能达到。

5. 熵——量度系统无序程度的物理量

在任何自然过程中，一个孤立系统的总熵不会减小。

14.3.2　典型例题

【例 1】（多选）关于热力学定律，下列说法正确的是（　　）

A. 气体吸热后温度一定升高

B. 对气体做功可以改变其内能

C. 理想气体等压膨胀过程一定放热

D. 热量不可能自发地从低温物体传到高温物体

E. 如果两个系统分别与状态确定的第三个系统达到热平衡，那么这两个系统彼此之间也必定达到热平衡

【解析】根据热力学第一定律，气体吸收热量若同时对外做功，温度不一定升高，选项 A 错误。改变物体内能的方式是做功和热传递，对气体做功可以改变其内能，选项 B 正确。理想气体等压膨胀对外做功，根据$\frac{pV}{T}=C$知，膨胀过程必须吸收热量，选项 C 错误。根据热力学第二定律，热量不可能自发地从低温物体传到高温物体，选项 D 正确。当两个系统达到热平衡时，它们具有相同的温度，如果这两个系统与已确定的第三个系统达到热平衡，那么这两个系统也必须彼此达到热平衡。选项 E 正确。所以选 BDE。

【例 2】如图 14－10 所示，将一根足够长、横截面积 $S=2\ \text{cm}^2$，两端开口的玻璃管垂直插入水银槽并固定（插入水银槽的部分足够深）。管中有一个光滑的活塞，下面有一个长 $L=21\ \text{cm}$ 的气柱。气体温度 $t_1=7\ ℃$，外部大气压 $p_0=1.0\times10^5\ \text{Pa}$（相当于 75 cm 高的水银柱的压强）。

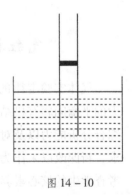

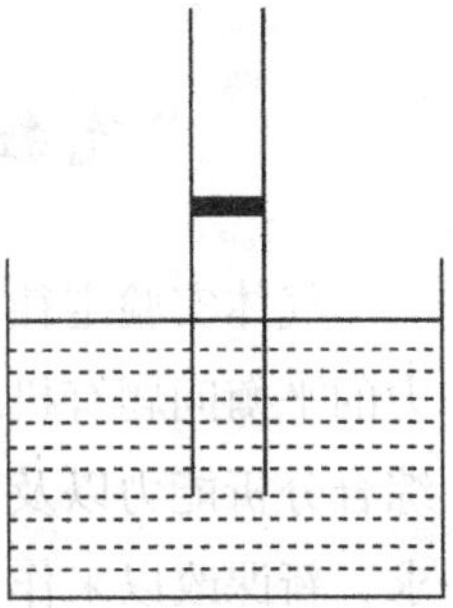

图 14－10

（1）若在活塞上放一个质量 $m=0.1\ \text{kg}$ 的砝码，保持气体的温度 t_1 不变，则平衡后气柱为多长？（$g=10\ \text{m/s}^2$）

（2）若保持砝码的质量不变，对气体加热，使其温度升高到 $t_2=77\ ℃$，此时气柱为多长？

（3）在（2）过程中，若气体吸收的热量为 10 J，则气体的内能增加多少？

【解析】（1）被封闭气体的初状态为 $p_1=p_0=1.0\times10^5\ \text{Pa}$，$V_1=LS=42\ \text{cm}^3$，$T_1=280\ \text{K}$，

末状态压强 $p_2=p_0+\frac{mg}{S}=1.05\times10^5$ Pa，$V_2=L_2S$，$T_2=T_1=280$ K，

根据玻意耳定律，有 $p_1V_1=p_2V_2$，即 $p_1LS=p_2L_2S$，

得 $L_2=20$ cm。

（2）对气体加热后，气体的压强不变，$p_3=p_2$，$V_3=L_3S$，$T_3=350$ K，

根据盖·吕萨克定律，有$\frac{V_2}{T_2}=\frac{V_3}{T_3}$，即$\frac{L_2S}{T_2}=\frac{L_3S}{T_3}$，

得 $L_3=25$ cm。

（3）气体对外做的功 $W=p_2Sh=p_2S(L_3-L_2)=1.05$ J。

根据热力学第一定律 $\Delta U=Q+W$，

得 $\Delta U=10\text{ J}+(-1.05\text{ J})=8.95$ J，即气体的内能增加了 8.95 J。

14.3 本章解题方略

“气缸模型”在气体实验定律中的应用

气体实验定律的应用是热学的重点和难点，气体实验定律与牛顿定律、力的平衡问题有机结合起来形成综合性较强的力学问题，有利于考查学生的综合分析能力以及对物理过程的分析推理能力，在新高考要求中属于Ⅱ级要求，新课改以来作为选修 3－3 计算题部分，分值在 10 分左右，能够较好地考查学生的核心素养。在 2018 年全国高考的 7 套物理试题中，其中涉及实验定律的计算题有全国Ⅰ、Ⅱ、Ⅲ卷与海南卷共 4 套试卷，而且其中有 3 套试卷考查了“气缸模型”，可见研究好这一模型的规律，对今后的高考备考会很有裨益。

一、模型的特点

气缸模型的特点是通过活塞将一定质量的理想气体封闭在缸内，主要有单缸单室类型、单缸双室类型和双缸双室类型等。这类问题中对压强的求解是一个难点，一般取气缸、活塞或活塞上的物体为研究对象，然后根据平衡

状态或牛顿第二定律列方程求解。需要注意的是：首先，此类问题中压强的单位要用Pa以便于计算，在实际教学中学生对面积单位的换算经常出错，要特别注意并多加练习。其次，当有两个或多个气缸时，要综合考虑气体之间的相互关联，解题时应分别研究各部分气体，找出它们各自的规律以及它们之间的相互联系再列方程。近几年高考中，此类题型出现概率较大，几乎年年都出现，如图14－11所示。

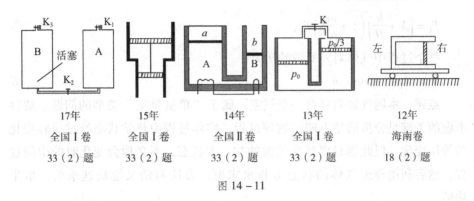

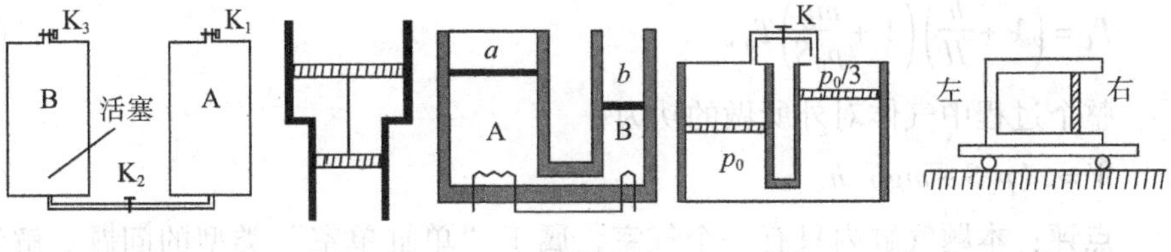

17年 全国Ⅰ卷 33（2）题　15年 全国Ⅰ卷 33（2）题　14年 全国Ⅱ卷 33（2）题　13年 全国Ⅰ卷 33（2）题　12年 海南卷 18（2）题

图14－11

二、模型的应用

1. 单缸单室

【例1】（2018年高考理综全国Ⅱ卷）如图14－12所示，一竖直放置的气缸上端开口，气缸壁内有卡口a和b，a，b间距为h，a距缸底的高度为H；活塞只能在a，b间移动，其下方密封有一定质量的理想气体。已知活塞质量为m，面积为S，厚度可忽略；活塞和气缸壁均绝热，不计它们之间的摩擦。开始时活塞处于静止状态，上、下方气体压强均为p_0，温度均为T_0。现用电热丝缓慢加热气缸中的气体，直至活塞刚好到达b处。求此时气缸内气体的温度以及在此过程中气体对外所做的功。重力加速度大小为g。

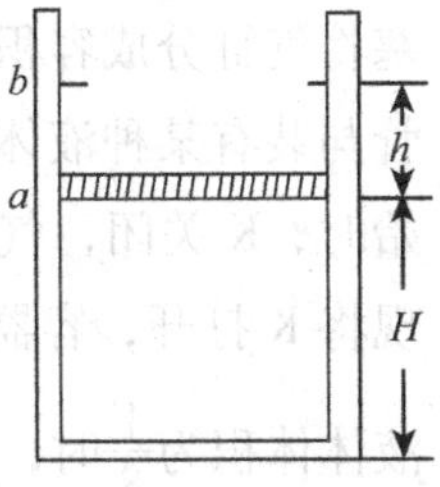

图14－12

解析：由题意可知，对缸内气体进行加热后，气缸中的气体体积不变先发生等容变化，直至活塞开始运动。然后活塞缓慢上升，缸内气体的压强不变，发生等压变化直到刚好接触到b处。设活塞到达b处时缸内中气体的压强为p_1，体积为V_1，温度为T_1，根据理想气体状态方程有：

$$\frac{p_0V_0}{T_0}=\frac{p_1V_1}{T_1},\qquad ①$$

以活塞为研究对象，由力的平衡得：

$p_1S=p_0S+mg$， ②

由几何关系有：

$V_0=SH$， ③

$V_1=S(H+h)$， ④

联立①②③④式解得：

$$T_1=\left(1+\frac{h}{H}\right)\left(1+\frac{mg}{p_0S}\right)T_0，$$ ⑤

整个过程中气体对外所做的功为：

$W=(p_0S+mg)h$。 ⑥

点评： 本题气缸内只有一个气室，属于“单缸单室”类型的问题。解答本题的关键是分析清楚不同的物理过程，实际过程中热学状态经过等容变化与等压变化。但此题只要抓住关键的初、末状态，不必理会变化时的中间过程，然后利用理想气体的状态方程来求解，方法简洁又能快速求解，事半功倍。

2. 单缸双室

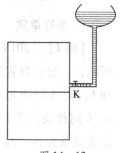

【例2】（2018年高考理综全国Ⅰ卷）如图14－13所示，容积为V的气缸由导热材料制成，面积为S的活塞将气缸分成容积相等的上下两部分，气缸上部通过细管与装有某种液体的容器相连，细管上有一阀门K。开始时，K关闭，气缸内上下两部分气体的压强均为p_0。现将K打开，容器内的液体缓慢地流入气缸，当流入的液体体积为$\frac{V}{8}$时，将K关闭，活塞平衡时其下方气体的体积减小了$\frac{V}{6}$，不计活塞的质量和体积，外界温度保持不变，重力加速度大小为g。求流入气缸内液体的质量。

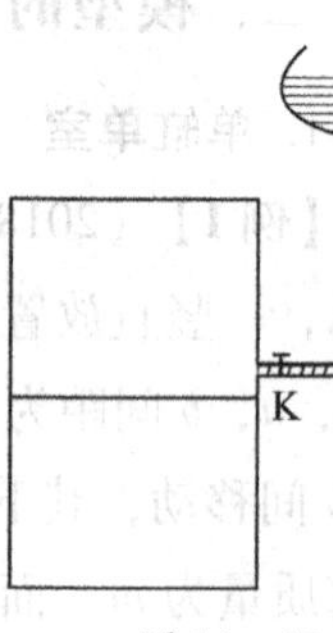

图14－13

解析： 以活塞上方气体为研究对象，设其压强为p_1，体积为V_1；对活塞下方气体，设其压强为p_2，体积为V_2。由于液体慢慢地流入气缸中，缸内气体上下两部分气体温度不变，由玻意耳定律得：

$$p_0\frac{V}{2}=p_1V_1，$$ ①

$$p_0\frac{V}{2}=p_2V_2，$$ ②

根据题意由几何关系可知

$$V_1=\frac{V}{2}+\frac{V}{6}-\frac{V}{8}=\frac{13}{24}V, \quad ③$$

$$V_2=\frac{V}{2}-\frac{V}{6}=\frac{V}{3}, \quad ④$$

若液体的质量设为 m，根据力的平衡得

$$p_2S=p_1S+mg, \quad ⑤$$

联立①－⑤得：

$$m=\frac{15p_0S}{26g}。 \quad ⑥$$

点评：本题属于典型的“单缸双室”类型问题，气缸内封闭上下两部分气体，解答此类问题的关键是：首先明确研究对象，分别对上下两部分气体进行研究，找出不同状态的参量，然后根据状态方程列方程求解。其次，利用缸内上下两部分气体的体积关系，根据活塞力的平衡关系列出方程，然后进行求解。

【例 3】（2018 年高考海南卷）一储存氮气的容器被一绝热轻活塞分隔成两个气室 A 和 B，活塞可无摩擦地滑动。开始时用销钉固定活塞，A 中气体体积为 $2.5\times10^{-4}\ \text{m}^3$，温度为 27 ℃，压强为 6.0×10^4 Pa；B 中气体体积为 $4.0\times10^{-4}\ \text{m}^3$，温度为 -17℃，压强为 2.0×10^4 Pa。现将 A 中气体的温度降至 -17 ℃，然后拔掉销钉，并保持 A、B 中气体温度不变，求稳定后 A 和 B 中气体的压强。

解析：温度降低，然后拔掉销钉后，则活塞一定从压强大的一侧向压强小的一侧移动，直至 A、B 气缸内的压强相等，设 A、B 气体最终压强为 p。

对 A 气室，由状态方程

$$\frac{p_AV_A}{T_A}=\frac{pV'_A}{T'_A}, \quad ①$$

对 B 气室，由状态方程

$$p_BV_B=pV'_B, \quad ②$$

又由几何关系可得：

$$V_A+V_B=V'_A+V'_B, \quad ③$$

联立①②③解得稳定后 A 和 B 中气体的压强为：

$$p=3.2\times10^4\ \text{Pa}。 \quad ④$$

点评：此题气缸内封闭有两部分气体，属于“单缸双室”类型问题，解

答本题的一个难点在于A中气体经过了两个不同的物理过程，但只要抓住初、末状态，然后利用状态方程直接求解。另一难点是本题有两部分气体，所以对两部分气体既要分别研究各自的变化过程，还要抓住他们之间的联系，即压强相等。体积间的几何关系也要把握好，弄清楚了这些关系以后本题就迎刃而解了。

3. **双缸双室**

【例4】（2017年高考理综全国Ⅰ卷）如图14－14所示，容积均为V的气缸A、B下端有细管（容积可忽略）连通，阀门K_2位于细管的中部，A、B的顶部各有一阀门K_1、K_3，B中有一可自由滑动的活塞（质量、体积均可忽略）。初始时，三个阀门均打开，活塞在B的底部；关闭K_2、K_3，通过K_1给气缸充气，使A中气体的压强达到大气压强p_0的3倍后关闭K_1。已知室温为27℃，气缸导热。

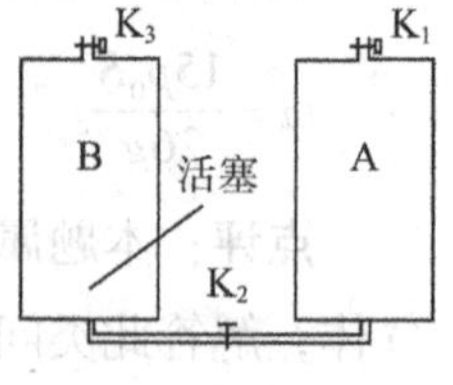

图14－14

（1）打开K_2，求稳定时活塞上方气体的体积和压强；

（2）接着打开K_3，求稳定时活塞的位置；

（3）再缓慢加热气缸内气体使其温度升高20 ℃，求此时活塞下方气体的压强。

解析：（1）K_2打开后，由于A中气体压强大于B中气体压强，则活塞一定上升，稳定时A、B中气体压强相等，设此时的压强为p_1，B中气体的体积为V_1，由玻意耳定律有：

对A中气体：$3p_0V=p_1(2V-V_1)$， ①

对B中气体：$p_0V=p_1V_1$， ②

解得：$V_1=\dfrac{V}{2}$，$p_1=2p_0$。 ③

（2）K_3打开，则B与外界大气相通，故其压强为p_0，而A中气体的压强为$2p_0$，则活塞一定上升。若B气缸体积足够大，则A中气体的最终压强为p_0，设此时A中气体的体积为V_2，对一定质量的A中气体，由玻意耳定律有：

$3p_0V=p_0V_2$， ④

解得：$V_2=3V$， ⑤

而此时$V_2>2V$，可见稳定时活塞上升到B的顶部位置。

（3）对气体A分析可知，再升高温度时活塞静止不动，压强增大，设最终压强为p_2，则A中气体压强由$3p_0$到p_2过程中，根据理想气体状态方程得：

$$\frac{3p_0V}{T_0}=\frac{2p_2V}{T_1},\qquad ⑥$$

将数据 $T_0=300\ \text{K}$，$T_1=320\ \text{K}$ 代入⑥解得：

$$p_2=1.6p_0。\qquad ⑦$$

点评：该题有两个气缸，每个气缸各有一个气室，属于典型的“双缸双室”类型问题。由于此类问题有两个气缸两部分气体，因此变化过程复杂，需要用力学的观点准确无误地分析各处的压强之间的相互关系。在分析过程中，特别要弄明白在相应的变化过程中，哪些量不变，哪些量变化，以及他们之间的相互关系。然后选择相应的气体实验定律进行求解，本题第（3）问选 A 气体整个变化过程来研究，应用理想气体状态方程进行求解简洁快速。

4. 小结

围绕“气缸类型”设置的气体实验定律试题涉及到力的平衡、牛顿第二定律和热学等相关的知识，这就要求学生具备良好的综合分析思维，以及灵活运用知识解决问题的能力。因此，在复习备考时，如果学生能够全面地理解本文所总结的问题类型，并掌握好解决问题的方法，就能快速提高自己解决问题和分析问题的能力。当他们在高考中遇到类似这种类型的问题时，也就能做到“手中有粮，心中不慌”。

（原载《物理通报》2019 年第 6 期）

第15章 光学

15.1 光的反射与折射

15.1.1 要点点精

1. 光的折射

光从一种介质进入另一种介质时，光的传播方向发生改变的现象叫光的折射现象。

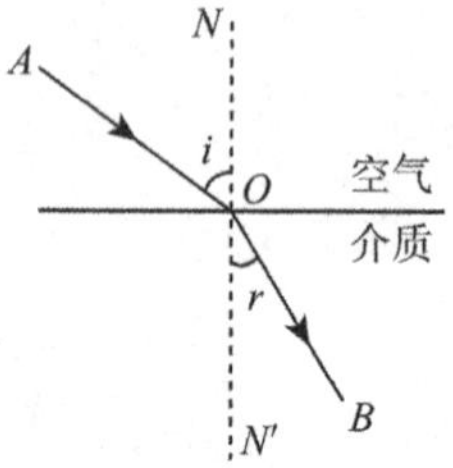

图 15－1

折射定律：$n=\frac{\sin i}{\sin r}=\frac{c}{v_{介}}=\frac{1}{\sin C}=\frac{\lambda_{空}}{\lambda_{介}}$。

理解：同种材料对不同色光的折射率不同；同一色光在不同介质中的折射率不同。

2. 全反射

（1）全反射现象：让一束光线沿着半圆形玻璃砖的半径射向边界，可以看到一部分光线从玻璃砖的边界上折射到空气中，一部分光线反射回玻璃砖中。逐渐增大光的入射角，我们会看到折射光远离法线而越来越弱。当入射角达到一定的角度 C，折射角达到 90°，即折射光完全消失，只剩下反射回玻璃中的光，这种现象称为全反射。当折射角达为 90°时的入射角称为临界角。

（2）临界角：折射角等于 90°时的入射角。若光从光密介质（折射率为 n）射向真空或空气时，发生全反射的临界角为 C，则 $\sin C=\frac{1}{n}$。介质的折射率越大，发生全反射的临界角越小。

（3）全反射的条件：光密介质射向光疏介质；入射角大于或等于临界角。

3. 几个结论

（1）紧靠点光源向对面墙平抛的物体，阴影在对面墙上的运动是匀速运动。

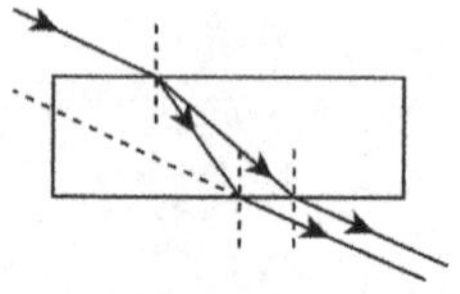

图 15－2

（2）两个相互正交的平面镜构成一个反射镜。经过两次反射后，进入镜子任何方向上的光线沿与原入射方向的相反方向平行射出。

（3）光线由真空射入折射率为 n 的介质时，如果入射角 θ 满足 $\tan\theta=n$，则反射光和折射光垂直。

（4）从水面上看水下光源时，视深 $d'=d/n$；从水下看水面上的物体时，视高 $d'=nd$。

（5）当光线以入射角 i 斜射到折射率为 n，厚度为 d 的平行玻璃砖上后，出射光线仍与入射光线平行，但存在侧移量 $\Delta x=d\sin i\left(1+\dfrac{\cos i}{\sqrt{n^2-\sin^2 i}}\right)$。

两反射光的间距 $\Delta x'=\dfrac{d\sin 2i}{\sqrt{n^2-\sin^2 i}}$。

15.1.2　典型例题

【例 1】（多选）$\triangle OMN$ 为玻璃等腰三棱镜的横截面，a、b 两束可见单色光从空气垂直射向棱镜底面 MN，在棱镜侧面 OM、ON 上反射和折射的情况如图 15－3 所示。由此可知（　　）

A. 棱镜内 a 光的传播速度比 b 光的小

B. 棱镜内 a 光的传播速度比 b 光的大

C. a 光的对玻璃棱镜的折射率比 b 光的大

D. a 光的对玻璃棱镜的折射率比 b 光的小

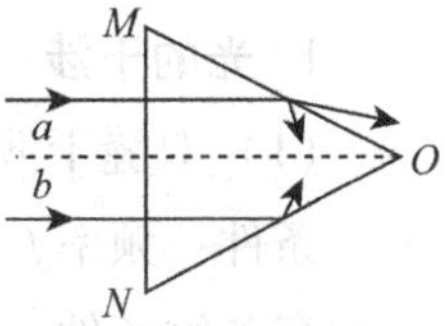

图 15－3

【解析】从图中可以看出，b 光的全反射临界角小于 a 光，因此 b 光的折射率大于 a 光的折射率，即 $n_b>n_a$。因此，D 是正确的。光在介质内的传播速度 $v=\dfrac{c}{n}$，所以棱镜内 a 光的传播速度 v_a 比 b 光的传播速度 v_b 大，B 正确。故正确答案为 BD。

【例 2】某物体左右两侧各有一竖直放置的平面镜，两平面镜相互平行，物体距离左镜 4 m，距离右镜 8 m，如图 15－4 所示。物体在左镜所成的像中从右向左数的第三个像与物体的距离是（　　）

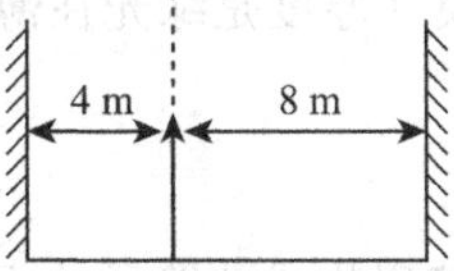

图 15－4

A. 24 m　　B. 32 m　　C. 40 m　　D. 48 m

【解析】根据平面镜成像的特点，如图 15 - 5 所示，左镜中所成的第三个像是 A_1''，根据对称性可知，A_1''与物体的距离是 32 m，故选 B。

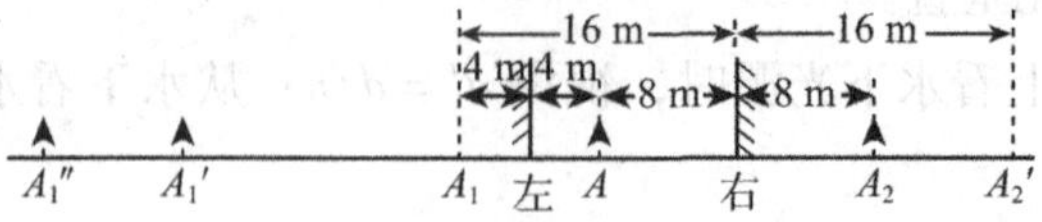

图 15 - 5

15.2 光的干涉与衍射

15.2.1 要点点精

1. 光的干涉

（1）双缝干涉

条件：频率 f 相同，相位差恒定（即两束光的振动步调完全一致）。

亮条纹条件：光程差 $\Delta s = n\lambda$（$n = 0, 1, 2, 3, \cdots$）；

暗条纹条件：光程差 $\Delta s = \dfrac{(2n+1)}{2}\lambda$（$n = 0, 1, 2, 3, \cdots$）。

条纹间距：$\Delta x = \dfrac{L}{d}\lambda = \dfrac{a}{n-1} \Rightarrow \lambda = \dfrac{d\Delta x}{L} = \dfrac{da}{L(n-1)}$。

Δs：路程差（光程差）；d 两条狭缝间的距离；L：双缝与屏间的距离；a：测出的 n 条亮（或暗）条纹间的距离。

（2）薄膜干涉：

由膜的前后两表面反射的两列光叠加产生，实例：肥皂膜、空气膜、油膜、牛顿环、光学器件增透膜（厚度是绿光在薄膜中波长的1/4，即增透膜厚度 $d = \lambda/4$）。

2. 光的衍射

（1）明显衍射的条件：障碍物或孔缝尺寸不能远大于光的波长。

（2）三种条纹区别：

单孔衍射圆环：中间明而亮，周围对称排列亮度减弱，由宽变窄的条纹。

空气膜干涉条纹：等间距等亮度的干涉条纹。

牛顿环：内疏外密的干涉条纹。

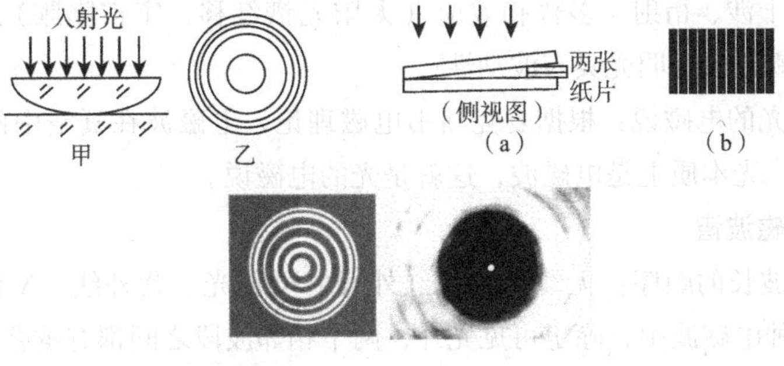

图 15－6

衍射与干涉的比较：

两种现象比较		单缝衍射	双缝干涉
相同点		干涉、衍射都是波特有的现象，属于波的叠加；干涉、衍射都有明暗相间的条纹	
不同点	条纹宽度	条纹宽度不等，中央最宽	条纹宽度相等
	条纹间距	各相邻条纹间距不等	各相邻条纹等间距
	亮度情况	中央条纹最亮，两边变暗	条纹亮度基本相同

3. 光的偏振

（1）偏振现象：横波只沿某一特定方向振动，称为波的偏振现象。

（2）偏振光：在垂直于光传播方向的平面上，只沿一个特定方向振动的光，叫偏振光。

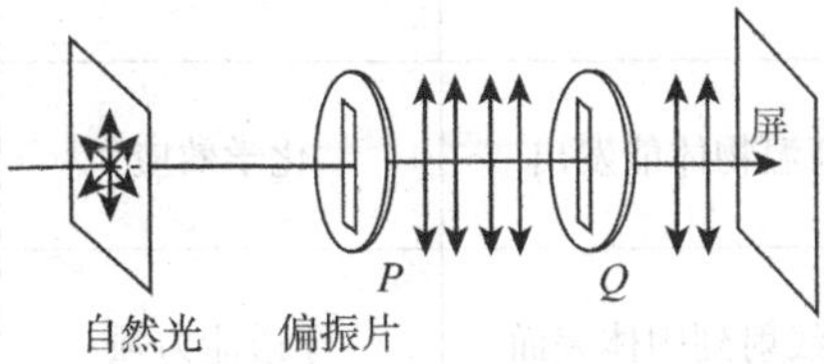

图 15－7

4. 光的色散

（1）含有多种颜色的复色光被分解成单色光的现象。三棱镜对光的作用是改变光的传播方向，使复色光色散。

（2）光谱：含有多种颜色的复色光被分解后，各种色光按其波长有序排列。

5. **光的波动性**

（1）干涉、衍射、多普勒效应（太阳光谱红移，宇宙膨胀）、偏振都是波的独特现象，证明光具有波动性；

（2）光的电磁说：根据麦克斯韦电磁理论，电磁波在真空中的传播速度与光相同，光本质上是电磁波，这就是光的电磁说。

6. **电磁波谱**

（1）波长的顺序：无线电波、红外线、可见光、紫外线、X 射线、γ 射线。在各种电磁波中，除了可见光外，两个相邻波段之间都有重叠。

<table>
<tr><th></th><th>无线电波</th><th>红外线</th><th>可见光</th><th>紫外线</th><th>X 射线</th><th>γ 射线</th></tr>
<tr><td>波粒二象性</td><td colspan="6">波长：大──→小　波动性：明显──→不明显
频率：小──→大　粒子性：不明显──→明显</td></tr>
<tr><td>产生机理</td><td>在振荡电路中，自由电子作周期性运动产生</td><td colspan="3">原子的外层电子受到激发产生</td><td>原子的内层电子受到激发后产生</td><td>原子核受到激发后产生</td></tr>
</table>

（2）红外线、紫外线、X 射线的主要性质及其应用举例。

种类	产生机理	主要性质	应用举例
红外线	一切物体都能发出	热效应	遥感、遥控、加热
紫外线	一切高温物体能发出	化学效应	荧光、杀菌、合成 V_{D2}
X 射线	阴极射线射到固体表面	穿透能力强	人体透视、金属探伤

（3）实验证明：物体辐射出的电磁波中辐射最强的波长 λ_m 和物体热力学温度 T 之间满足关系 $\lambda_m \cdot T = b$（b 为常数）。可见高温物体辐射出的电磁波频率较高。在宇宙学中，可根据接收到的恒星发出的光的频率，分析其表面温度。

7. **光五种学说**

原始微粒说（牛顿）→波动学说（惠更斯）→电磁学说（麦克斯韦）→光子说（爱因斯坦）→波粒二象性学说（德布罗意概率波）

8. **光学中的一个现象和一串结论**

色散现象	n	v	λ （波动性）	衍射	$C_{临}$	干涉 间距	ν （粒子性）	$E_{光子}$	光电 效应
红…黄…紫 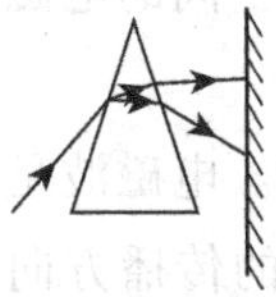	小 大	大 小	大（明显） ↓ 小（不明显）	易 ↓ 难	大 ↓ 小	大 ↓ 小	小（不明显） ↓ 大（明显）	小 ↓ 大	难 ↓ 易

15.2.2 典型例题

【例1】 如图15－8所示的4种明暗相间的条纹分别是红光、蓝光各自通过同一双缝干涉仪器形成的干涉图样以及黄光、紫光各自通过同一个单缝形成的衍射图样（黑色部分表示亮条纹）。在下面的4幅图中从左往右排列，亮条纹的颜色依次是（　　）

图15－8

A. 红黄蓝紫　　B. 红紫蓝黄　　C. 蓝紫红黄　　D. 蓝黄红紫

【解析】 双缝干涉条纹是等间距的，而单缝衍射条纹除了最宽和最亮的中央条纹外，两边的亮度和宽度均逐渐减小，所以1和3是双缝干涉条纹，2和4是单缝衍射条纹。双缝干涉条纹的宽度（即相邻的明暗条纹之间的间距）为 $\Delta x=\frac{L}{d}\lambda$，红光的波长大于蓝光的波长，则红光干涉条纹的间距大于蓝光干涉条纹的间距，即1和3分别对应于红光和蓝光。在单缝衍射中，当单缝宽度一定时，波长越长，衍射越明显，即中央条纹越宽越亮。2和4分别对应紫光和黄光。综上所述，图1、2、3、4中亮条纹的颜色依次为红色、紫色、蓝色和黄色。故B是正确的。

【例2】关于电磁波，下列说法正确的是（　　）

A. 电磁波在真空中的传播速度与电磁波的频率无关

B. 周期性变化的电场和磁场可以相互激发，形成电磁波

C. 电磁波在真空中自由传播时，其传播方向与电场强度、磁感应强度均垂直

D. 利用电磁波传递信号可以实现无线通信，但电磁波不能通过电缆、光缆传输

E. 电磁波可以由电磁振荡产生，若波源的电磁振荡停止，空间的电磁波随即消失

【解析】电磁波在真空中以光速传播，与频率无关，A 正确。电磁波是由周期性变化的电场和磁场相互激发而产生的，B 正确。电磁波的传播方向垂直于电场和磁场的方向，C 正确。光是一种可以在光纤中传播的电磁波，D 错误。电磁振荡停止后，电磁波将继续在介质或真空中传播，E 错误。故选 ABC。

15.3　本章解题方略

视深和视高问题的探讨

一、概念定义

1. 视深

如图 15－9，一物体位于折射率为 n 的液体中的实际深度为 H，当人从水面上方观察时，观察者看到的像点 S' 到界面的距离称为视深 h，即人眼看透明物体内部某点时，其像点离界面的距离。

2. 视高

如图 15－10，如果从折射率为 n 的水中观察正上方距离液面为 H 的物体 S 时，由于光线的折射，其像点 S' 到液面的距离称为视高 h。

中学阶段在处理视深和视高问题时，一般都是沿着界面的法线方向去观察。

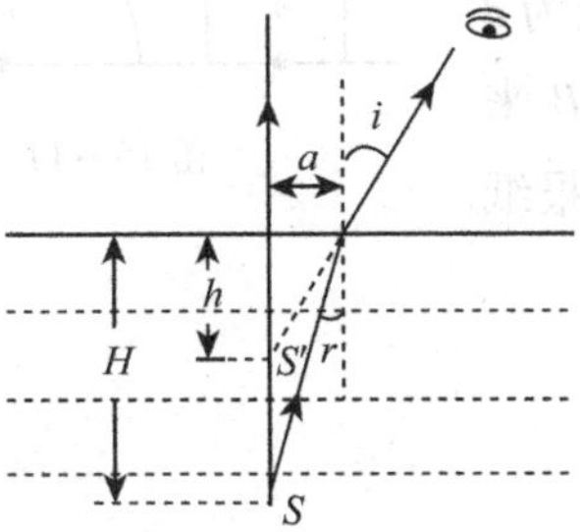

图 15 - 9

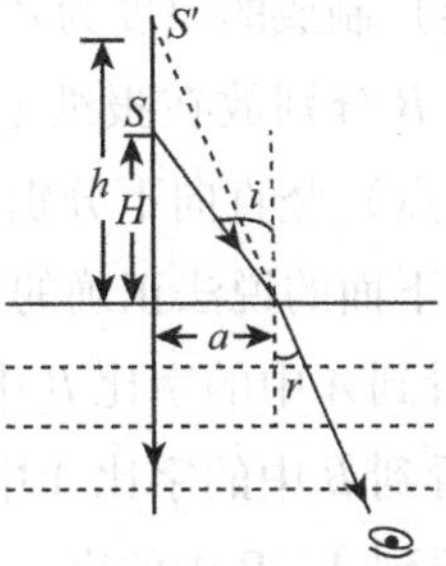

图 15 - 10

二、公式推导

1. 视深公式

由于瞳孔的线度大约 2 - 3 mm，因此 i 和 r 都很小，则 $\sin i \approx \tan i$，$\sin r \approx \tan r$，如图 15 - 9 所示。由于光的折射定律可知 $n=\frac{\sin i}{\sin r}\approx\frac{\tan i}{\tan r}$，由几何关系可知，$\tan i=\frac{a}{h}$，$\tan r=\frac{a}{H}$，所以有 $n=\frac{H}{h}$，则视深 $h=\frac{H}{n}$，可见视深比实际深度要小。

2. 视高公式

由瞳孔的线度大约 2 - 3 mm，因此 i 和 r 都很小，则 $\sin i \approx \tan i$，$\sin r \approx \tan r$，如图 15 - 10 所示。根据光的折射定律有 $n=\frac{\sin i}{\sin r}\approx\frac{\tan i}{\tan r}$，又由几何关系可知 $\tan i=\frac{a}{H}$，$\tan r=\frac{a}{h}$，则有 $n=\frac{h}{H}$，则视高 $h=nH$，可见视高比实际高度要大。

三、应用

【例 1】（单选）在水底同一深度处并排放置着红、黄、绿、蓝、紫五色球，人在水面正上方竖直俯视，感觉最浅的球是（　　）

A. 紫色球　　B. 红色球　　C. 黄色球　　D. 一样深浅

【解析】 因为可见光中紫光的频率是最大的，它的折射率在水中也是最大的，而且所有球体的实际深度都是相同的，由视深公式 $h=\frac{H}{n}$ 可知，紫球的视深最浅。故选 A。

【例 2】（多选）如图 15－11 所示，由同种材料（玻璃）制成的厚度为 d 的立方体 A 和半径为 d 的半球体 B 分别放在报纸上，从正上方（对 B 来说是最高点）竖直向下分别观察 A、B 中心处报纸上的字，下面的说法正确的是（　　）

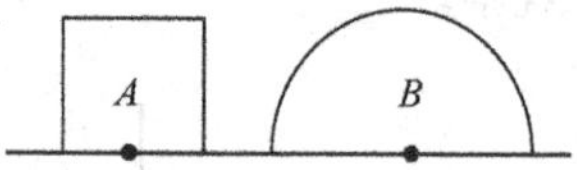

图 15－11

A. 看到 A 中的字比 B 中的字高

B. 看到 B 中的字比 A 中的字高

C. 看到 A、B 中的字一样高

D. A 中的字比没有玻璃时的高，B 中的字和没有玻璃时的一样

【解析】如图 15－12 所示，B 中的字的反射光线向外传播时，传播方向不变，所以人看到字的真实位置，而处于 A 中的字的反射光线经上表面折射，人看到时比真实位置更高。故选 AD。

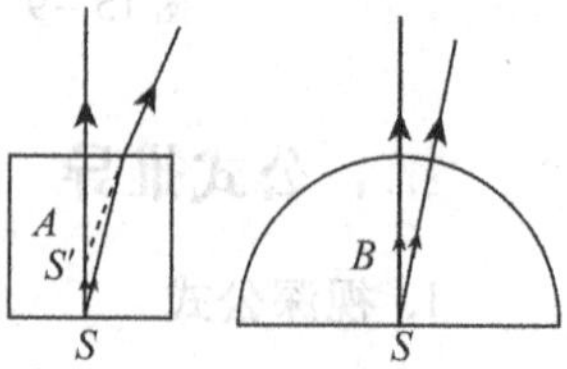

图 15－12

【例 3】有一水池实际深度为 3 m，当垂直水面向下看时，水的视深为多少？已知水的折射率为 4/3。

【解析】由几何关系和折射定律可知：$\sin i = n\sin r$，$O_1O_2 = h\tan i = H\tan r$。如果从正上方观察时，角 i 和 r 的值都很小，所以有 $\sin i \approx \tan i$，$\sin r \approx \tan r$，因此 $h = \frac{H}{n} = \frac{3\times 3}{4}\ \text{m} = \frac{9}{4}\ \text{m} = 2.25\ \text{m}$。

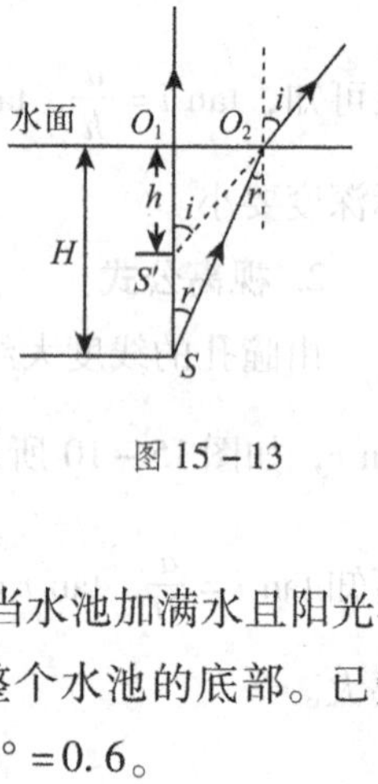

图 15－13

【例 4】如图 15－14 所示为某水池的截面图，其截面为深度 $h = 2$ m，上底宽度 $d = 4$ m 的等腰梯形，当水池加满水且阳光与水平面的夹角 θ 最小时（37°），阳光恰好可以照射到整个水池的底部。已知水池的腰与水平面的倾角 $\alpha = 53°$，$\sin 53° = 0.8$，$\cos 53° = 0.6$。

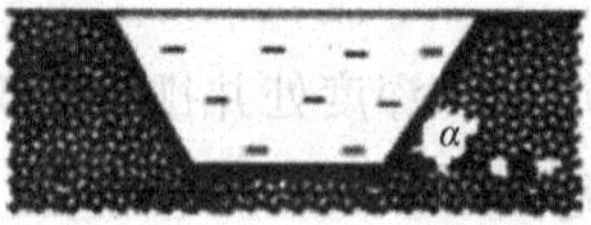

图 15－14

（1）求水池中水的折射率；

（2）若在水池底部中心放一点光源，求站在池边的观察者看到光源的最

小视深 H。（结果可带根号）

【解析】（1）水池加满水时，阳光可以照射到整个水池的底部，则水池的腰与水平面的倾角 α 等于折射光线与地面的夹角，即折射角 $r=90°-\alpha=53°$，设入射角为 i，则有 $i=90°-\theta=53°$，由折射定理有 $n=\frac{\sin i}{\sin r}=\frac{\sin(90°-\theta)}{\sin(90°-\alpha)}=\frac{\sin 53°}{\cos 53°}$，解得 $n=\frac{4}{3}$；

（2）因为 $\sin C=\frac{1}{n}=\frac{3}{4}$，当点光源发出的光线从池边缘射出时，设入射角为 α，则由几何关系可知 $\alpha=45°<C$，故此时观察者可以看到光源且视深最小。设此时光线的出射角为 β，则由折射定律有 $n=\frac{\sin\beta}{\sin\alpha}$，由几何关系可知 $H=\frac{d}{2}\cdot\cot\beta$，解得 $H=\frac{\sqrt{2}}{2}$ m。

第15章 光学

第16章 机械振动与机械波

16.1　机械振动

16.1.1　要点点精

1. 简谐运动

(1) 定义：如果质点的位移与时间的关系遵循正弦函数规律，即质点的振动图像（$x-t$ 图像）是正弦曲线，这种振动称为简谐运动。

(2) 条件：如果作用在质点上的力与质点相对平衡位置的位移成正比，并且总指向平衡位置，那么质点的运动就是简谐运动。

(3) 平衡位置：物体在振动过程中回复力为零的位置。

(4) 回复力：使物体返回到平衡位置的力。

① 方向：指向平衡位置。

② 来源：属于效果力，可以是某一个力，也可以是几个力的合力或某个力的分力。

2. 简谐运动的两种模型

	弹簧振子（水平）	单摆
模型示意图	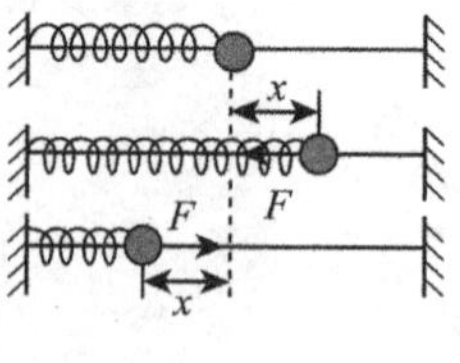	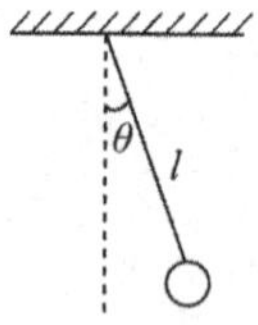
条件	忽略弹簧质量，无摩擦等阻力	细线不可伸长，质量忽略，无空气等阻力，摆角很小
平衡位置	弹簧处于原长处	最低点
回复力	弹簧的弹力提供	摆球重力沿垂直摆线（即切向）方向的分力

续 表

	弹簧振子（水平）	单摆
周期公式	$T=2\pi\sqrt{\frac{m}{k}}$（不作要求）	$T=2\pi\sqrt{\frac{l}{g}}$
能量转化	弹性势能与动能相互转化，机械能守恒	重力势能与动能相互转化，机械能守恒

3. 简谐运动的公式和图像

（1）表达式

① 动力学表达式：$F=-kx$，其中“$-$”表示回复力与位移的方向相反。

②运动学表达式：$x=A\sin(\omega t+\varphi_0)$，其中 A 代表振幅，$\omega=2\pi f$，代表简谐运动的快慢，$(\omega t+\varphi_0)$ 代表简谐运动的相位，φ_0称为初相。

（2）图像

① 从平衡位置开始计时，函数表达式为 $x=A\sin\omega t$，图像如图 16－1 甲所示。

② 从最大位移处开始计时，函数表达式为 $x=A\cos\omega t$，图像如图 16－1 乙所示。

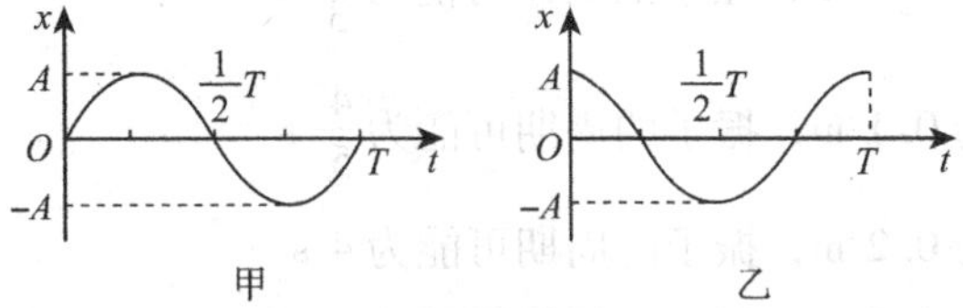

图 16－1

4. 受迫振动和共振

（1）受迫振动

系统在驱动力作用下的振动。受迫振动的频率等于驱动力的频率，与系统的固有频率无关。

（2）共振

当驱动力的频率等于系统的固有频率时，受迫振动的振幅达到最大值，这种现象称为共振。共振曲线如图 16－2 所示。

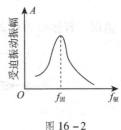

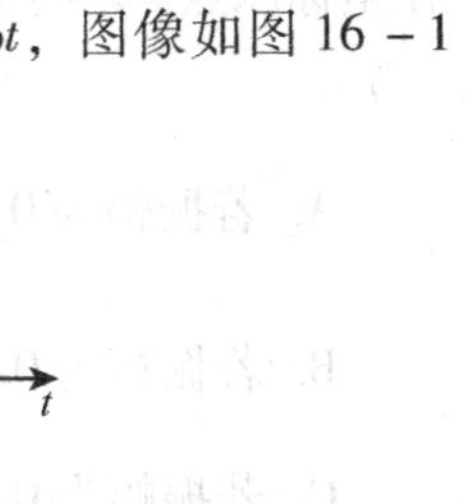

图 16－2

16.1.2 典型例题

【例1】 一列波长大于1 m的横波沿着 x 轴正方向传播，处于 $x_1=1$ m和 $x_2=2$ m的两质点 A、B 的振动图像如图16－3所示。由此可知（　　）

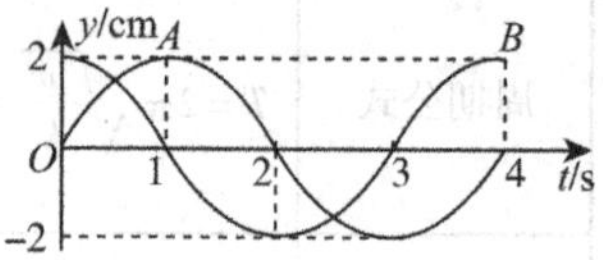

图16－3

A. 波长为 $\frac{4}{3}$ m

B. 波速为1 m/s

C. 3s末，A、B 两质点的位移相同

D. 1s末，A 质点的振动速度大于 B 质点的振动速度

【解析】 由 A、B 两质点的振动图像可知，A、B 之间的距离与波长的关系为 $x_{AB}=\left(n+\frac{3}{4}\right)\lambda$（$n=0, 1, 2, \cdots$），$\lambda=\frac{4}{4n+3}$（$n=0, 1, 2, \cdots$），而 $\lambda>1$ m，故 $\lambda=\frac{4}{3}$ m，$v=\frac{1}{3}$ m/s；3 s末，A 质点的位移为 -2 cm，B 质点位移为0；1 s末，A 质点的速度为零，而 B 质点的速度最大，故A正确。

【例2】（多选）（2018·天津高考）一振子沿 x 轴做简谐运动，平衡位置在坐标原点。$t=0$ 时振子的位移为 -0.1 m，$t=1$ s时位移为0.1 m，则（　　）

A. 若振幅为0.1 m，振子的周期可能为 $\frac{2}{3}$ s

B. 若振幅为0.1 m，振子的周期可能为 $\frac{4}{5}$ s

C. 若振幅为0.2 m，振子的周期可能为4 s

D. 若振幅为0.2 m，振子的周期可能为6 s

【解析】 若振幅为0.1 m，则 $\left(n+\frac{1}{2}\right)T=1$ s，其中 $n=0, 1, 2, \cdots$。当 $n=0$ 时，$T=2$ s；当 $n=1$ 时，$T=\frac{2}{3}$ s；当 $n=2$ 时，$T=\frac{2}{5}$ s。故A正确，B错误。若振幅为0.2 m，振动分四种情况讨论：

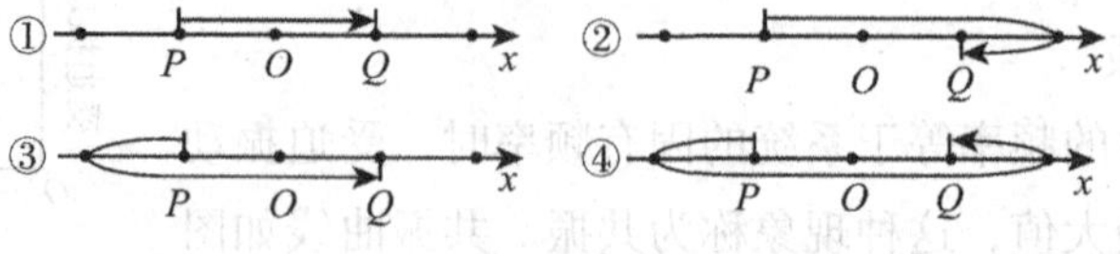

图16－4

第①种情况，设振动方程为 $x=A\sin(\omega t+\varphi)$，$t=0$ 时，$-\dfrac{A}{2}=A\sin\varphi$，解得 $\varphi=-\dfrac{\pi}{6}$，所以由 P 点到 O 点用时至少为$\dfrac{T}{12}$，由简谐运动的对称性可知，由 P 点到 Q 点用时至少为$\dfrac{T}{6}$，即$\left(n+\dfrac{1}{6}\right)T=1\ \text{s}$，其中 $n=0$，1，2，…，当$n=0$ 时，$T=6\ \text{s}$，当 $n=1$ 时，$T=\dfrac{6}{7}\ \text{s}$；第②③种情况，由 P 点到 Q 点用时至少为$\dfrac{T}{2}$，周期最大为 2 s；第④种情况，周期一定小于 2 s，故 C 错误，D 正确。所以选 AD。

16.2 机械波

16.2.1 要点点精

1. 机械波

（1）特点：①每个质点做受迫振动；②起振方向与振源起振方向相同；③振源附近点先振动；④波传播方向上两点的起振时差 = 波在该距离内的传播时间；⑤振源振动几个周期的时间，波就传播几个波长的距离。

（2）波长的说法：①振动过程中相对平衡位置的位移相等的相邻质点之间的距离；②一个周期内波传播的距离；③两相邻的波峰（或波谷）之间的距离。

（3）波长、波速、频率的关系：

$v=\lambda f=\dfrac{\lambda}{T}$（适用于一切波）。

波从一种介质传播到另一种介质，频率不会改变。

（4）波动与振动的区别

	振动图像	波动图像
研究对象	一振动质点	沿波传播方向上的所有质点
研究内容	一质点位移随时间变化规律	某时刻所有质点的空间分布规律

续 表

	振动图像	波动图像
图像	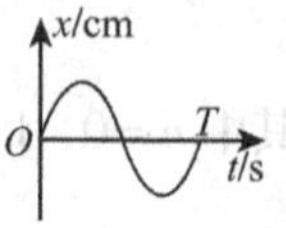	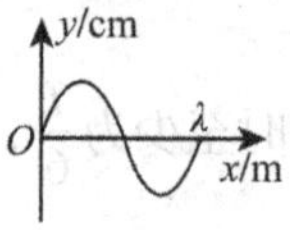
物理意义	表示一质点在各时刻的位移	表示某时刻各质点的位移
图像变化	随时间推移图像延续，但已有形态不变	随时间推移，图像沿传播方向平移
一完整曲线占横坐标距离	表示一个周期	表示一个波长
形状	正弦函数或余弦函数的图像	

（5）几个注意点

研究的对象：振动是一个质点随时间的变化规律，波动是大量质点在同一时刻的群体表现，波的传播方向⇔质点的振动方向（同侧法、带动法、上下坡法、平移法），已知波速和波形画出经过时间 Δt 后的波形（特殊点画法和去整留零法）。

波的几种特有现象：叠加、干涉、衍射、多普勒效应，要知道现象及产生的条件。

2. **电磁波**

LC 振荡电路：产生高频率的交变电流。

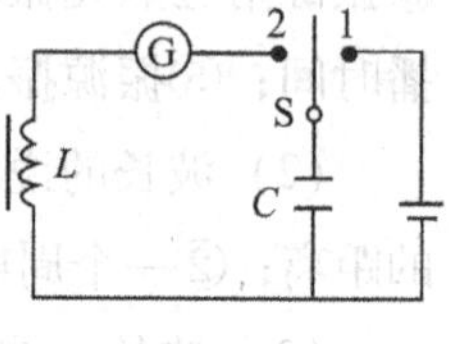

图 16－5

$T=2\pi\sqrt{LC}$。

（1）电磁振荡的能量

电场能↑→电场线密度↑→电场强度 E↑→电容器极板间电压 u↑→电容器带电量 q↑

磁场能↑→磁感线密度↑→磁感应强度 B↑→线圈中电流 i↑

（2）电磁振荡的产生过程

充电过程：在充电过程中，q↑，u↑，$E_{电场能}$↑→I↓，B↓，$E_{磁场能}$↓，线圈的磁场能向电容器的电场能转化。充电结束时，q，$E_{电场能}$最大，i，$E_{磁场能}$均减小到零，磁场能向电场能转化结束。

反向放电过程：q↓，u↓，$E_{电场能}$↓→i↑，B↑，$E_{磁场能}$↑，电容器的电场能转化为线圈的磁场能。放电结束时，$q=0$，$E_{电场能}=0$，i 最大，$E_{磁场能}$ 最大，电场能向磁场能转化结束。

反向充电过程：$q\uparrow$，$u\uparrow$，$E_{电场能}\uparrow\rightarrow i\downarrow$，$B\downarrow$，$E_{磁场能}\downarrow$，线圈的磁场能向电容器的电场能转化。充电结束时，$q$，$E_{电场能}$最大，$i$，$E_{磁场能}$均减小到零，磁场能向电场能转化结束。

16.2.2 典型例题

【例1】（多选）一个学生在海上漂浮。虽然水面波以1.8 m/s的速度平稳地向海滩传播，但他并没有靠近海滩。学生发现从第一个波峰到第十个波峰从他下面经过的时间间隔是15 s。下面选项正确的是（　　）

A. 水面波是一种机械波

B. 该水面波的频率为6 Hz

C. 该水面波的波长为3 m

D. 水面波没有将该同学推向岸边，是因为波传播时能量不会传递出去

E. 水面波没有将该同学推向岸边，是因为波传播时振动的质点并不随波迁移

【解析】水面波是机械振动在水面上传播形成的机械波，A正确；15 s间隔内从第一个波峰到第十个波峰，出现9个波形，所以其振动周期为$T=\frac{15}{9}\text{ s}=\frac{5}{3}\text{ s}$，频率为$f=\frac{1}{T}=0.6\text{ Hz}$，B错误；其波长$\lambda=vT=1.8\text{ m/s}\times\frac{5}{3}\text{ s}=3\text{ m}$，C正确；在波的传播过程中，能量可以被传递出去，但质点不会随波迁移，D错误，E正确。

【例2】一列简谐横波沿x轴传播，波速为10 m/s，$t=0$时刻的波形如图16-6甲所示，质点M此时正经过平衡位置沿y轴正方向运动。

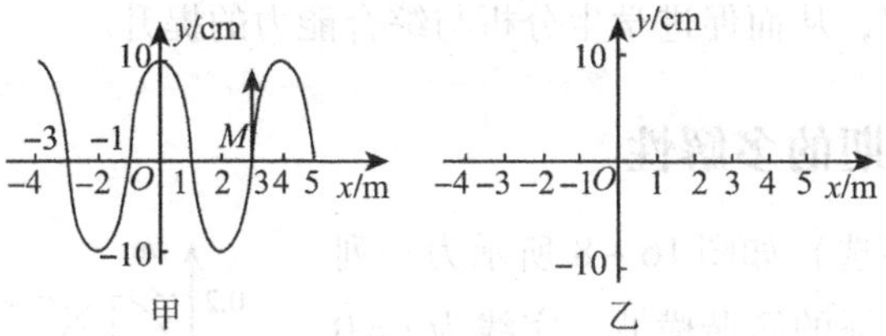

图16-6

（1）判断波的传播方向。

（2）求质点M从$t=0$到$t=0.5$ s时间内通过的路程。

（3）在图16-6乙中画出$t=0.5$ s时刻的波形图。

【解析】（1）波的传播方向向左。

（2）由题意可知，$v=10\ \text{m/s}$，$\lambda=4\ \text{m}$，$A=10\ \text{cm}$，所以 $T=\dfrac{\lambda}{v}=0.4\ \text{s}$，

$$t=\frac{5}{4}T,$$

解得：$s=\dfrac{5}{4}\times4\times10\ \text{cm}=50\ \text{cm}$。

（3）$t=0.5\ \text{s}$ 时刻的波形如图 16－7 所示。

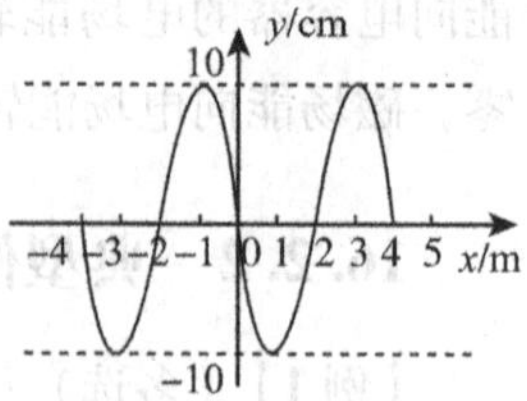

图 16－7

16.3　本章解题方略

波的多解性问题归类例析

波在传播过程中具有空间及时间上的重复性，在传播方向上也有不确定性，所以在分析波的传播问题时，同学们往往容易忽视波的多解性，而出现只求出一个解的现象。机械波在高考中大多通过波的图像综合考查学生对波的形成和传播的理解能力，推理能力，作图能力以及空间想象能力。这就要求我们在学习的过程中要多注意波传播的双向性、周期性和重复性，真正学会处理多解性问题。针对这一问题进行归类分析，必将有助于加深学生对波的多解性的理解，从而促进学生分析与综合能力的提升。

一、求周期的多解性

【例 1】（多选）如图 16－8 所示为一列沿 x 轴负方向传播的简谐横波，实线为 $t=0$ 时刻的波形图，虚线为 $t=0.6\ \text{s}$ 时的波形图，则（　　）

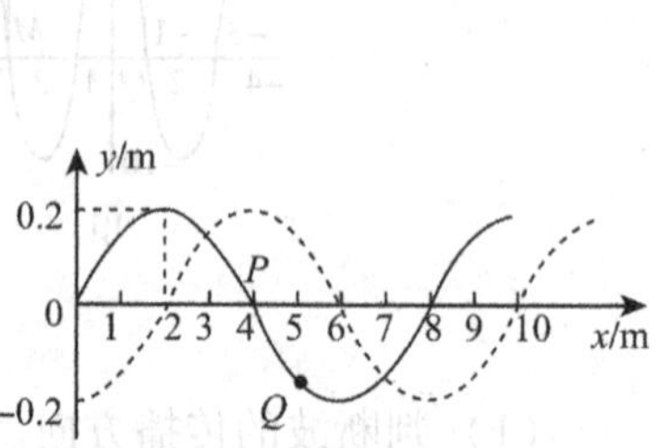

图 16－8

A. 波的周期可能为 0.8 s

B. 在 $t=0.9\ \text{s}$ 时，P 点沿 y 轴正方向运动

C. 经过0.4 s，P 点经过的路程为4 m

D. 若波的周期 $T>0.6$ s，在 $t=0.5$ s时，Q 点到达波峰位置

【解析】 A. 因为波向 x 轴负方向传播，所以在 $t=0$ 时刻 $x=0$ 处的质点向上振动，要想变成虚线所示的波形图，则波至少传播了 $\frac{3}{4}T$，故 $\left(n+\frac{3}{4}\right)T=0.6$ s，解得：$T=\frac{0.6}{n+\frac{3}{4}}$ s $=\frac{2.4}{4n+3}$ s（$n=0$，1，2，…），当 $n=0$ 时，$T=0.8$ s，故该波的周期可能为0.8 s，A 正确；B. 由于波沿 x 轴负方向传播，故 $t=0$ 时 P 点沿 y 轴负方向运动，即此时 P 点正通过平衡位置沿 y 轴负方向运动，若周期为0.8 s，所以再经过0.1 s，即0.9 s时 P 点沿 y 轴负方向运动，B 错误；C. 如果周期为0.8 s，P 点在一个周期内完成一次全振动，其运动路程为 $4A$，经过0.4 s，P 点运动的路程为 $2A=0.4$ m，但若 n 取其他值，则振动的更快，大于0.4 m，C 错误；D. 若 $T>0.6$ s，则只能取值0.8 s，由题意可知波长 $\lambda=8$ m，则波速 $v=\frac{\lambda}{T}=10$ m/s，Q 点的横坐标为5 m，由于波沿 y 轴负方向传播，在 $t=0.5$ s的时间内波沿 x 轴负方向传播的距离为：$x=vt=10\times0.5=5$ m，故 Q 点的振动与距坐标原点10 m处的振动相同，而当 $t=0$ 时，距坐标原点10 m处的质点振动到波峰处。故当 $t=0.5$ s时，Q 点到达波峰位置，D 正确；故选 AD。

二、求波长的多解性

【例2】（多选）一列简谐横波沿 x 轴的正方向传播，振幅为2 cm。已知 $t=0$ 时刻波上相距40 cm的两质点 a、b 的位移都是 $y=+1$ cm，但运动方向相反，其中质点 a 沿 y 轴负方向运动，如图16－9所示。下列说法正确的是（　　）

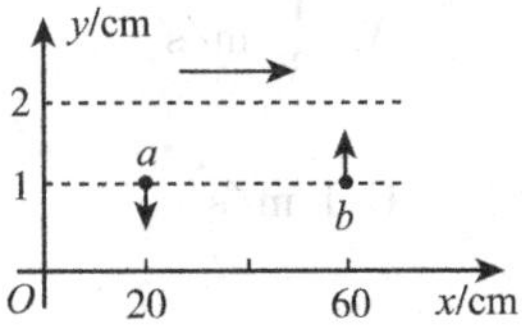

图16－9

A. 该列简谐横波波长可能为120 cm

B. 该列简谐横波波长可能为12 cm

C. 当质点 b 到达波峰时，质点 a 恰好在平衡位置

D. 质点 a、b 的速度始终大小相等，方向相反

【解析】 根据质点的振动方程 $x=A\sin\omega t$，设质点的起振方向向上，则对 b 质点，$1=2\sin\omega t_1$，所以 $\omega t_1=\frac{\pi}{6}$，a 质点振动的时间比 b 质点长，所以 $1=$

$2\sin\omega t_2$，则 $\omega t_2=\frac{5\pi}{6}$，$ab$ 两个质点振动的时间差 $\Delta t=t_2-t_1=\frac{5\pi}{6\omega}-\frac{\pi}{6\omega}=\frac{2\pi}{3\omega}=\frac{T}{3}$，所以 ab 之间的距离 $\Delta x=v\cdot\Delta t=v\cdot\frac{T}{3}=\frac{\lambda}{3}$，则多解通式为 $\left(n+\frac{1}{3}\right)\lambda=40$ cm，$n=0,1,2,3,\cdots$，则波长为 $\lambda=\frac{120}{3n+1}$ cm（$n=0,1,2,3,\cdots$），当 $n=0$ 时，$\lambda=120$ cm，当 $n=3$ 时，$\lambda=12$ cm，故 AB 正确；当质点 b 的位移为 $+2$ cm 时，即质点 b 到达波峰时，结合波形知质点 a 在平衡位置下方，位移为负，故 C 错误。质点 a、b 平衡位置之间的距离不是半波长的奇数倍，则两质点的速度不可能始终大小相等，方向相反，故 D 错误。故选 AB。

三、求波速的多解性

【例3】（单选）如图 16－10 所示，一列简谐横波沿 x 轴正方向传播，图中实线是 $t=0$ 时刻的波形图，图中虚线为 $t=2$ s 时刻的波形图。由此可知，这列横波的波速可能为（　　）

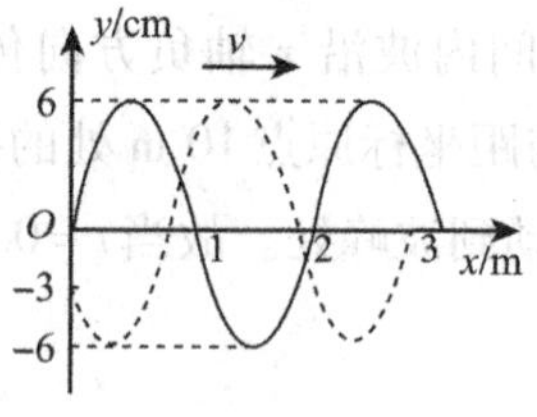

图 16－10

A. $\frac{1}{3}$ m/s　　B. $\frac{5}{12}$ m/s

C. 1 m/s　　D. $\frac{5}{3}$ m/s

【解析】波在 2 s 内传播的距离为 $x=n\lambda+\frac{5}{12}\lambda=2n+\frac{5}{6}$（m），则波速 $v=\frac{x}{t}=n+\frac{5}{12}$（m/s）（$n=0,1,2,3,\cdots$），当 $n=0$ 时，$v=\frac{5}{12}$ m/s，故选 B。

四、传播方向的多解性

【例4】如图 16－11 中实线是一列简谐横波在 $t_1=0$ 时刻的波形，虚线是这列波在 $t_2=0.5$ s 时刻的波形：

（1）写出这列波的波速表达式；

（2）若波速大小为 74 m/s，波的传播方向如何？

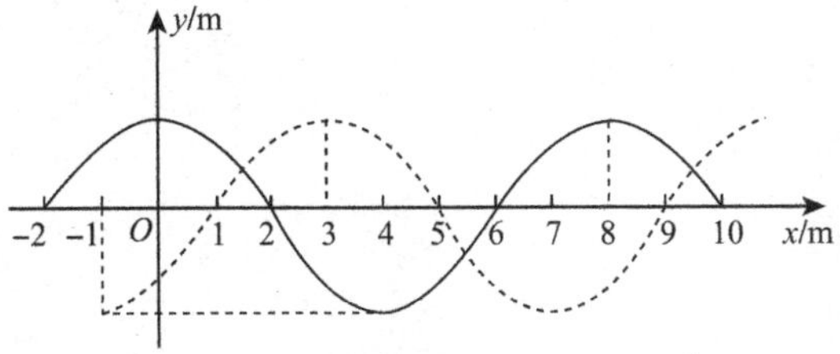

图 16－11

【解析】（1）若该列波向右传播，

则 $0.5\ \mathrm{s}=\frac{3}{8}T+nT$（$n=0$，1，2，…），

解得 $T=\frac{4}{8n+3}\ \mathrm{s}$（$n=0$，1，2，…），

则波速为 $v=\frac{\lambda}{T}=(16n+6)\ \mathrm{m/s}$（$n=0$，1，2，…）。

若该列波向左传播，则 $0.5\ \mathrm{s}=\frac{5}{8}T+nT$（$n=0$，1，2，…），

解得 $T=\frac{4}{8n+5}\ \mathrm{s}$（$n=0$，1，2，…），

则波速为 $v=\frac{\lambda}{T}=(16n+10)\ \mathrm{m/s}$（$n=0$，1，2，…）。

（2）若波速大小为 74 m/s，向右传播，则 $74\ \mathrm{m/s}=(16n+6)\ \mathrm{m/s}$，解得 n 不为整数；向左传播，则 $74\ \mathrm{m/s}=(16n+10)\ \mathrm{m/s}$，解得 $n=4$，综上所述，可知若波速大小为 74 m/s，则波向左传播。

第17章 原子物理

17.1　光电效应

17.1.1　要点点精

1. 光电效应

（1）照射到金属表面的光，使金属中的电子从其表面逸出的现象。

（2）规律：

① 每种金属都有一个极限频率，只有入射光的频率大于金属的极限频率才能发生光电效应。

② 光电流的强度与入射光的强度成正比（未达到饱和电流时，与光强、电压均有关）

③ 光子的最大初动能与入射光的强度无关，只随入射光频率的增大而增大。

④ 光照射到金属表面时，光电子的发射几乎是瞬时的，约 10^{-9}s。

（3）爱因斯坦光子说：

空间传播的光是一份一份的，每一份叫一个光子。一个光子的能量：

$E = h\nu = h\dfrac{c}{\lambda}$。

（4）爱因斯坦光电效应方程：

$E_k = h\nu - W$（$eU_c = E_k = h\nu - W$）。

① 最大初动能：$E_k = eU_c$（U_c为截止电压）。

② 逸出功：从金属表面飞出的光电子克服正电荷引力所做的功。

$W = h\nu_c$（ν_c 为金属的极限频率）。

③ $E_k - \nu$ 曲线：

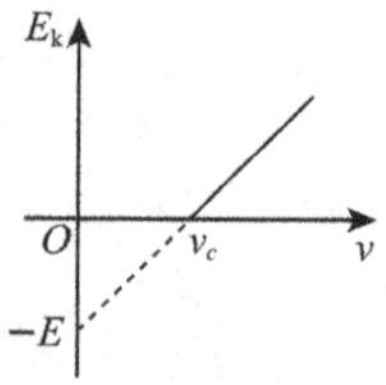

图 17－1

极限频率：图线与 ν 轴交点的横坐标。

逸出功：图线与 E_k 轴交点的纵坐标 $-E=-W=-h\nu_c$。

普朗克常量：图线的斜率 $k=h$。

（5）光电管（光电效应）的伏安特征曲线

光强的强弱：甲最强，乙较强，丙最弱。

光的频率（或光电子的最大初动能）：丙最大，甲和乙相等。

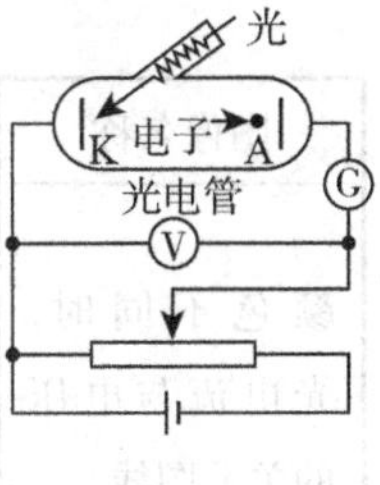

图 17－2

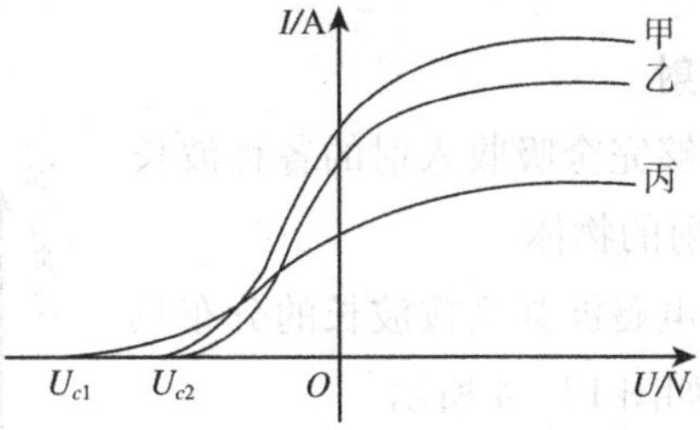

图 17－3

（6）两个对应关系

① 光照强度大→光子数目多→发射出光电子多→光电流大；

② 光子频率高→光子能量大→光电子的最大初动能大。

2. **四类图像**

图像名称	图线形状	读取信息
最大初动能 E_k 与入射光频率 ν 的关系图线	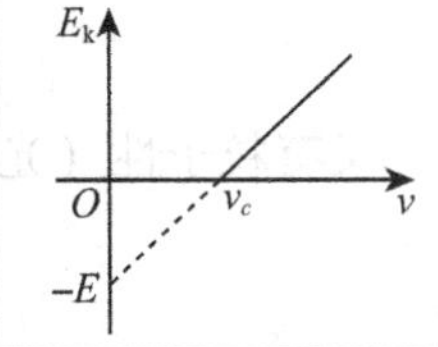	① 截止频率（极限频率）：横轴截距 ② 逸出功：纵轴截距的绝对值 $W_0=\vert -E\vert =E$ ③ 普朗克常量：图线的斜率 $k=h$
遏止电压 U_c 与入射光频率 ν 的关系图线	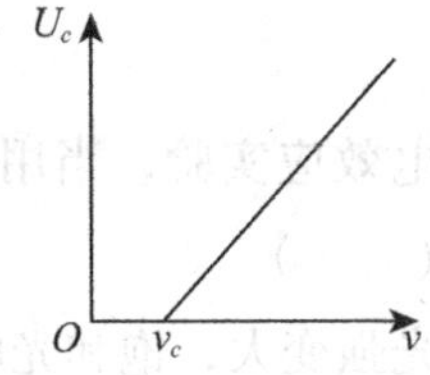	① 截止频率 ν_c：横轴截距 ② 遏止电压 U_c：随入射光频率的增大而增大 ③ 普朗克常量 h：等于图线的斜率与电子电荷量的乘积，即 $h=ke$
颜色相同、强度不同的光，光电流与电压的关系图线	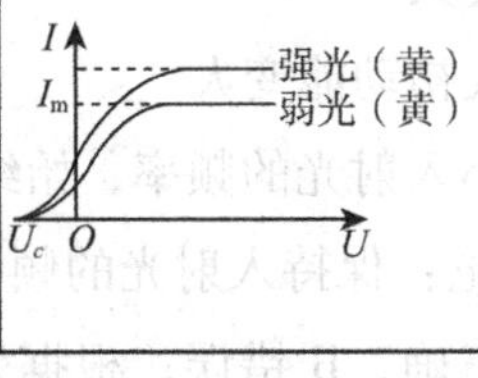	① 遏止电压 U_c：横轴截距 ② 饱和光电流 I_m：电流的最大值 ③ 最大初动能：$E_{km}=eU_c$

续 表

图像名称	图线形状	读取信息
颜色不同时，光电流与电压的关系图线	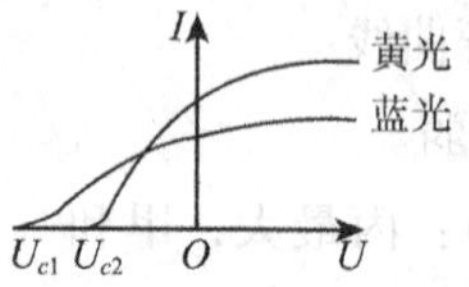	① 遏止电压 U_{c1} 和 U_{c2} ② 饱和光电流 ③ 最大初动能 $E_{k1}=eU_{c1}$，$E_{k2}=eU_{c2}$

3. 黑体与黑体辐射

（1）黑体是指能够完全吸收入射的各种波长的电磁波而不发生反射的物体。

（2）黑体辐射的电磁波强度按波长的分布只与黑体的温度有关，如图 17－4 所示。

随着温度的升高，各种波长的辐射强度都增大。

随着温度的升高，辐射强度的极大值向波长较短的方向移动。

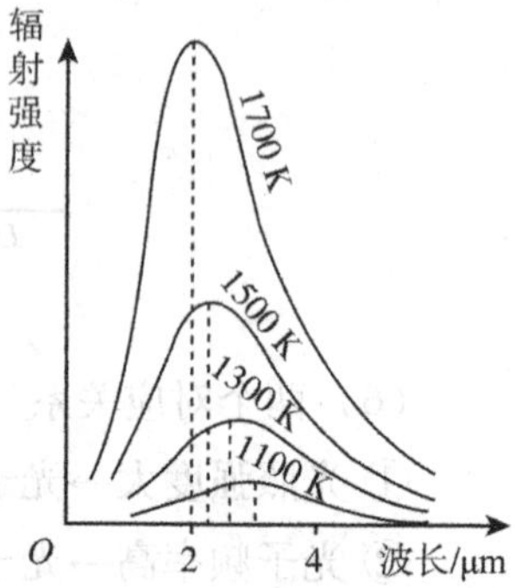

图 17－4

4. 德布罗意波

$p=\dfrac{h}{\lambda}$。

5. 光的波粒二象性

光既有波动性（光的干涉、衍射现象），又有粒子性（光电效应、康普顿效应）。

17.1.2 典型例题

【例1】（多选）现用某光电管进行光电效应实验，当用某一频率的光照射时，有光电流产生。下列说法正确的是（　　）

A. 保持入射光的频率不变，入射光的光强变大，饱和光电流变大

B. 入射光的频率变高，饱和光电流变大

C. 入射光的频率变高，光电子的最大初动能变大

D. 保持入射光的光强不变，不断减小入射光的频率，始终有光电流产生

【解析】根据光电效应实验得出的结论：保持入射光的频率不变，入射光的光强变大，饱和光电流也变大，故 A 正确，B 错误；根据爱因斯坦光电效

应方程知：入射光的频率变高，光电子的最大初动能变大，故 C 正确；保持入射光的光强不变，若入射光的频率低于截止频率，则没有光电流产生，故 D 错误。所以选 AC。

【例 2】（多选）在光电效应实验中，分别用频率为 ν_a，ν_b的单色光 a，b 照射到同种金属上，测得相应的遏止电压分别为 U_a和 U_b，光电子的最大初动能分别为 E_{ka}和 E_{kb}，h 为普朗克常量。下列说法正确的是（　　）

A. 若 $\nu_a > \nu_b$，则一定有 $U_a < U_b$

B. 若 $\nu_a > \nu_b$，则一定有 $E_{ka} > E_{kb}$

C. 若 $U_a < U_b$，则一定有 $E_{ka} < E_{kb}$

D. 若 $\nu_a > \nu_b$，则一定有 $h\nu_a - E_{ka} > h\nu_b - E_{kb}$

【解析】由爱因斯坦光电效应方程得，$E_{km} = h\nu - W_0$，由动能定理得，$E_{km} = eU_c$。用 a，b 单色光照射同种金属时，逸出功 W_0相同。当 $\nu_a > \nu_b$时，一定有 $E_{ka} > E_{kb}$，$U_a > U_b$，故选项 A 错误，B 正确；若 $U_a < U_b$，则一定有$E_{ka} < E_{kb}$，故选项 C 正确；因逸出功相同，则有 $W_0 = h\nu_a - E_{ka} = h\nu_b - E_{kb}$，故选项 D 错误。所以选 BC。

17.2　原子和原子核

17.2.1　要点点精

1. 原子的三种模型

（1）汤姆逊原子模型（葡萄干面包模型）

依据：研究阴极射线——高速运动的电子（汤姆逊发现电子）。

模型：正电荷充斥整个原子空间，电子均匀分布其中。

（2）卢瑟福核式结构（行星模型）

依据：卢瑟福 α 粒子散射实验——α 粒子穿过金箔后，绝大多数 α 粒子仍沿原来的方向前进；少数 α 粒子发生较大角度的偏转；极少数 α 粒子的偏转角超过 90°，有的甚至达到 180°。

模型：在原子的中心有一个很小的核，叫原子核，原子的全部正电荷和几乎全部质量都集中在原子核里，电子绕原子核高速旋转。

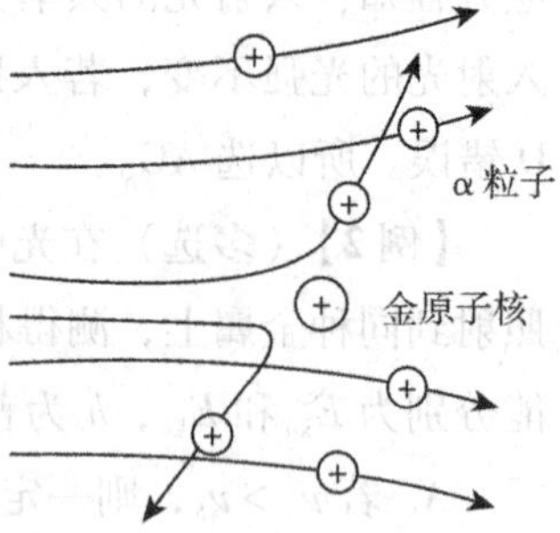

图 17－5

（3）玻尔模型

依据：氢原子光谱。

模型：定态假设、跃迁假设、轨道假设。（具体内容见课本）

公式：$h\frac{c}{\lambda}=h\nu=E_m-E_n$。

注意：①原子吸收光子的能量被激发，光子的能量必须等于两能级的能量差值；

②吸收外来实物粒子（如自由电子）的能量被激发，只要满足入射粒子的能量大于或等于两能级的能量差值；

③原子的电离（从1跃迁到∞）：需要给原子一定的能量（光子与实物粒子都可）$E\geqslant|E_1|$，如氢原子的电离的能量$E\geqslant13.6\text{eV}$；

④一群氢原子自发跃迁发出最多的谱线数：$C_n^2=\frac{n(n-1)}{2}$，一个氢原子自发跃迁最多发出的谱线数：$n-1$。

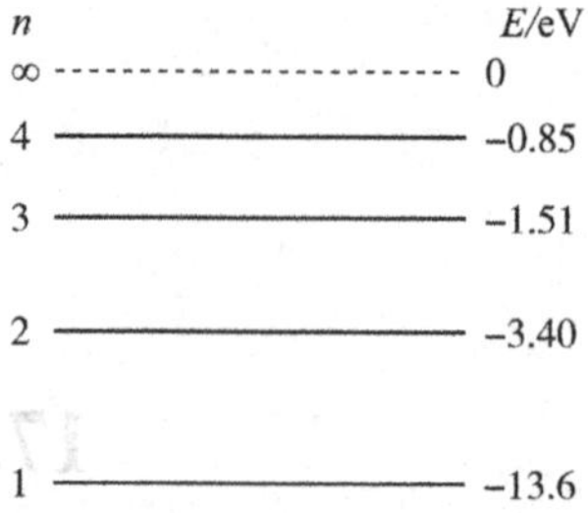

图 17－6

（2）$r_n=n^2r_1$。

（3）$E_n=\frac{E_1}{n^2}$（其中量子数$n=1,2,3,\cdots$）。

注意：n增大时，库仑力做负功，电子的动能减小而电势能增加，总能量增加；反之，n减小时，库仑力做正功，电子的动能增加而电势能减小，总能量减小。

（4）光速c、波长λ、周期T之间的关系：$c=\frac{\lambda}{T}=\lambda\nu$。变形：光的频率$\nu=\frac{c}{\lambda}$。

（5）红、橙、黄、绿、蓝、靛、紫，波长越来越小，频率越来越大（紫光频率最大）。

2. 原子核与放射性

（1）常见的粒子符号：

α粒子（${}_2^4\text{He}$）、β粒子或电子（${}_{-1}^{0}\text{e}$）、正电子（${}_1^0\text{e}$）、中子（${}_0^1\text{n}$）、质子

(^1_1H 或^1_1p)、氘 (^2_1H)、氚 (^3_1H)。

(2) 原子核的组成：
- 质子：质子数=原子序数=核电荷数（不一定等于核外电子数）
- 中子：中子数=质量数－质子数=核子数－质子数

(3) 几个重要的核反应方程

核反应方程	与其相关的重要内容	
$^{238}_{92}U \to ^{234}_{90}Th + ^4_2He$	α 衰变的实质：$2^1_1H + 2^1_0n \to ^4_2He$	伴随 γ 衰变
$^{234}_{90}Th \to ^{234}_{91}Pa + ^{0}_{-1}e$	β 衰变的实质：$^1_0n \to ^1_1H + ^{0}_{-1}e$	
$^4_2He + ^{14}_7N \to ^{17}_8O + ^1_1H$	质子的发现（卢瑟福）	
$^4_2He + ^9_4Be \to ^{12}_6C + ^1_0n$	中子的发现（查德威克）	
$^4_2He + ^{27}_{13}Al \to ^{30}_{15}P + ^1_0n$	人工放射性同位素的发现（居里夫妇）	
$^{30}_{15}P \to ^{30}_{14}Si + ^0_1e$	正电子的发现（居里夫妇）	

(4) α 射线、β 射线、γ 射线

α 射线：高速的氦核流，速度为 0.1c，带电荷量 +2e，电离作用最强，穿透能力最弱，用纸板能挡住。

β 射线：高速的电子流，速度为 0.99c，带电荷量 -e，电离作用较强，穿透能力较强，可穿透几毫米的铝板。

γ 射线：光子流（高频电磁波），不带电，电离作用最弱，穿透能力最强，可穿透几厘米的铅板。

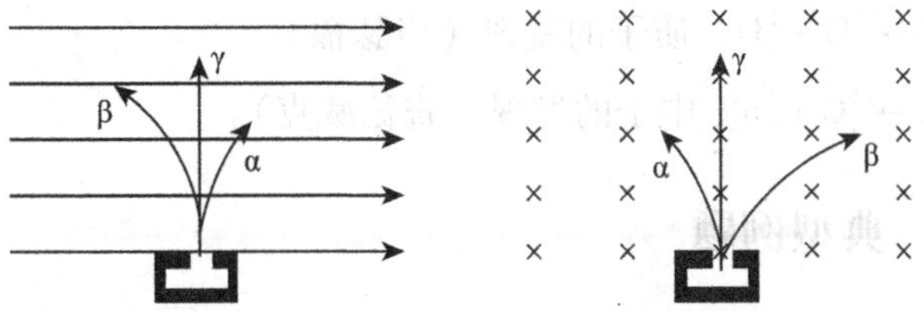

三种射线在匀强电场中偏转　　三种射线在匀强磁场中偏转

图 17－7

(5) 半衰期 τ——放射性元素的原子核有半数发生衰变所需要的时间。

质量：$m_{剩} = m_{原}\left(\frac{1}{2}\right)^{\frac{t}{\tau}}$，原子核数：$N_{剩} = N_{原}\left(\frac{1}{2}\right)^{\frac{t}{\tau}}$。

注意：(1) 半衰期 τ 由原子核的自身因素决定，与物理、化学状态无关。

（2）适用条件：半衰期是一个统计概念，只适用于大量的原子核，对某个或某几个特定的原子核不适用。

（6）天然放射现象：物质能自发地放出射线的现象，说明原子核具有复杂结构。贝克勒尔于1896年首先发现天然放射现象。

3. 核能

（1）结合能：组成原子核的核子要分离时所吸收的能量或核子结合成原子核所释放的能量。平均结合能越大，原子核越稳定。

（2）质能方程：

$\Delta E=\Delta mc^2$。

$1\ \text{eV}=1.6\times10^{-19}\ \text{J}$，亏损1 u的质量产生的能量为931.5 MeV。

（3）原子核变化的类型：

① 衰变：原子核自发地放出几种粒子。如：

${}^{238}_{92}\text{U}\rightarrow{}^{234}_{90}\text{Th}+{}^{4}_{2}\text{He}$（α衰变）。

${}^{234}_{90}\text{Th}\rightarrow{}^{234}_{91}\text{Pa}+{}^{0}_{-1}\text{e}$（β衰变）。

${}^{30}_{15}\text{P}\rightarrow{}^{30}_{14}\text{Si}+{}^{0}_{1}\text{e}$（放射性同位素）。

② 裂变：重核在一定条件下可以分裂成中等质量的原子核（放出能量），如：

${}^{235}_{92}\text{U}+{}^{1}_{0}\text{n}\rightarrow{}^{141}_{56}\text{Ba}+{}^{92}_{36}\text{Kr}+3{}^{1}_{0}\text{n}$。

③ 聚变：两个轻核在一定条件下结合为质量较大的核（放出能量），如：

${}^{2}_{1}\text{H}+{}^{3}_{1}\text{H}\rightarrow{}^{4}_{2}\text{He}+{}^{1}_{0}\text{n}$。

④ 人工转变：

${}^{4}_{2}\text{He}+{}^{14}_{7}\text{N}\rightarrow{}^{17}_{8}\text{O}+{}^{1}_{1}\text{H}$，质子的发现（卢瑟福）。

${}^{4}_{2}\text{He}+{}^{9}_{4}\text{Be}\rightarrow{}^{12}_{6}\text{C}+{}^{1}_{0}\text{n}$，中子的发现（查德威克）。

17.2.2 典型例题

【例1】 下列叙述中符合历史事实的是（　　）

A. 卢瑟福的α粒子散射实验揭示了原子核具有复杂结构

B. 玻尔理论成功地解释了各种原子的发光现象

C. 查德威克发现质子，核反应方程式是${}^{4}_{2}\text{He}+{}^{14}_{7}\text{N}\rightarrow{}^{17}_{8}\text{O}+{}^{1}_{1}\text{H}$

D. 贝克勒尔发现天然放射现象，说明原子核具有复杂的结构

【解析】 说明原子核有复杂结构的是贝克勒尔发现的天然放射现象，A错，D对；玻尔理论有一定的局限性，只能解释氢原子的发光现象，B错；质

子是卢瑟福发现的，C 错。故正确答案为 D。

【例 2】 如图 17－8 所示为氢原子的能级图，现让一束单色光照射到大量处于基态（量子数 $n=1$）的氢原子上，受激的氢原子能自发地发出 3 种不同频率的光，则照射氢原子的单色光的光子能量为（　　）

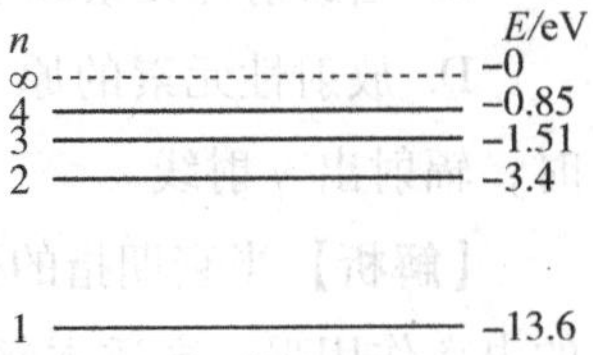

图 17－8

A. 13.6eV　　B. 12.75eV　　C. 10.2eV　　D. 12.09eV

【解析】 原子的跃迁条件（$h\nu=E_m-E_n$）对于吸收光子和放出光子都适用。若吸收光子的能量大于基态电离能时，原子对光子的吸收不再受能级差限制。多个氢原子处于 $n=3$ 能级对应的激发态，才能够正好产生三种不同频率的光子，分别为 $h\nu_1=E_3-E_2$，$h\nu_2=E_2-E_1$，$h\nu_3=E_3-E_1$。故吸收光子能量必满足 $h\nu=E_3-E_1=12.09\text{eV}$，故 D 正确。

17.3　本章解题方略

原子物理 2007 年高考试题归类赏析

"原子和原子核"一章每年高考均有试题涉及，是高考考查的热点。在原子模型中，以玻尔理论和原子能级命题频率最高，在原子核组成与核反应部分，以衰变规律、核能计算命题频率最高，其他知识点尽管也时有出现，但命题频率较低。现对 2007 年全国 12 套高考物理试题进行归类赏析，以期对考生复习备考有所裨益。

一、天然放射现象问题

【例 1】（四川卷第 16 题）关于天然放射现象，下列说法正确的是

A. 放射性元素的原子核内的核子有半数发生变化所需的时间就是半衰期

B. 放射性物质放出的射线中，α 粒子动能很大，因此贯穿物质的本领很强

C. 当放射性元素原子的核外电子具有较高能量时，将发生 β 衰变

D. 放射性元素的原子核发生衰变后产生的新核从高能级向低能级跃迁时，辐射出 γ 射线

【解析】半衰期指的是原子核有半数发生衰变所需的时间，A 错；α 粒子的电离作用强，穿透本领很弱，小纸片即可挡住，B 错；放射性元素具有自发地放出 α、β 射线的性质，并不需要核外电子具有较高的能量，同时多余的能量以 γ 射线（光子）形式辐射出去，所以 C 错，D 对。故答案选 D。

点评：放射性元素放出三种射线，分别是 α 射线、β 射线和 γ 射线，三种射线的电离作用、穿透本领有所不同，这部分内容需要识记，同样需要记住的还有一些物理学史方面的知识，如中子、质子、电子是谁发现的；还有一些基本概念需要理解，如半衰期、核力、核聚变与核裂变等；同时也要对原子核式结构模型、汤姆逊原子模型等知识点有所了解。

二、衰变问题

【例 2】（广东卷第 15 题第 1 问）放射性物质 $^{210}_{84}Po$ 和 $^{60}_{27}Co$ 的衰变方程分别为：$^{210}_{84}Po \rightarrow ^{206}_{82}Pb + X_1$，$^{60}_{27}Co \rightarrow ^{60}_{28}Ni + X_2$。

方程中的 X_1 代表的是________，X_2 代表的是________。

【解析】X_1 的质子数为 $84-82=2$，质量数为 $210-206=4$，所以 X_1 为 $^{4}_{2}He$；X_2 的质子数为 $27-28=-1$，质量数为 0，所以 X_2 为 $^{0}_{-1}e$。

点评：α 衰变的规律：新核比原核质量数少 4，电荷数少 2；β 衰变的规律：新核与原核质量数相等，但电荷数增加 1；γ 衰变是指处于高能级的原子核向低能级跃迁时要辐射 γ 光子。在衰变及其他核反应问题中，应抓住电荷数和质量数守恒来求解，做到以不变应万变。

三、偏转问题

【例 3】（广东卷第 15 题第 2 问）如图 17－9 所示，铅盒内装有能释放 α、β 和 γ 射线的放射性物质，在靠近铅盒的顶部加上电场 E 或磁场 B，在图 17－10（a）（b）中分别画出射线运动轨迹的示意图。（在所画的轨迹上须标明是 α、β 和 γ 中的哪种射线）

【解析】不带电的 γ 射线在电场与磁场中不受力的作用，所以沿图中直线射出；带正电的 α 射线在电场中受到向右的电场力的作用而向右偏转，而在磁场中受到向左的洛伦兹力的作用而向左偏转；带负电的 β 射线刚好与 α 射

线偏转方向相反，答案如图 17－10 所示。

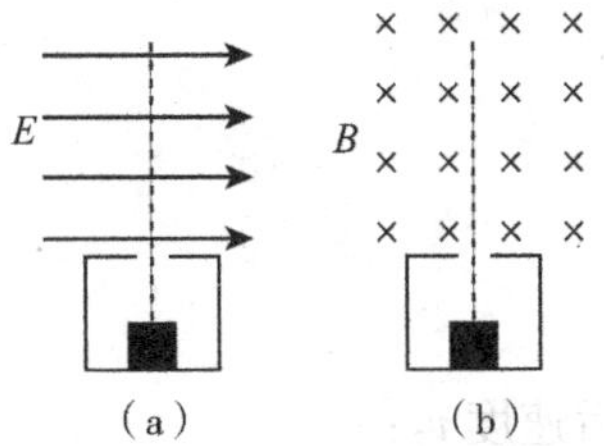

图 17－9

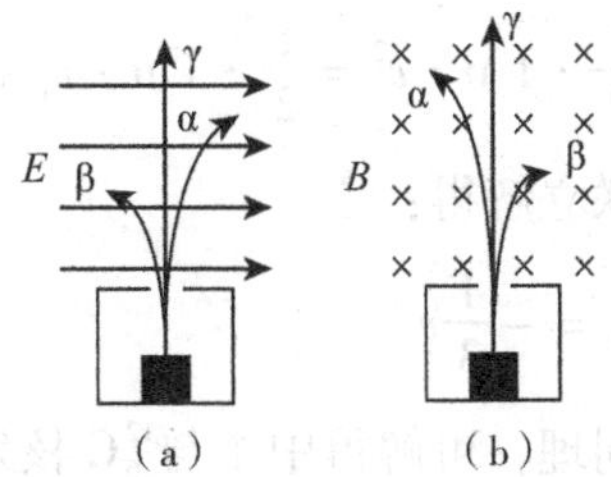

图 17－10

【例 4】（上海卷第 4 题）一置于铅盒中的放射源发射的 α、β 和 γ 射线，由铅盒的小孔射出，在小孔外放一铝箔后，铝箔后的空间有一匀强电场。进入电场后，射线变为 a、b 两束，射线 a 沿原来方向行进，射线 b 发生了偏转，如图 17－11 所示，则图中的射线 a 为__________射线，射线 b 为__________射线。

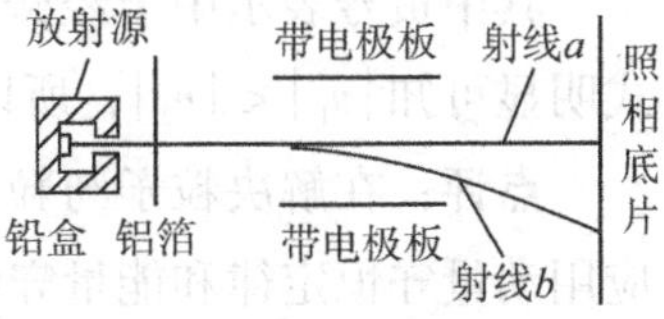

图 17－11

【解析】能够贯穿铝箔的只能是 β 和 γ 射线，γ 射线在电场中不偏转，可知射线 a 为不带电的 γ 射线，则发生偏转的射线 b 只能是带负电的 β 射线。

点评：三种放射线在电场、磁场中受力而发生偏转问题具有一定的综合性，解决问题的关键是要知道 α 射线是 ${}_2^4He$，带正电，β 射线是 ${}_{-1}^{0}e$，带负电，再根据它们在电场或磁场中的受力方向确定其偏转方向，从而判断具体是 α 射线还是 β 射线，同时应注意 β 射线相对于 α 射线来说，质量较轻，所以偏转角要比 α 射线大；而 γ 射线是不带电的高速光子流，故不会发生偏转。

四、碰撞中守恒问题

【例 5】（山东卷第 38 题第 2 问）在可逆反应堆中需要给快中子减速，轻水、重水和石墨等常用做减速剂，中子在重水中可与 ${}_1^2H$ 核碰撞减速，在石墨中可与 ${}_6^{12}C$ 核碰撞减速。上述碰撞可简化为弹性碰撞模型，某反应堆中快中子与静止的靶核发生对心正碰，通过计算说明，仅从一次碰撞考虑，用重水和石墨做减速剂，哪种减速效果更好？

【解析】设中子的质量为 1 u，则 ${}_1^2H$ 核的质量为 2 u，${}_6^{12}C$ 核的质量为 12 u；中子与 ${}_1^2H$ 碰撞前后的速度分别为 v、v_1，${}_1^2H$ 碰撞后的速度为 v'；由于发生的是弹性碰撞，碰撞前后动量守恒，机械能守恒，则有：

$$1\ \mathrm{u}\cdot v=1\ \mathrm{u}\cdot v_1+2\ \mathrm{u}\cdot v',$$

$$\frac{1}{2}\cdot 1\ \mathrm{u}\cdot v^2=\frac{1}{2}\cdot 1\ \mathrm{u}\cdot v_1^2+\frac{1}{2}\cdot 2\ \mathrm{u}\cdot v'^2,$$

联立解得:

$$v_1=-\frac{1}{3}v。$$

同理，可解得中子与$^{12}_{6}C$ 核发生弹性正碰后速度 v_2:

$$v_2=-\frac{11}{13}v。$$

其中负号表示中子经碰撞后被反弹回来，与速度 v 方向相反。由上面两式明显可知 $|v_1|<|v_2|$，所以仅从一次碰撞考虑，用重水做减速剂效果更好。

点评：在解决粒子与粒子，粒子与原子的碰撞和核反应等问题时，通常应用动量守恒定律和能量守恒定律来解答。

五、跃迁问题

【例 6】（重庆卷第 14 题）可见光光子的能量在 1.61 eV ~ 3.10 eV 范围内。若氢原子从高能级跃迁到量子数为 n 的低能级的谱线中有可见光，根据氢原子能级图（如图 17 - 12 所示）可判断 n 为

A. 1　　　B. 2　　　C. 3　　　D. 4

【解析】 因为可见光光子能量范围是 1.61 eV ~ 3.10 eV，从能级图可知，如果最低能级为 $n=1$ 时，$E_2-E_1=10.20$ eV 是最小的光子能量，大于 3.10 eV，所以 $n=1$ 不可能；如果 $n=3$ 时，$E_3=-1.51$ eV，则从 $n=\infty$ 到 $n=3$ 跃迁时发出的光子能量最大，也小于 1.61 eV，所以 $n=3$ 也不可能；只有 $n=2$ 才满足条件，所以选项 B 正确。

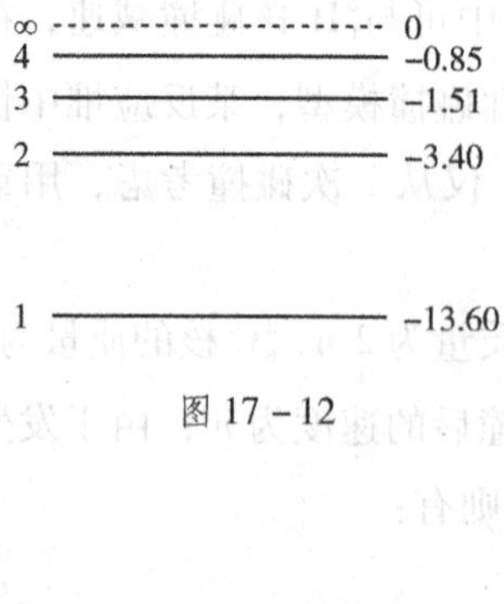

图 17 - 12

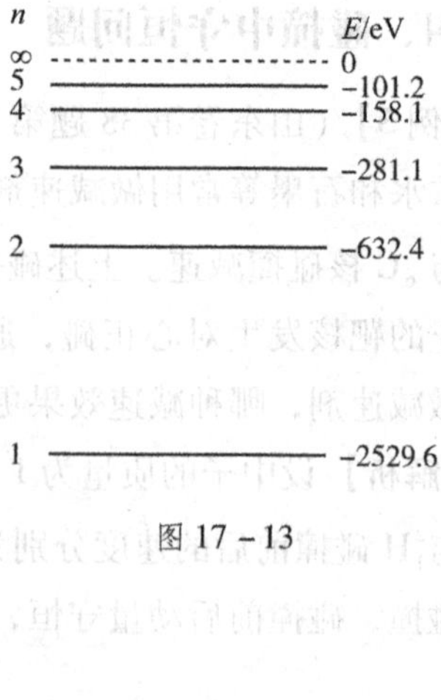

图 17 - 13

【例7】（江苏卷第4题）μ子与氢原子核（质子）构成的原子称为μ氢原子（hydrogen muon atom），它在原子核物理的研究中具有重要作用。图17-13为μ氢原子的能级示意图。假定光子能量为E的一束光照射容器中大量处于$n=2$能级的μ氢原子，μ氢原子吸收光子后，发出频率为ν_1，ν_2，ν_3，ν_4，ν_5和ν_6的光，且频率依次增大，则E等于

A. $h(\nu_3-\nu_1)$　　B. $h(\nu_5+\nu_6)$　　C. $h\nu_3$　　D. $h\nu_4$

【解析】μ子吸收能量后从高能级向低能级跃迁，可以产生的光的频率数为$\frac{n(n-1)}{2}$，依题意，有$\frac{n(n-1)}{2}=6$，则$n=4$，故μ子吸收能量后从$n=4$能级向低能级跃迁。发射光子的能量按从小到大的顺序排列为4到3，3到2，4到2，2到1，3到1，4到1，所以能量$E=h\nu_3$。故选C。

【例8】（全国II卷第18题）氢原子在某三个相邻能级之间跃迁时，可发出三种不同波长的辐射光。已知其中的两种光的波长分别为λ_1和λ_2，且$\lambda_1>\lambda_2$，则另一种光的波长可能是

A. $\lambda_1+\lambda_2$　　B. $\lambda_1-\lambda_2$　　C. $\frac{\lambda_1\lambda_2}{\lambda_1+\lambda_2}$　　D. $\frac{\lambda_1\lambda_2}{\lambda_1-\lambda_2}$

【解析】由题可知氢原子在辐射时有以下三种情况，如图17-14所示。对于第一种情况，有$h\frac{c}{\lambda_1}+h\frac{c}{\lambda_2}=h\frac{c}{\lambda_3}$，所以$\lambda_3=\frac{\lambda_1\lambda_2}{\lambda_1+\lambda_2}$；对于第二种情况，有$h\frac{c}{\lambda_2}-h\frac{c}{\lambda_1}=h\frac{c}{\lambda_3}$，所以$\lambda_3=\frac{\lambda_1\lambda_2}{\lambda_1-\lambda_2}$，第三种情况与第二种情况求得的结果相同。故正确答案为CD。

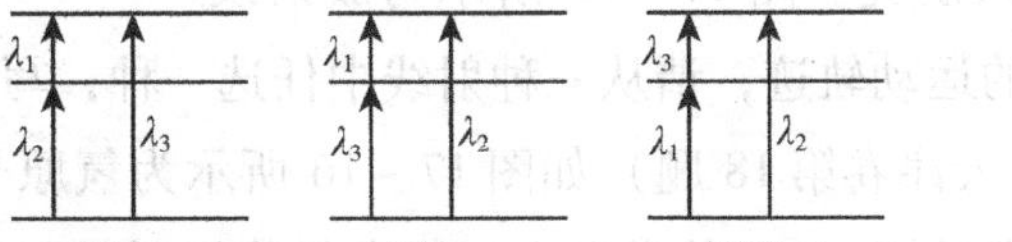

图17-14

点评：该部分的问题主要利用玻尔的原子模型来求解，特别要注意以下三点：首先要理解能量与轨道的量子化，如果用n表示量子数，则有$E_n=\frac{E_1}{n^2}$，$r_n=n^2r_1$。其次要掌握跃迁的条件，光子和原子作用而使原子在定态之间跃迁时，必须恰好满足条件$h\nu=E_m-E_n$。然而对于光子和原子作用而使原子电离和实物粒子作用而使原子激发的情况，则不受条件的限制，只要光子的能量

大于原子的电离能或入射粒子的动能大于或等于原子某两定态能量之差，也可以使原子受激发而向较高的能级跃迁。最后关于原子跃迁的光谱线问题，一群氢原子可能辐射的光谱线条数为 $N=C_n^2=\frac{n(n-1)}{2}$。

六、跟踪练习

【例9】（北京卷第14题）下列说法正确的是

A. 太阳辐射的能量主要来自太阳内部的核裂变反应

B. 汤姆逊发现电子，表明原子具有核式结构

C. 一束光照射到某种金属上不能发生光电效应，是因为该束光的波长太短

D. 按照玻尔理论，氢原子核外电子从半径较小的轨道跃迁到半径较大的轨道时，电子的动能减小，原子总能量增加

【例10】（山东卷第38题第1问）人类认识原子结构和开发利用原子能经历了十分曲折的过程，请按要求回答下列问题。卢瑟福、玻尔、查德威克等科学家在原子结构或原子核的研究方面做出了卓越的贡献。请选择其中的两位，指出他们的主要成绩。

① ________________________________；

② ________________________________。

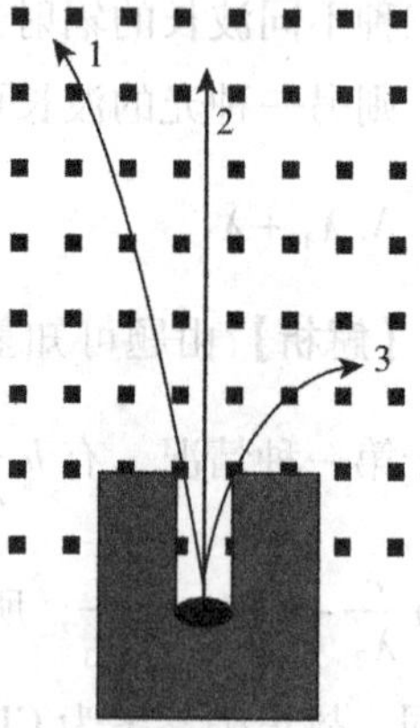

图 17 - 15

在贝克勒尔发现天然放射现象后，人们对放射线进行了深入研究。图17-15所示为放射线在同一磁场中的运动轨迹，请从三种射线中任选一种，写出它的名称和轨迹。

【例11】（天津卷第18题）如图17-16所示为氢原子能级的示意图，现有大量的氢原子处于 $n=4$ 的激发态，当向低能级跃迁时辐射出若干种不同频率的光。关于这些光，下列说法正确的是

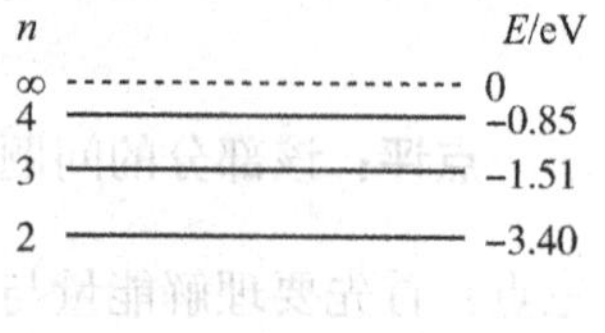

图 17 - 16

A. 最容易表现出衍射现象的光是由 $n=4$ 能级跃迁到 $n=1$ 能级产生的

B. 频率最小的光是由 $n=2$ 能级跃迁到 $n=1$ 能级产生的

C. 这些氢原子总共可辐射出3种不同频率的光

D. 用 $n=2$ 能级跃迁到 $n=1$ 能级辐射出的光照射逸出功为 6.34 eV 的金属铂能发生光电效应

【例 12】（广东卷第 2 题）如图 17－17 所示为氢原子的四个能级，其中 E_1 为基态，若氢原子 A 处于激发态 E_2，氢原子 B 处于激发态 E_3，则下列说法正确的是

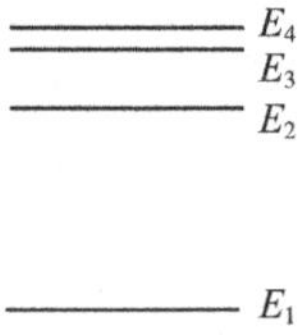

图 17－17

A. 原子 A 可能辐射出 3 种频率的光子

B. 原子 B 可能辐射出 3 种频率的光子

C. 原子 A 能够吸收原子 B 发出的光子并跃迁到能级 E_4

D. 原子 B 能够吸收原子 A 发出的光子并跃迁到能级 E_4

【例 13】（全国 I 卷）用大量具有一定能量的电子轰击大量处于基态的氢原子，观测到了一定数目的光谱线。调高电子的能量再次进行观测，发现光谱线的数目比原来增加了 5 条。用 Δn 表示两次观测中最高激发态的量子数 n 之差，E 表示调高后电子的能量。根据氢原子的能级图（图 17－18 所示）可以判断，Δn 和 E 的可能值为（　　）

A. $\Delta n=1$，13.22 eV $<E<$ 13.32 eV

B. $\Delta n=2$，13.22 eV $<E<$ 13.32 eV

C. $\Delta n=1$，12.75 eV $<E<$ 13.06 eV

D. $\Delta n=2$，12.75 eV $<E<$ 13.06 eV

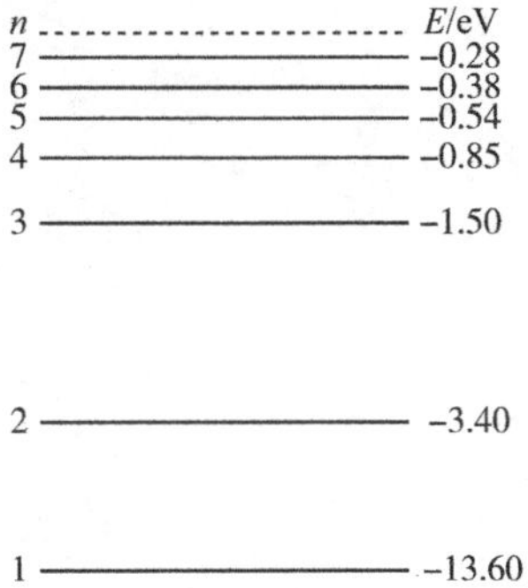

图 17－18

【例 14】（海南卷第 19 题）（1）氢原子第 n 能级的能量为 $E_n=\frac{E_1}{n^2}$，其中 E_1 是基态能量，而 $n=1, 2, \cdots$。若一氢原子发射能量为 $-\frac{3}{16}E_1$ 的光子后处于比基态能量高出 $-\frac{3}{4}E_1$ 的激发态，则氢原子发射光子前后分别处于第几能级？

（2）一速度为 v 的高速 α 粒子（${}_2^4He$）与同方向运动的氖核（${}_{10}^{20}Ne$）发生弹性正碰，碰后 α 粒子恰好静止。求碰撞前后氖核的速度（不计相对论修正）。

答案：例 9. D。例 10. 略。例 11. D。例 12. B。例 13. AD。例 14.（1）4，2；（2）$v_{Ne前}=\frac{2}{5}v$，$v_{Ne后}=\frac{3}{5}v$。

（原载《物理教师》2008 年第 7 期）